THE PRACTICE OF DIGITAL TRANSFORMATION

DXの実務

戦略と技術をつなぐノウハウと
企画から実装までのロードマップ

古嶋十潤

英治出版

DXの実務

はじめに

本書の概要と特徴

　本書は「技術者ではない方々」を読者として想定した、デジタルトランスフォーメーション（以後、DX と略記）に関する「戦略」と「技術」の双方を解説する書籍です。また、数ある DX のテーマの中でも**「データ利活用」に焦点を当てて解説**しています。DX が対象とする取り組みとしては各種業務の自動化、製造ラインのデジタル化、顧客対応の自動化、商品推薦の最適化など多岐にわたるテーマが想起されますが、本書では幅広いテーマに共通して求められる「データ利活用」に焦点を当てています。

　DX に関する書籍は多数出版されていますが、本書が他の書籍と大きく異なる点は、**データや AI といった技術に触れたことがない方々を想定しながら、データ利活用に関する「戦略」立案の方法だけでなく、データ／ AI 活用で必要となる「技術」についても解説していること**です。特に、エンジニアリングやデータサイエンスといった技術に触れた経験が少ない、もしくはまったくない中で DX に取り組む必要がある方々を想定しています。

　さて、昨今のデータ／ AI に関する技術系の書籍を見てみると、Python 等のプログラミング言語を用いたり AWS などのクラウドサービスを用いたりと、実践的にスキル習得を目指す内容が充実しています。一方、本書ではそのような具体的なプログラミングやツール操作等には踏み込まないものとします。主な理由は、上記のような読者の方々を想定した場合、例えば「プログラミングを習得すること」自体が別途必要となってしまい、内容理解の敷居が高くなってしまうためです。

　上記を踏まえ、本書に「書かれていること」「書かれていないこと」の概要を整理すると次の表の通りです。

本書に書かれていること	① **データ利活用を基軸としたDX戦略の構築** A) データ利活用に基づくDX戦略構築のフレームワーク及びロードマップ B) データ利活用施策の難易度に合わせた考察パターン／重要観点　など ② **データ利活用推進のための実務及び技術活用** C) 実務： i. DX推進体制及び主要な役割を果たす人材の要件 ii. KPI運用などのDX推進上のモニタリング方法　など D) 技術活用： iii. データパイプライン企画／設計の主な観点 iv. 機械学習システム企画／設計の主な観点　など
本書に書かれていないこと	・ データパイプラインや機械学習モデルを実際に構築し、動かすためのサンプルコード等を用いた実践的なスキル習得 　例）Docker等を用いた開発環境準備、Python等のサンプルプログラムを用いた機械学習モデルのコーディング体験　など ・ 個別具体的なOSS、BIツール、クラウドサービス等の利用を想定した解説

本書の背景

　DXを目指した取り組みでは、戦略立案だけでなくAIやデータを活用する技術も考察しながら実務が進みます。具体的には、顧客へ提供したい価値を実現するために、どのような課題に着目し、どの技術を採用し、いかにして実務に落とし込み、課題解決を実現していくかを考察します。なぜなら、プランニングだけでなく技術的な考察を同時に行わなければ、実現困難な"絵に描いた餅"となってしまうからです。「戦略」と「技術」、どちらか一方を考察から外したままDXを推進することは、本来できないはずです。

しかし、**実際は戦略／企画の考察に傾倒してしまい、データ／AI等を活用するための技術の考察が不十分なまま実務が推進される**ことが非常に多いと見受けられます。

　私は過去にGoogle、Microsoft、Yahoo! JAPAN、リクルートといった企業出身のエンジニア、事業責任者の方々と共に事業開発を行ってきました。その中で、最先端のデータ／AI活用を推進する環境に在籍していた技術者たちは、どのような考え方を持っているのか、データ利活用による事業開発実績を持つ方は、どのように事業を企画／推進するのかを目の当たりにしました。それは私が経営コンサルティング会社に従事していた頃のキャリアでは知り得なかった、まったく異質のカルチャーであり、考え方でした。そこには、DX推進のための示唆が数多くあると思っています。

　また、直近の数年間はコンサルタントとして企業各社とDX戦略を構築、推進してきました。DX関連のプロジェクトを推進する中でどの部分にクリティカルなボトルネックがあるのか、数々の現場で身をもって経験しています。また、多くの企業において、DXの実務に携わる方々が様々な悩みや課題に直面している様子を目の当たりにしてきました。

　このような自己紹介から始めてしまうと誤解を招くかもしれませんが、私自身、元々は大学を文系で卒業し、技術的な理解などまったく持ち合わせていませんでした。コンサルティング会社からテクノロジー企業に転職し、技術者が集い活躍する環境に飛び込んだ際は、非常に苦しい経験をしました。その環境では技術が分からなければ何一つパフォーマンスをあげられず、議論もまったく理解できませんでした。なんとか追いつくために数多の専門書を読み、実務で悪戦苦闘しながら学び続けました。しかし、時間をかけて専門書を読んでも理解できない点が多く、しばらくはまるで霧の中をさまよっているような状態でした。技術者の方々の助けも得ながら学び続け、霧が晴れてきたような感覚に至るまでは、本当に長く苦しい期間でした。見方によっては、そのようなトップレベルの技術者の方々に囲まれた環境で、様々な技術に実務を通じて没

頭できたことは、幸運だったのかもしれません。

　こうした私の経験から言えることですが、**データ利活用に関する技術は、極めて難解です**。私自身、まだまだ学びの途上であり、実務を通じて経験したり、日々優秀な技術者に教えていただいたり、Web ソースの情報収集や読書に専念するなど、進化の早いこのテーマについて学び続けています。ただ、それは私がこの仕事を生業としているからできることだと思います。一方、**実務に奔走する方々がこれらの知見にキャッチアップし続けることは、時間的制約上、極めて困難**だと思います。

本書の目的

　さて、冒頭の繰り返しですが、**本書は「技術者ではない方々」を読者として想定した、データ利活用に関する「戦略」と「技術」の双方を解説する書籍**です。**DX の実現は技術活用を前提としているため、技術理解が不十分では太刀打ちできない**と筆者は考えます。

　データ利活用に関する技術は、シンプルに解釈し過ぎると本質が見えないため実務に使えません。一方、本質的な理解を目指すと難解な内容となってしまいます。例えば本書でも触れている AI の分野はデータ利活用の最たるものですが、難解な分野であることは周知の通りです。

　「難解すぎず、平易すぎず」「細かすぎず、粗すぎず」といった点に留意しながら、**データ利活用を進めるうえで役立つ内容を、本書では幅広くまとめています**。DX の実務上求められるポイントの解説だけでなく、企画から実装まで、DX プロジェクトの全体を俯瞰するロードマップとしての性質を持たせました。日々の業務で多忙を極める方々に、実務上必要な観点を易しすぎず難しすぎず、適切な粒度で伝えることで実務の助けとなりたいと考え、本書を執筆しました。データ利活用のために必要な知見や経験を得るには一筋縄ではいきませんが、私が経験したような苦労を読者の方々には回避いただけるよう、なんとかして支援したい、という想いです。

一方、データ利活用に関する膨大な考察ポイントを、たった一冊の書籍に教科書的に整理することには相当な無理があります。そこで本書では、筆者のこれまでの知見を集約し、典型的かつ散見される DX 推進上の重要課題とその解消アプローチに絞り、網羅性よりも「**具体性と汎用性**」を追求した内容を目指しています。

　汎用性を追求すると必然的に重要な要素を「抽象化」した形で提示することになりますが、DX の領域では、抽象的な議論ばかりが行われて具体的な技術考察が抜け落ちてしまい、実務が進まない状況が散見されます。**本書ではこのような状況を「戦略と技術が接続されていない」と表現しています。**

　データ利活用は技術が前提となる一方、難解な内容であるため、理解しやすいように（場合によっては、"理解した気になれる"ように）抽象化、簡易化された議論がなされがちです。その結果、技術への落とし込みを見据えた重要なポイントが議論されずにプロジェクトが進んでしまい、例えば AI やシステム開発に着手した際に何度も手戻りが発生したり、多大なコストをかけて構築したシステムが当初の期待から大きく乖離する結果となることが後を絶ちません。本書で示す「具体性と汎用性」は、このような課題の解決も想定した粒度を目指しています。

　以上の観点から、本書には戦略と技術を接続させるための「取っ掛かり」を散りばめています。読者の皆様に、**データ利活用において「取り付く島もない」**状況から、**「何となく土地勘がつかめた気がする」**ようになり、さらには**「より深い考察をすべき際の"コンパス"を持っている」状態**になっていただくことを目指します。本書が提供するコンパスを持ち、適宜他の文献や Web ソース、専門家の知見等を得ることで、より効率的かつ効果的にデータ利活用技術を駆使した実務を推進できるようになるでしょう。

　当然、専門家からは「この内容では不十分だ」「ここは具体的、専門的すぎる」といった指摘を受ける点も多々ある内容だと思いますが、あくまで上述の想定読者を念頭に、筆者の経験に基づき、筆者の想いのも

とで書かれている点であることをご理解ください。やや技術的、専門的すぎる内容はコラムとして記載し、本筋をたどりやすいように工夫しています。

なお、本書の内容については、ヤフー株式会社でデータソリューション本部長・統括ディレクター、株式会社リクルートホールディングスで全社データ・AI 戦略統括部長を歴任された後、現在は株式会社 ABEJA で代表取締役を務める小間基裕氏と、元 Google Japan のソフトウェアエンジニアで、国際学会 ICFP が主催する国際プログラミングコンテスト「ICFP-PC」で過去複数回優勝した実績を持つチーム Unagi 所属の岩見宏明氏、株式会社リクルートでソフトウェアエンジニアとして活動しながら、量子アニーリングマシンを使うための OSS ライブラリ PyQUBO を開発し、IPA 未踏ターゲット事業アニーリング部門でプロジェクトマネージャ（PM）を務める棚橋耕太郎氏に数々のご助言、指摘等をいただきました。この場をお借りして、改めて御礼申し上げます。

本書が DX 推進に悩む経営者、事業責任者、実務担当者の皆様にとって、少しでも役に立つものになれば幸いです。どうか最後までお付き合いください。

Part 1
［序論］
DX の成否を左右する「データ利活用サイクル」

Part 2
［総論①］
DX が進まない理由

Part 3
［総論②］
データ利活用 DX 推進のフレームワーク

Part 4

[各論①]
DX Phase の具体的実務

Part 5

[各論②]
AI の活用

Part 6
［各論③］
人材要件

Appendix
付録

［序論］
DX の成否を左右する
「データ利活用サイクル」

- 本パートでは、DX の推進上重要となるコンセプト、及び DX の実務を推進するフレームワークについて、それぞれの概要を提示します。（詳細は Part 3 で解説）
- その中で、データ／ AI を活用するために必要な技術的観点を俯瞰します。本パートでは詳細には立ち入りませんが、戦略／企画的な考察段階においても技術的な観点に立つことの重要性について言及します。（詳細は Part 4, 5 で解説）
- さらに、次のパートで整理する「国内で DX が推進されない理由」について、予め簡単に触れます。（詳細は Part 2 で解説）

DX の "現在地"

2018 年 9 月に経済産業省より発表された『DX レポート～ IT シス テム「2025 年の崖」の克服と DX の本格的な展開～』[1] を契機として、 DX に対する注目がますます高まり、現在は各企業で DX による経営強 化に向けて様々な活動が展開されています。さらに、2020 年からの新 型コロナウイルス感染症の拡大に伴い、オフライン／リアルでの事業に 強みを持つ企業もオンライン／デジタルへの注力を余儀なくされ、企業 活動の全体／一部のデジタル化に注力していることと思います。

しかし、多くの企業では **DX について未着手、道半ばの状態**にあるの が現状です。この点について経済産業省が 2020 年 12 月に提示した『D X レポート 2 中間取りまとめ』[2] では以下のように報告されています。

> 独立行政法人情報処理推進機構（IPA）が DX 推進指標の自己診 断結果を収集し、2020 年 10 月時点での回答企業約 500 社におけ る DX 推進への取組状況を分析した結果、**実に全体の 9 割以上の 企業が DX にまったく取り組めていない（DX 未着手企業）レベルか、 散発的な実施に留まっている（DX 途上企業）状況であることが明 らかになった。**

また、2021 年 10 月に IPA が発行した『DX 白書 2021 日米比較調 査にみる DX の戦略、人材、技術』[3] においても、DX 推進状況に関して 日本と米国の差に注目しつつ、日本国内の DX 推進状況の課題が多角 的に指摘されています。DX 関連のプレスリリースが Web、紙面を賑 わせている中、国内全体の実態としては道半ばの状況であることは疑い ないと思います。2021 年 9 月に発足したデジタル庁[4] に関心が集まるの は、こういった多くの背景があるものと思われます。

1　https://www.meti.go.jp/shingikai/mono_info_service/digital_transformation/20180907_report.html
2　https://www.meti.go.jp/press/2020/12/20201228004/20201228004-3.pdf
3　https://www.ipa.go.jp/ikc/publish/dx_hakusho.html
4　https://www.digital.go.jp/

DXは、「データ利活用」による経営改革

　そもそも、"DX"とは何を指すのでしょうか。この定義はDXに取り組む組織ごとに様々で[5]、一意に決められるものではありませんが、筆者はDXとは「データ利活用を基軸とした経営改革」だと考えています（図1.1）。

　「大規模なシステム開発による業務自動化」や「AI活用による顧客への商品提案の最適化」、「製造ラインにおける不良品検知」など、DXによって実現したい内容には多種多様な見方、考え方がありますが、それ

図1.1　DXとは何か

- 企業/組織の保有する限られた資源を活用して商取引/施策等を推進する
- 情報資源、すなわちデータを増幅・利活用して企業経営を強化する

5　スウェーデンのウメオ大学教授のエリック・ストルターマン（Erik Stolterman）が2004年の論文「INFORMATION TECHNOLOGY AND THE GOOD LIFE」にて提示した定義が最初だと言われている。
"The digital transformation can be understood as the changes that the digital technology causes or influences in all aspects of human life"
https://www8.informatik.umu.se/~acroon/Publikationer%20Anna/Stolterman.pdf
また、IDC Japanでは次のようにDXを定義している。
「企業が外部エコシステム（顧客、市場）の破壊的な変化に対応しつつ、内部エコシステム（組織、文化、従業員）の変革を牽引しながら、第3のプラットフォームを利用して、新しい製品やサービス、新しいビジネスモデルを通して、ネットとリアルの両面での顧客エクスペリエンスの変革を図ることで価値を創出し、競争上の優位性を確立することを指す。」
https://www.idc.com/jp/research/explain-word

が**持続的に改善・拡大するためには、「その活動を通じてデータが一貫して活用されているか」という視点が根本的に重要**だと、筆者は考えています。

　例えば、企業において経営資源は一般的にヒト／モノ／カネ／情報に大別され[1]、それらの経営資源を活かして企業価値を高めていくための活動が推進されますが、DXの重要性が強く主張される昨今では、**4つの経営資源のうち「情報＝データ」の価値を増幅するデータ活用技術やサービスが日々誕生し、改善強化されています**。GAFAM[2]のような企業を例に出すまでもなく、近年はデータ活用技術を駆使する企業が目覚ましい成長を遂げています。

　データを活用した施策を実施し、さらに改善された施策の結果がデータとして収集、蓄積、活用されれば、事業活動をアップデートし続けることが可能です。事業活動を通じて収集されるデータには、例えば売上データや従業員の勤怠データ、Webサービス上でのユーザー行動ログデータ、デジタル広告配信データ、営業担当の商談記録等が挙げられますが、これらのデータの活用方針としては以下のような施策が想起されるでしょう。

- 電子メール配信後の顧客側のメール開封及びWebアクセスログ[3]を解析し、セグメント設計やメール文面等を改善
- ECサイト上でレコメンドした商品のクリック数及び商品ページの滞在時間や購買結果を活用し、レコメンデーションの精度を継続的に向上
- 法人営業担当の商談履歴と成約結果を元にしたハイパフォーマー分

1　「経営資源」という言葉は、エディス・エルーラ・ティルトン・ペンローズ（Edith Elura Tilton Penrose）が提唱した経営学用語。なお、昨今ではより詳細な分類がなされることもあり、「モノ」は不動産／ハードウェアなどを含んだり、「情報」はソフトウェア、コンテンツ、データ、ノウハウといった分類を行うこともある。また、自社のブランド力や実績を含めて考察することもあるが、いずれにせよ考察の起点は「自社のどのリソース（経営資源）を、どのように活かして経営を強化するか」である。
2　Google、Amazon、Facebook（現在はMetaと社名変更）、Apple、Microsoftの頭文字をつなげた、グローバルトップIT企業の呼称。
3　ユーザーの訪問時間、クリックした商品、Webサイト上の滞在時間、商品購買など、Webサイトへのユーザーのログデータを指す。

析を行い、得られた示唆を活用してセールス全体のパフォーマンス
を底上げ

しかし実態としては、筆者の経験上、これらのデータは利活用されて
いない状況が数多く見受けられます。

データ利活用を実現する重要コンセプト

　この点に関する私の大きな課題意識は、「多くの企業ではデータ利活用が進んでおらず、施策が"やりっ放し"になっている」ということです。実施される施策のほとんどが、その効果が検証されることなく終了している例をよく見かけます。また、そもそも実施後の効果検証の方法が企画段階から考察されていないことも少なくありません。

　しかし、データ利活用において重要なことは「データを**継続的に**収集、活用し、特定の業務や機能、施策を**継続的に**改善／強化すること」です。つまり、実施／改善した施策の「結果」としてのデータを収集することを繰り返し、データをさらに活用して施策を継続的に改善強化します。

　データ活用を基軸とした DX は、データ生成→データ収集→データ分析→施策実行→成果創出／改善→さらなるデータ生成→……、というサイクルを生み出します（**図 1.2**）。やや抽象的な説明ですが、これがデータ活用を基軸とした DX の威力です。

図 1.2　データ活用が駆動し続けるために

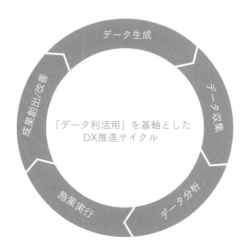

図 1.3　データ活用を基軸とした経営改革

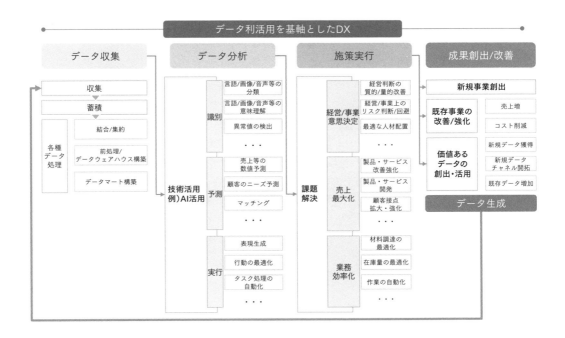

データ活用のサイクルが駆動し続けるためには、経営そのものにこのサイクルを組み込む必要があります。例えば、図 1.3 はデータ利活用を基軸とした経営改革の大枠を筆者の観点から表現しています。収集したデータを活用した各種施策を立案し、施策実行によって成果を創出し、そこから新たにデータを取得して施策の精度を高めつつ、施策や事業そのものの幅を広げる、といった形で経営全体を継続的に強化していきます。

この考え方をサービスや実務に落とし込む際は、顧客体験や社員の業務活動においてデータ利活用のサイクルを実現していくことが重要です。これを表現していると考えられるのが、Amazon 創設者のジェフ・ベゾスが描いた有名な "Virtuous Cycle" でしょう（次頁図 1.4）。顧客体験の向上が好循環を生み、低コストを実現し、さらなる成長が生まれ

続ける、まさにサイクルです。

　このようなサイクルをデータ利活用で生み出す具体的な方法として、Amazon の EC サイトでは、ユーザーごとにパーソナライズ[1]した商品レコメンドを行っています。個々のユーザーがどの商品を購入したかだけでなく、どの商品を「見た」か、どの商品を「カゴに入れた」か、などをデータとして収集し、ニーズを予測して、様々な手法で商品をレコメンドしています。さらに、その商品を購入したかどうかをデータとして蓄積することで、レコメンドの最適化を実現しています。実際にAmazon を利用したら、以降は過去の閲覧履歴や購買履歴をベースにしたレコメンドが画面上で提示されることと思います。スマホ、PC のそれぞれでログインしていれば、どちらのデバイスから閲覧しても、同様の商品がレコメンドされているでしょう。

図 1.4　Virtuous Cycle

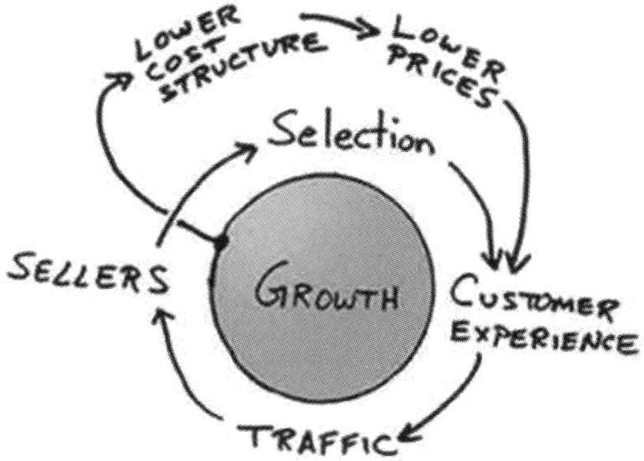

出所：https://www.amazon.jobs/en/landing_pages/about-amazon

1　ここでは、情報やコンテンツの発信者側の判断で、表示する商品／コンテンツをユーザーごとに最適化することをパーソナライズと呼ぶこととする。ユーザー側が明示的に要望を提示し、その内容に沿って表示する商品／コンテンツを「カスタマイズ」することは、本文脈では対象外とする。

Column

レコメンデーションの代表的手法

　本書では、データ活用施策として読者の方々が触れている頻度が高いと思われる「EC サイト」や「レコメンデーション」を意図的に頻繁に例示しています。データ活用施策は無数に存在するため、毎回例示する手法が異なると理解がしづらく、読みづらくなるためです。以降の解説でも頻繁に登場する「レコメンデーション」について、読者の方々が想起しやすいように、ここで簡単に解説しておきます。

　レコメンデーションを活用するという議論は、多くの企業の DX に関わる中で必ずと言っていいほど目の当たりにします。レコメンデーションは専門書では「推薦システム」という呼称で扱われており、盛んに研究が進んでいる分野です。代表的な手法としては「協調フィルタリング」「内容ベースフィルタリング」があります。

協調フィルタリング

- 他のユーザーの商品購入履歴や評価データを利用して推薦する手法[2]。
- 購入履歴、閲覧履歴、商品評価などをデータとして利用。
- メリットとしては、データが十分にある場合は良いレコメンドが可能となり、他のユーザーの評価に基づいて推薦がされるため、推薦された商品に目新しさや意外性（セレンディピティ）がある点などが挙げられる。その結果、EC サイトの「鮮度」が保たれる。つまり、EC サイトに訪問するたびに目新しい商品が掲載されているので、サービスの再利用につながる有効な手法だと考えられている。
- 一方、この手法には「コールドスタート問題」という弱点があり、新商品は他のユーザーの評価が一定数蓄積されるまで推薦システムが駆動しづらいという問題点がある。よって、サービス立ち上げ時には運用が難しい。

2　対象となるユーザーに似ているユーザーの購入商品、高評価した商品を推薦する方法（ユーザーベース）や、対象商品を高く評価したユーザーが他にも高く評価した商品をおすすめする方法（アイテムベース）がある。

内容ベースフィルタリング

- 商品の特徴を利用して推薦する手法。
- 商品名や商品カテゴリ、商品説明文などのデータを利用。
- 協調フィルタリングとは異なり、商品データがあれば評価のログ等が存在しなくても商品を推薦可能。よって、サービスの利用者が少なくても商品のデータがあればそれを利用して推薦システムが駆動する。
- 一方、推薦される商品はユーザーにとって「似通ったもの、知っているもの」ばかりになりやすく、新規性や意外性のあるレコメンドにはならず、EC サイトの鮮度は保ちづらいという弱点がある。

　レコメンデーションの技術は、利用ユーザー数、商品の特性、商品の多様性など、状況に応じて使い分けることで効果を発揮します（図 1.5）。

図 1.5　レコメンデーションの分類

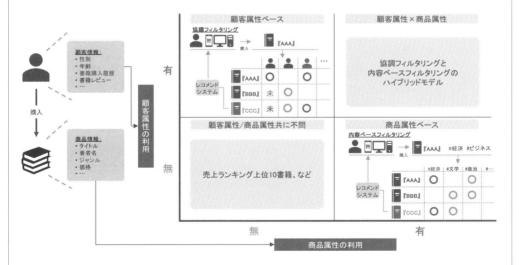

　一方、このような技術を採用しなくても、シンプルに売上拡大を狙う

のであれば「直近1週間の売上トップ10」をルールベースで表示すればよいですし、「とにかくECサイトにユーザーが訪問するたびに違う商品が掲載されているようにしたい」のであれば、ランダムに商品が表示されるようにすれば事足りるかもしれません。

　どのような技術を採用するにせよ、重要な視点は「どのような価値、顧客体験を実現したいか」です。その上で、必要に応じて技術を選定するべきです。

データ利活用を実装する仕組み

　上記のような EC サービスを実現するためには、ユーザーの利用ログなどのデータを収集、蓄積して活用する仕組みが必要です。このデータ利活用のサイクルは、当然のことながら各種技術の活用が前提です。つまり、データ活用に関連する周辺技術を理解、活用してはじめて実務に実装可能となります。

　DX プロジェクトが"企画倒れ""絵に描いた餅"になりやすい主な理由の一つは、端的に言って、実現したいことを技術に落とし込めていないからです。データ活用には戦略構築も重要ですが、そもそもどのようなデータを活用し、どのような Web アプリケーション[1]を開発し、それらにどのような機能を実装し、その機能の実現にはどのような技術を用いるべきか、といった技術的な考察が必須です。

図 1.6　ビジネス実装の方法：機械学習システムの全体像

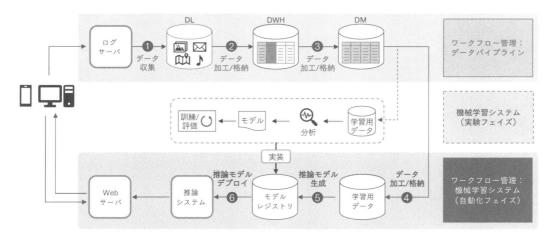

1　Web サーバ上で動作し、Web ブラウザ上で操作するアプリケーション。一般的なサイトとは異なり、商品／記事の検索や商品／コンテンツの購入などが可能。Web 版の YouTube や Gmail、各社 EC サイトなどが該当。

例えば、Web アプリケーションやデータ基盤、機械学習システムが一体となって実装された状態を想定し、その概観をポイントを絞って整理すると、図 1.6 のようになります[2]。

　EC サービスの話に戻ると、サービス実現にはデータ収集／処理／活用のプロセスが不可欠です。一例として、各ユーザーに対して商品をレコメンドする機械学習システムが Web サービスに実装されている状況を想定します。ユーザーがサービスを利用すると、その利用ログデータがログサーバに収集されますが、その収集タイミングは予め設計された方法（**バッチ処理／ストリーミング処理**[3]）で行われます。Web アプリケーションからデータをログサーバに収集するなら、データにタイムスタンプ[4]を付与した状態でストリーミング処理で随時収集するのが基本的な処理でしょう。また、Web アプリケーションから収集されるデータはそのままでは分析／活用が難しいことが多いので、ローデータ（生の状態のデータ）を**データレイク（DL）**に格納しておき、前処理を実施して構造化データ（表形式などの一定の構造で表現、整理されたデータ）に変換してから**データウェアハウス（DWH）**に格納します[5]。

　また、ログデータをデータレイクに格納するタイミングや、前処理を実行してデータウェアハウスに格納するタイミングは、データをどのくらいの頻度で参照、活用したいかによります。例えば、1 日 1 回の頻度で夜間に 1 日分のデータを学習して更新されるように機械学習システムを設計するならば、収集したデータを前処理してデータウェアハウス（DWH）に格納し、さらに機械学習用の**データマート（DM）**を更新して、夜間の機械学習モデルの学習に間に合うように 1 日に 1 回の頻度でバッチ処理しておけばよさそうです。

　上記はあくまで EC サービスを実現する機能の一つに着目した例です

2　特に、①〜⑥の番号付けられたプロセスについて本書の Part 4、5 で詳細に解説する。
3　バッチ処理、ストリーミング処理などのデータ処理手法については本書の Part 4 以降を参照。
4　ここでは、データが生成された日時・日付・時刻等を示す文字列を指す。
5　データレイク（DL）、データウェアハウス（DWH）等については本書の Part 4 以降を参照。

が、このように、サービスに求められる機能や成果に応じて、データ基盤全体をどのように構築するかを予め企画する必要があります。ここをしっかりと行わなかったため問題が生じるケースがよく見られます。例えば、ビジネス側は「リアルタイムに情報収集／活用したい」と考えていたにもかかわらず、開発側にその意向が伝わらず、例えば1日単位のバッチ処理として設計が進んだとします。すると、結果として期待されていた機能が実装されず、開発のやり直しが発生したり、「期待していた機能ではないが、開発されたものを仕方なくそのまま運用する」といったことが起きます。バッチ処理とストリーミング処理は、システム要件を定める一要素に過ぎませんが、上記のようにビジネス推進上大きな影響を与えます。また、両者ではデータ基盤構築の考え方や構築／運用難易度も異なります[1]。

　上記はDXの実務における膨大な考察ポイントの一部に過ぎませんが、こういった認識ギャップ、成果物への期待値ギャップは、単にビジネス側と開発側の「見ている景色が違う」ことや、「両者の業務の進め方が違う」といった話ではなく、端的に言って、技術理解のギャップが顕在化してしまったものだと思います。そんな中でも、結果として作り上げたシステムを「お金をかけて作ってしまったから、仕方ないのでこの状態でとりあえず進めてしまおう」と扱うような状況は、私が知る限り少なくありません。そうした事態を避けるため、技術的考察も含めた企画をしなければなりません。

1　例えば、リアルタイムに売上状況をBIツール等で集計・グラフ化するということは、データが生成されて収集／処理／集計／表示といったプロセスが常にリアルタイムで行われることと同義であり、サーバー負荷及びコストが膨れ上がるだけでなく保守／運用も非常に難易度の高いものとなる。

データ利活用と AI

　本書では AI についても実務活用に必要な内容の理解を目指しますが、周知の通り、AI はデータ利活用サイクルが極めて重要な取り組みです。

　AI をデータの観点から捉えると、入力→処理→出力→結果のフィードバック、というサイクルで表現できます。この中の「処理」に着目するといくつか重要な要素があり、その点を明示したのが図 1.7 です。

　一般的に、AI が駆動するためにはまず入力したいデータを機械学習モデルが学習できる形式に「**前処理**[2]」します。次に、そのデータを使って機械学習モデルが学習を行います。さらにそのモデルが「**機械学習システム**」に実装され、ユーザー特定やスコアリングなどの目的を持った予測値が機械学習モデルによって生成、出力されます。この機械学習モデルは「**データサイエンス**」の産物であり、その予測値を算出してユーザーにサービスを提供するシステムが「機械学習システム」です。

図 1.7　AI の全体像

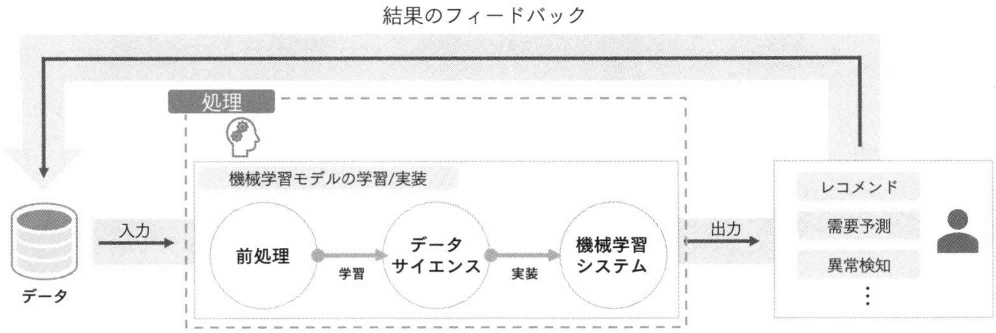

結果のフィードバック

2　前処理については、本書「データウェアハウスの活用」の節（p.143）を参照。

以上のように、AIが駆動するサイクルにおいて「処理」のステップでは前処理／データサイエンス／機械学習システムという3つの重要な要素があり、本書の各論パートではそれぞれについて詳細に解説しています。

　一方、サイクルの中で示されている「結果のフィードバック」も極めて重要なプロセスです。例えば、ECサイトのレコメンドシステムにおいて、ユーザーの商品購買履歴や直近1ヶ月の商品閲覧ログデータを用いて学習した機械学習モデルが「購入可能性の高い商品がどれか」を出力し、ユーザーがそのレコメンドされた商品を「見た」とします。ここで極めて重要なのは、その出力結果を用いた際、「その結果に対してユーザーはどう反応したのか」をデータとして回収し、新たな入力データとしてデータベース[1]に格納することです。具体的には、そのユーザーはその商品情報を「どのくらいの時間をかけて見た」のか、「その商品をクリックした」のか、「その商品を『カゴ』に入れた」のか、「その商品を購入した」のか、といった粒度でデータを収集し、機械学習モデルが学習可能なデータに変換して、予測モデル、即ち"AI"に学習させます。

　こうしたサイクルを設計し、ユーザーを理解するためのデータが蓄積／活用されれば、AIのさらなる精度向上だけでなく、データを可視化してユーザー理解の考察に活用するなど、幅広い用途と成果が期待できます[2]。

1　昨今、機械学習用のデータベース（データマート）を特徴量ストアとも呼ぶ。
2　一方、AIが実現できることの限界や具体的なタスクについては、本書 Part 5 を参照されたい。

データ利活用の成否を分かつ要因

　ここまで、データ活用を基軸とした場合の DX 推進について概説しましたが、以上の解説だけでも、**DX には技術的なハードルが存在する**と実感されたのではないでしょうか。ここがまさに、筆者が本書を執筆した主眼です。

　筆者は、**日本企業の DX が進まない根本的原因は、「膨大な変革のスコープ」「各種技術の理解、実装、運用、改善の遂行」「DX 人材への要求水準」の 3 つに、途轍もなくハイレベルな要求が課されているから**だと考えています。一言で DX と言っても、その実現に要求されるハードルはきわめて高いものです。

　多くの企業でデジタル化推進が進まない要因の一つに、歴史的にオフラインでの活動を通じた収益構造をベースに成長してきたことが考えられます。その結果生じている以下のような状況は、経営者や事業責任者の方々にとっては、分かってはいても打開できない課題の一例ではないでしょうか。

- そもそもデジタル技術やデータ活用を基本とした DX 推進に対して既存組織のアセット／ケイパビリティで対応することが難しい。
- それは当然、人材採用や育成にも重大な影響を与えており、いわゆる「DX 人材」を採用・育成するための制度や風土、採用ブランディングは極めて困難であり、醸成されづらい。
- さらに、DX 人材への給与水準は高騰し続けており、現行の人事制度における等級・報酬・評価制度では対応できず、既存社員の処遇とどうバランスさせるか折衷案が生み出せない。

　上記の課題に関する考察は Part 2 で深めていきますが、一方、いわゆる GAFAM（Google ／ Amazon ／ Facebook（Meta に社名変更）／ Apple ／ Microsoft）をはじめとする現在グローバルを席巻している企業は、**デジタル技術を駆使して売上を創出するビジネスモデル**を確立

しています。これらの新興企業がわずか20年程度の期間で途轍もない時価総額を誇る圧倒的なグローバルトップ企業へと変貌を遂げられたのは、各社の事業成長モデルにおいて**「戦略と技術が密接に接続している」**からだと言えます。実際、収益構造を見るとオンラインでの収益が大きな割合を占めているものと見受けられます（**図1.8**）[1]。オンラインでの収益性の高さは、ヒト／モノ／カネ／情報の4つの経営資源のうち、情報＝データの利活用の成果だと言えます。

図1.8　グローバルトップ企業の売上構成比（2021年7～9月期）

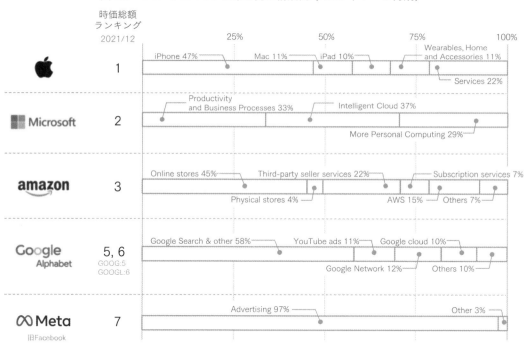

1　2021年12月11日7時40分時点　https://stocks.finance.yahoo.co.jp/us/ranking/?kd=4&tm=d
また、各社財務情報の情報ソースは下記。
Apple　https://www.apple.com/newsroom/pdfs/FY21_Q4_Consolidated_Financial_Statements.pdf
Microsoft　https://www.microsoft.com/en-us/Investor/earnings/FY-2022-Q1/press-release-webcast
Amazon　https://s2.q4cdn.com/299287126/files/doc_financials/2021/q3/Q3-2021-Earnings-Release.pdf
Google　https://abc.xyz/investor/static/pdf/2021Q3_alphabet_earnings_release.pdf?cache=f1ba3f6
Meta(Facebook)　https://investor.fb.com/investor-news/press-release-details/2021/Facebook-Reports-Third-Quarter-2021-Results/default.aspx

一方、多くの組織が「戦略を技術に落とし込む」ことができていない理由についての筆者の見解は、**戦略を描くだけでなく、描かれた戦略の意図に沿ってビジネスの現場で実際に技術開発と実装、モニタリングを主導することができる組織体制、メンバーが欠けているから**だと考えます。つまり、**DX 実現の成否は、戦略と技術をつなげられる組織／人材のレベルに依存する**、ということです。この課題を解決しなければ、「戦略と技術をつなぐ」ことを前提とするデータ利活用、即ち DX は、絶対に実現できません。先述の『DX 白書 2021』[2] においても、米国と比較しながら日本企業において DX 人材の「量」と「質」の双方が不足している現状が指摘されています[3]。

　そして、さらに苦しいことに、そういった「戦略と技術をつなぐ」ことができる組織への変化・進化は、容易には実現できません。"魔法の杖"のようなものは存在せず、長い年月が必要です。それも、ウォーターフォール型で計画的にやれば期日までにできる、できなければ責任者が責任を取る、といったようなスタイルで実現できるものでもありません。小さく試し、大きく育て、何度もトライアンドエラーを繰り返し、それでも目指す方向性をぶらさずにやり抜くことが必要です。

2　　https://www.ipa.go.jp/files/000093706.pdf
3　　『DX 白書 2022』第 1 部第 3 章図表 13-2「事業戦略上、変革を担う人材の「量」の確保」
　　　日本（n=533）　やや過剰である：1.7%　過不足はない：15.6%　やや不足している：45.2%　大幅に不
　　　足している：30.8%　わからない：6.8%
　　　米国（n=369）　やや過剰である：10.6%　過不足はない：43.6%　やや不足している：22.8%　大幅に不
　　　足している：20.3%　わからない：2.7%
　　　「事業戦略上、変革を担う人材の「質」の確保」
　　　日本（n=534）　過不足はない：14.8%　やや不足している：47.4%　大幅に不足している：30.5%　わか
　　　らない：7.3%
　　　米国（n=369）　過不足はない：47.2%　やや不足している：25.7%　大幅に不足している：23.6%　わか
　　　らない：3.5%

データ利活用 DX
実現へのロードマップ

　本書では、DX 推進のためのフレームワークを図 1.9 のように整理
しており、この枠組みに沿って解説を進めます。**DX の推進には大きく
"Pre-DX フェイズ""DX フェイズ" の 2 つのフェイズがあります。**
　詳細は本書 Part3 以降で解説するので、ここでは概略だけ記載します。

　まず、Pre-DX フェイズでは戦略方針（コンセプト）だけでなく、戦
略が駆動するための仕組み（メカニズム）を明確化します。その中で、ユー
ザーに提供したい価値や実現したい顧客体験、及びそれらを実現するた
めに必要となる技術やデータなど、技術的な考察も交えて包括的に整理
します。よって、**戦略を実現するためのすべての施策は、この Pre-DX
フェイズの活動が起点となります。**

　AI のような高度な技術を包含した大規模なアプリケーション開発だ
けでなく、データ可視化ツールを用いたデータ集計結果の閲覧も、規模

図 1.9　DX Framework

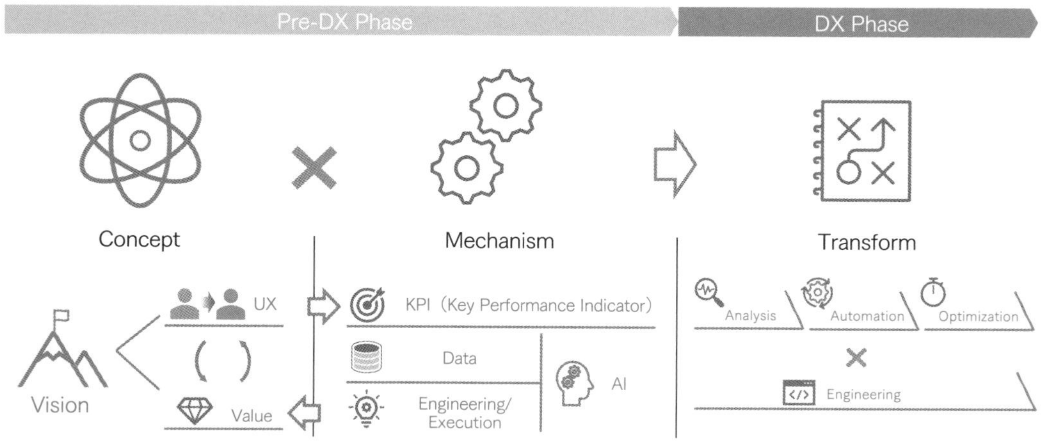

の違いはあれど、いずれもデータ活用によって実現される施策です。しかし、それらの施策が何らかの課題解決を実現して効果を発揮するには、そもそもデータが集められ、データ活用に必要な各技術が施策の狙い通りに機能していなければなりません。

　戦略や企画、各種施策は往々にして"作りっぱなし"になりがちです。経営課題や事業課題、顧客ニーズは日々刻々と変化し続けるため、戦略や企画、施策は変化に応じてアップデートし続ける必要があります。

　後続するDXフェイズではデータ分析、データ可視化という地道な業務から始まり、次第にエンジニアリングの力を駆使することで各種業務の自動化、さらにはデータ基盤とソリューションが一体となった大規模開発へとつなげていきます。このフェイズはまさに変革（トランスフォーム）を実現する段階です。これらの実現には開発側と事業側を"接続する"役割が存在しなければなりません。KPI管理、組織横断的な業務改善のためのPDCAの推進など、DXを包括的に推進できる人材が結集して取り組む必要があります。

フェイズ	推進レベル	概要
Pre-DX フェイズ	コンセプト： 戦略のコンセプト を企画する	実現したい**ビジョン**を描く。その中で、DXが果たす役割を言語化する
		ビジョン具現化によって実現される**顧客体験（UX）**を明確化する
		顧客体験（UX）において、**顧客に提供される価値（バリュー）**を明確化する
	メカニズム： 戦略を実現する 仕組みを企画する	顧客に提供される価値（バリュー）がいかにして具現化されるのか、その仕組み（メカニズム）を事業推進及び技術的観点、特に**KPI、データ、AI、エンジニアリング／施策実行**の観点から明確化する

| DX フェイズ | トランスフォーム：変革を実行、推進する | ビジョン実現に向けた変革（トランスフォーム）を推進する。実現に向けては一足飛びに高度なソリューション開発を目指すのではなく、**データ分析（Analysis）**、**自動化（Automation）**、**最適化（Optimization）** といった順に取り組みのレベルを高める |
| | | 常に Pre-DX フェイズで定めた戦略／企画内容と整合性を持った **開発（Engineering）** を推進する |

　各種施策につながりがない、単発で取り組みが終わり放置されがちになる場合、その理由のほとんどは上記について推進できる人材が極端に不足しているからだと筆者は考えています。人材不足を理由に、技術ベンダー等への依存度が高まり、成果責任が社内で宙に浮いている状態だと、改善強化のサイクルは生まれません。

　さて、このフレームワークに沿ってこれから Pre-DX、DX の各フェイズについて解説をしていきたいところですが、Part 2 では DX の推進を阻む課題について、もう一段深い考察を行います。その狙いは、筆者が考える DX 推進上の本質的な課題を読者の方々に共有した上で、本編を読み進めていただきたいからです。その中で、DX 推進のために採用すべきアプローチとはどういうものか、筆者の立場を明確化します。

Part 1 のまとめ

● DX とは、データ利活用のサイクルを経営／事業活動に実装し、「データ利活用を基軸とした経営改革」を実現することだという考え方を、本書では採用する。

● そのコンセプト実現のためには、データ／ AI を活用するための各種技術に習熟したメンバーが、戦略を描き、ビジネスの現場で各種施策を遂行し、成果創出に中長期にわたってコミットすることが求められる。

● 一方、DX の実現には「膨大な変革のスコープ」「各種技術の理解、実装、運用、改善の遂行」「DX 人材への要求水準」の３つに、途轍もなくハイレベルな要求が課されるため、実現の難易度は極めて高い。

● DX の実務には、戦略方針（コンセプト）と戦略が駆動する仕組み（メカニズム）を明確化する Pre-DX フェイズと、開発側と事業側を接続し組織横断的に変革（トランスフォーム）を進める DX フェイズがある。

Part 2

[総論①]

DX が進まない理由

- 本パートでは、筆者が本書を書いた背景を読者の方々と共有するために、DX をめぐって筆者が特に深刻だと考えている課題を提示します。Part 3 以降の具体的な解説の前提として、一読いただければ幸いです。
- また、本書で一貫して主張している「戦略と技術を接続させる」ことの重要性について、筆者の主張を端的に提示します。
- 具体的な中身に進みたければ、本パートは読み飛ばしていただいても大丈夫です。

業種／業界別に見られる課題と
DX によるアプローチ

　DX の実務の中で、担当者としては「他社・他業界では DX を求める背景としてどのような課題があり、それらに対してどのように取り組みを進めているのか」をある程度知っておく必要があります。他業種の知見であっても個々の課題に対するアプローチはヒントになるケースが多く、自身の所属する会社・組織が DX を進める際の参考情報として大いに活用すべきです。

　事例を整理する際には、例えば市場全体を以下の 2 軸でリサーチするとよいでしょう。

- バリューチェーン別：企画、調達、製造、物流、販売など、製品／サービスを最終消費者に届けるまでに必要な機能で分解して事例を整理
- 業界別：消費財、金融、不動産、エネルギーなど、業界別に事例を整理

　参考までに、バリューチェーンと業界を軸として、DX をめぐる代表的な課題／ニーズ及び施策アプローチについて部分的かつ簡易的に整理した一例を示します。事例を整理する際の参考となれば幸いです。

バリューチェーン別：

バリューチェーン	課題／ニーズ	施策アプローチ
調達・生産・物流・在庫管理	需要予測	・ 調達：仕入れ数の最適化、廃棄ロスの極小化、など ・ 生産：検品の歩留まり精度の向上、検品の自動化、など ・ 横断：店舗／商品カテゴリ別に需要予測、など
	オペレーション効率化／自動化	・ 物流・在庫管理：車両配置／配送のためのルート／1台あたり燃費等の効率化、など
セールス・CRM	営業活動の効率化	・ 営業活動上の間接業務の極小化、BIツール活用、など
	CRMの精度向上	・ 問い合わせ数の予測と人員配置の最適化、など
マーケティング・プロモーション	リアルタイムな1to1マーケティング	・ マーケティング：プライシング最適化、LTV分析と最大化、顧客離脱予測や離脱要因分析、アトリビューション分析、RFM分析、など ・ プロモーション：デジタル広告運用の最適化・自動化、など
間接部門（経理、人事、財務など）	業務効率化	・ 要員配置の最適化、データ起点でのタレントマネジメント、など

業界別：

業界	課題／ニーズ	施策アプローチ
メーカー・製造業	目視検査の効率化／精度向上	・ 深層学習により画像から欠陥の特徴を学習し、製品検査を自動化
	各種情報入力の効率化	・ 手書き文字や書類の読み込み／テキストデータ化による書類データ管理と検索閲覧可能なシステム構築
	設備不良／劣化の検知	・ 温度センサー、振動データ、音響センサー等のデータをもとに設備不良や異常、劣化を検知
流通業	来場者の特徴把握	・ 来場者向けサービス開発と利用ログデータ収集による顧客行動の可視化
	プライシング最適化	・ 過去の販売データや販促費データ、外部データ（天候データ、SNSデータなど）を統合／活用して店舗全体、商品カテゴリ別、商品別といった粒度で売上を最大化する価格設定を実現
	在庫数の最適化	・ 気象データ（天候／気温／湿度など）、来店者数データ、商品別販売実績データ等を統合／活用し、需要量を予測したうえで発注量の最適化と業務工数削減を実現
	棚割り最適化／工数削減	・ 棚割りの映像データから棚の位置・設置商品・配置（上段／下段等）・個数などを把握し、販売結果から棚割り企画の成否を評価し、PDCAを推進

　上記で整理したDXにまつわる課題／ニーズや施策アプローチは、読者の方々の中には「既に言い古されている内容だ」という感想をお持ちになった方も少なくないでしょう。取り組みが進み、既に課題解決に成功している企業も現れています。

DX 推進を阻む課題

　一方で、課題が見えたとしても投資判断で社内交渉により頓挫したり、投資を得られたとしてもその後の PoC[1] 段階で次のステージに進まず、夢半ばで打ち切りになった施策も少なくないのではないでしょうか。

　課題は明確に見えているが、取り組みが進まない。ここに、日本企業が DX 推進に悩む課題の深淵があると筆者は考えます。

　このような課題に直面した実務担当者の中には、「DX に成功している企業では、そもそもどのようにプロジェクトを立ち上げ、どのように推進しているのか」という疑問を持つ方もいると思います。しかし、それに対する直接的な答えは、市場リサーチ等ではほぼ出てきません。本当に知りたいのは、推進の際に苦労した"生々しい実態"や"自社が直面する現状とほぼ同様の状況を打破した方法"ですが、そういった情報は Web ソースのような二次情報を探してもほとんど見つからないでしょう。仮に近いように思われる情報があったとしても、それらの情報の粒度や見解は自社の状況に当てはめる内容としては扱いづらく、本当に知りたいことが書かれていないことがほとんどでしょう。

　例えば、一般的な DX 関連のレポートにおいてよく目にする DX の課題には、以下のようなものがあります。

課題の所在	概要
リーダーシップ	**DX による経営／事業改革の方針が不明確** ・ 経営層や事業責任者の DX への意識／コミットメントが弱く、推進力そのものに課題 ・ DX の必要性や各部門の役割分担等が不明確であり、結果的に組織全体に浸透していない ・ 技術活用が全体的にベンダー企業依存　など

1　Proof of Concept（概念実証）の略称。

事業・組織運営	**DX そのものへの抵抗／組織的ケイパビリティの不足**
	・ 各事業部でシステム等が個別最適化されている結果、全体最適化が事業部の抵抗によって進まない
	・ 組織横断でのデータの利活用・連携が困難
	・ 新しい技術を活用した事業強化施策等への PoC の推進力が弱い　など
IT ／ AI 活用成熟度	**既存システム刷新に多くの制約が存在**
	・ 導入済みのシステムの老朽化、システムの肥大化／複雑化／ブラックボックス化が進み、維持費用がかさむ
	・ 結果、データ連携が難しく、先端技術の利活用が限定的となりがち　など
推進メンバー	**DX を推進可能な人材の不足**
	・ 既存システムの仕様を把握している人材が退職済みとなっており、システム改修そのものが難しい
	・ システム開発のベンダー企業依存度が高い　など

　先程の事例と同様、上記のような課題については「そんなことは分かっている」という感想を持たれた方もいるかもしれません。しかし問題は、これらの課題は十分に周知されているにもかかわらず、一部の企業を除いて大多数の組織で一向に解消されていないことです。

DXを阻む課題の"深淵"

　では、なぜこれらの課題は解消されないのでしょうか。そもそも課題というものは、各企業・組織ごとに、現場や実務に入り込んで検証し、観察や対話をすることを通じてしか抽出されません。つまり、**課題解決以前に、課題の「発見」が極めて重要**[1]です。

　そして、ここで鍵となるのが、**その現場を観察し、現場と対話をする担当者が、市場トレンドや実務、技術に対してどのくらい深く広い知識と経験を持っているか**です。そのレベルに応じて、観察結果やヒアリング内容を解釈して得られる課題、ひいてはその解決策のレベルが大幅に変化します。身も蓋もない話ではありますが、結局、課題解決が実現できるかどうかは、それを推進するメンバーの力量にかかっています。

　では、DX推進が進まないのは、課題発見や課題解決をする力が不足しているからだという稚拙な結論で済ませてよいのでしょうか。筆者は決してそう思いません。むしろ、ここに日本企業がDX推進に悩む課題の"深淵"があると、筆者は考えています。

　DXを推進できない理由は各企業・組織ごとに異なるため、課題の抽出と整理は実務に深く踏み込んで粘り強く行うしかありません。一方、課題を深く掘り下げていくと、そこには共通して生じているいくつかのボトルネックがあると筆者は考えています。そこで、先述の考察から深く潜り込み、「DX推進上、共通してボトルネックとなりがちで、かつ根本的な課題」として筆者がこれまで直面してきたものを以下に列挙します。あくまで筆者の見解であり、網羅性のある情報ではありませんが、きっと強く心当たりがあるものが記載されているはずです。

1　本書「課題の「発見」はデータ利活用／DXに優先する」の節（p.70）において、より踏み込んだ言及をしているので参照されたい。

課題のカテゴリ	課題の所在
DXプロジェクトに大規模投資、事業立ち上げなど進めるも、うまくいかない。なぜか？	・ これまでデータ活用を推進してきた経験が組織的に少ない中、**外部ベンダー頼みで最初から実利を狙う巨大プロジェクト、大規模ソリューション**を構想してしまう。具体的な中身（プロダクト仕様、採用する技術など）が決まっておらず、関係者間の合意形成が進まない。 ・ **何らかの思惑が働き、手段と目的が逆転する。**大規模なDXを推進しようとする背景には、「対外的アピールの目線や思惑」が少なからず存在し、課題解決の本筋から議論がずれていく。 ・ 個々人のタスク、チームのオペレーション、組織的な情報連携、利用システムなど、**DX施策が影響を及ぼす範囲を最初から見積もりきれていない。**影響を受ける関係部署を見極めきれていない。 ・ **各種技術の扱い方を知らない。**データ収集／蓄積／活用に至る設計、システム企画や要件定義の進め方が分からない。AIで何ができるか、具体的に示すことができない。 ・ **実現したいユーザー体験を、技術的考察を交えて具体化できない。**関係部署を巻き込んで協議し、ユーザーヒアリングからサービスへの示唆を抽出し、多くのステークホルダーの意見をまとめ上げてプロダクトに落とし込むといった経験を持った人材がいない。 ・ プロジェクトで実現したいこと、DXの目的を実現するために必要な人材、技術、予算、プロジェクト推進の考え方など、これら**すべてが組織内でかみ合っていない。**
アジャイルな開発・プロジェクトでDXを推進したくても、そうならない。なぜか？	・ **結局は計画重視のプロジェクト（高速なウォーターフォール型開発のような状態）になる。**常に説明責任が求められ、進捗会議が関係各所を巻き込んだ状態で随時設定される。 ・ DXのための企画内容を技術ベンダーや開発に依頼した後、実態としては開発側に「丸投げ」の状態となり、**企画側で「目的達成のための開発が進んでいるか」の確認を技術的検証含めて随時行うことができていない。**

	・ 外部ベンダー依存の結果、開発期間内で生じた追加要望やそもそも設定していた目的の変化に対応できず、ソリューション／施策が完成した頃にはその時点の実務上の要望にフィットしたものになっていない。**計画時点で良いと考えられたものが、完成後に実務で歓迎されるかは分からない。** ・ ユーザー目線で技術ベンダーを評価することが可能な人材がおらず、**開発状況や成果物の客観的評価ができない。**
データ活用を推進したいが、なかなか進まない。なぜか?	・ **データ入力自体にモチベーションが生まれない。**例えば、営業部門にデータ入力を依頼するにも、各営業担当の主要 KPI は売上であり、データ入力は売上にも評価にも直接的につながらず、モチベーションが生まれづらい。 ・ **各データの所在／定義が不明瞭。**必要なデータの所在が分からない、データの定義(ファイル形式、単位など)が分からないなど、データを扱って何かをしようにもそもそも集計ができなかったり、集計・分析した結果が何を意味するのか不明。 ・ 各部門が独自にツール導入、データ収集、データマート構築等を推進した結果、**データ活用がサイロ化し、**個々の事業部やチームに閉じた範囲でしかデータ活用が推進されず、組織横断の活動に拡大しない。
DX 人材を採用できない。なぜか?	・ 社内に **DX 人材を評価できる管理職がいない。**DX 推進を真に担える「1 人目」が採用できていない。 ・ **社内の給与体系が、市場で高騰する DX 人材採用に対応できていない。**給与引き上げをするにも社内には DX 成功の実績がなく、投資対効果を説明できないなどの理由で、対応できない。 ・ **優秀な技術者は一部の企業に集中してしまう。**優秀なエンジニア、データサイエンティストは、その会社に「優秀なエンジニア、データサイエンティストが在籍するかどうか」を会社の選定基準にする傾向がある。

DX 人材を採用できたとしても、うまく DX が推進されない。なぜか？	・ **権限移譲が中途半端**。即戦力として優秀な人材を採用しても「〜の側役」のようになり、自由に裁量を振るって DX を推進できない。 ・ DX 推進を担うために採用した専門人材は、実態として**社内調整業務に忙殺されている**。 ・ DX を推進したい担当者の思いが強すぎて、**外部からの専門人材の意見を聞き入れない**。結果、例えば技術を軽視したイメージ先行の議論の末、地に足のつかない、技術的な根拠のないプランが量産される。 ・ DX 推進に対し、想像以上に**現場が抵抗勢力**となって立ちふさがっている。実務担当者の中には、現在の業務内容が変わることに消極的な姿勢を強く持っている方々が少なくない。

　DX が進まない課題について、その根本的課題を筆者の経験から列挙してきましたが、重要なのは、少なくともここに列挙された課題のいくつかが解決されなければ、DX の実現は困難だということです。

　繰り返し強調しますが、**日本企業の DX が進まない根本的原因は、「膨大な変革のスコープ」「各種技術の理解、実装、運用、改善の遂行」「DX 人材への要求水準」の 3 つに、途轍もなくハイレベルな要求が課されているからです**。その理由がまさに上記で整理した課題群にあります。DX 推進に必要な考察観点、関係者、作業量等は膨大であり、それ故に DX による課題解決は従来型の課題解決と比べて圧倒的に難易度が高いと筆者は考えます。この点は、DX に取り組む際に十分に留意すべきです。そうでなければ、**担当者がその重責に耐えられず、組織全体としても疲弊しかねません**。

DX を実現するための 3 つの方針

　では、上記のような課題解決に向けて、どのような姿勢で臨むべきなのでしょうか。筆者の見解としては、**一貫して極めて重要なのは「戦略と技術の接続」**です。

　その概念を表現したのが図 2.1 です。通常、DX 推進においてまずは戦略を固めること(図の左側)が先行して行われます。事業推進上の課題、例えば顧客課題や業務効率化等の課題に直面し、その解決策を考え、戦略策定や予算取り等が進みます。一方、技術開発側にはその内容が追って共有／指示される場合が多いと見受けられます（図の右側）。その際、**予め定められた戦略は技術的考察が不十分で、開発側からすると不明確な点が多い場合が少なくありません**。さらには、その開発推進の業務は開発側に「丸投げ」の状態となり、しばらくしてできあがったものは企画段階で整理した要望を満たしていない状態となりがちです。

図 2.1　多くの企業が陥っている DX 推進の実態

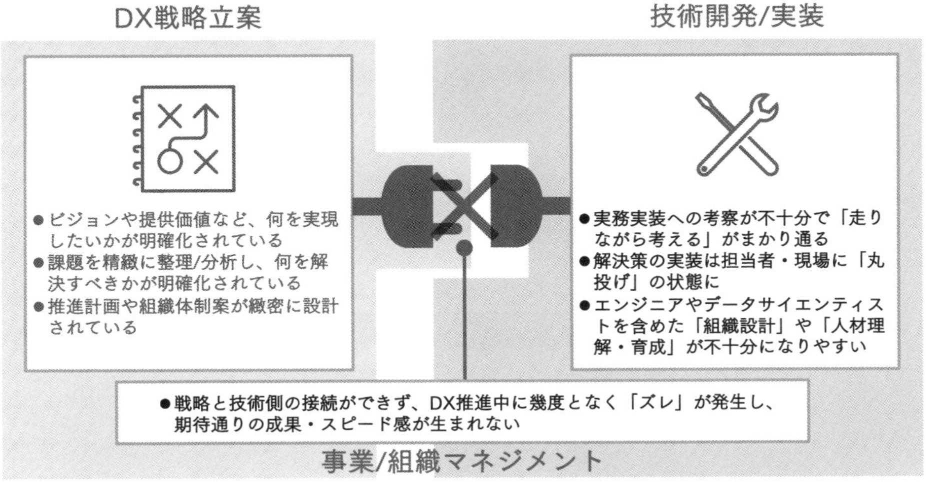

DX戦略立案　　　　　　　　　　　　　　技術開発/実装

- ビジョンや提供価値など、何を実現したいかが明確化されている
- 課題を精緻に整理/分析し、何を解決すべきかが明確化されている
- 推進計画や組織体制案が緻密に設計されている

- 実務実装への考察が不十分で「走りながら考える」がまかり通る
- 解決策の実装は担当者・現場に「丸投げ」の状態に
- エンジニアやデータサイエンティストを含めた「組織設計」や「人材理解・育成」が不十分になりやすい

- 戦略と技術側の接続ができず、DX推進中に幾度となく「ズレ」が発生し、期待通りの成果・スピード感が生まれない

事業/組織マネジメント

DX 推進上、根本的な課題であるこの状況に、どのように対応していくべきかの方針を示したのが**図 2.2** です。これは、本書のメインテーマである「データ利活用」にも当てはまる方針です。重要なのは以下の 3 つです。

① **技術活用を想定した戦略を描く**：データ利活用技術を含め、あらゆる技術は課題解決の手段に過ぎない。しかし、その課題解決のための戦略遂行に何らかの技術が必要なのであれば、その技術を理解し、実現可能性を見極めた上で戦略を策定する[1]。
② **戦略を技術に落とし込む**：戦略遂行に必要な各種機能が、目的に沿って価値を発揮するように各種技術を実装する。
③ **戦略と技術を強固に接続する**：実現したい戦略が戦略遂行上必要となる技術に適切に反映されるように事業推進を行う。

図 2.2　DX を実現するための方針

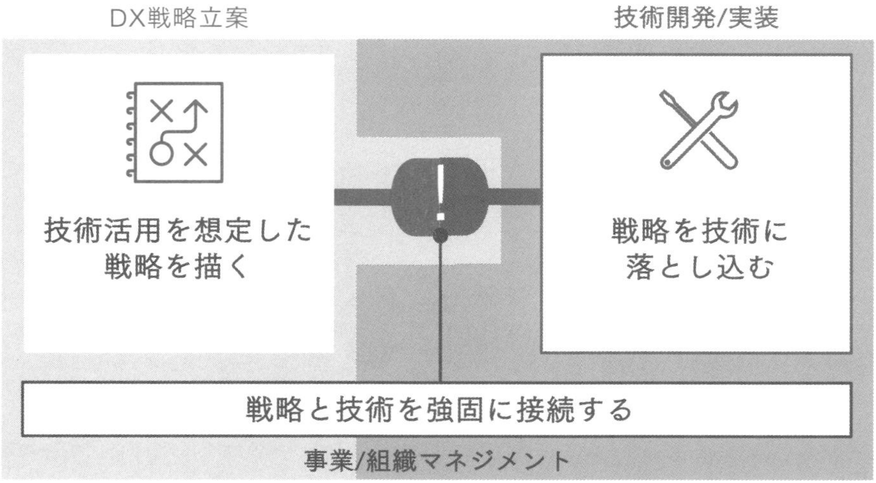

1　本書は技術活用に焦点を当てた「戦略」考察を進めるが、これは本書が「リソース・ベースト・ビュー」に基づく見解を提示しているわけではないことに留意されたい。本書では「戦略そのもの」に関する理論的考察には立ち入らない。

DX実現において、この3つの取り組みは決して避けて通れません。この3つを遂行することで、DX戦略にリアリティが生まれ、技術実装の精度が高まり、課題解決の成功確度が高まっていきます。よって、この3つの観点から必要な知識、経験、技術等を身に付け、多くのステークホルダーを巻き込みながらDXを推進していくことが基本方針だと筆者は考えます。

　一点、強く留意すべき点なので本書の中で何度か強調していることですが、「①技術活用を想定した戦略を描く」とは、技術活用を"前提とする"ことではありません。**戦略とは課題解決のために存在するものであり、その課題解決のための施策として技術活用が必要なのであれば、その技術について明確に理解したうえで戦略を策定すべき**、ということです。要するに、**DXやデータ利活用はあくまで手段であり目的ではない**、ということです。

　ここまで、本章では国内企業でDXが進まない理由を概観し、その課題や根本的原因について考察しました。さらに、その課題を解消するための本質的なアプローチを筆者の見解として提示しました。

　以降のパートでは、データ利活用を目指す「DXの実務」について、具体的に解説します。

Part 2 のまとめ

● DX 実現のためには、「活用技術を想定した戦略を描く」「戦略を技術に落とし込む」「戦略と技術を強固に接続する」ことが不可欠であり、この 3 つの遂行の成否が DX の実現を左右する。

● DX 関連の技術活用はあくまで手段であり、目的は何らかの課題を解決することである。この点は実務推進上ブレが生じやすく、常に留意すべき。

● 一方、DX を阻む課題は多角的かつ様々な粒度で存在し、それらを一つずつ解決しなければ DX の実現は難しい。

[総論②]
データ利活用 DX 推進の
フレームワーク

- 本パートでは、Part1 で触れた「データ利活用 DX 推進のフレームワーク」の総論を解説します。
- このフレームワークでは、DX 推進の枠組みを "Pre-DX フェイズ" と "DX フェイズ" に分け、DX の推進レベルを段階的に高めていくアプローチを採用しています。
- それぞれのフェイズについて概要／詳細を解説するだけでなく、実務上陥りやすい問題や典型的に生じる課題についても言及し、その対応策を都度提示しています。実務推進の際の参考としていただければ幸いです。

データ利活用DXの2つのフェイズ

　DXの実務に取り掛かろうとすると、そもそも何から着手すればよいのかが分からず、手をこまねいてしまった経験のある方も少なくないと思います。DXの推進では巻き込むメンバーや組織が広範になるため、多くの関係者と合意形成をしながら進めることが必須です。その合意形成を少しでも円滑かつ計画的に行い、無駄なコストを極小化するためにも、事前に固めるべきポイントを定めておくことは重要です。**このDXの実行前に準備しておくことをしっかりとやりきる段階を、筆者はPre-DXフェイズと呼んでいます。一方、Pre-DXフェイズ後に変革を実行、推進する段階をDXフェイズと呼んでいます。**

　さて、再掲となりますがPre-DXフェイズとDXフェイズ、それぞれで取り組む大枠は下記の通りです（図3.1）。

図 3.1　DX Framework（再掲）

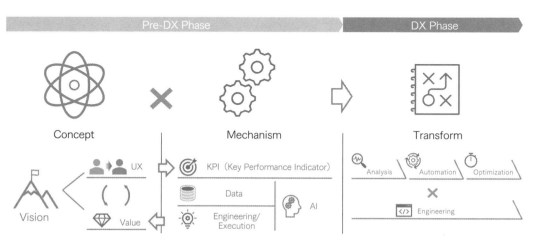

フェイズ	推進レベル	概要
Pre-DX フェイズ	コンセプト： 戦略のコンセプト を企画する	実現したい**ビジョン**を描く。その中で、DX が果たす役割を言語化する
		ビジョン具現化によって実現される**顧客体験（UX）**を明確化する
		顧客体験（UX）において、**顧客に提供される価値（バリュー）**を明確化する
	メカニズム： 戦略を実現する 仕組みを企画する	顧客に提供される価値（バリュー）がいかにして具現化されるのか、その仕組み（メカニズム）を事業推進及び技術的観点、特に **KPI、データ、AI、エンジニアリング／施策実行**の観点から明確化する
DX フェイズ	トランスフォーム： 変革を実行、推進 する	ビジョン実現に向けた変革（トランスフォーム）を推進する。実現に向けては一足飛びに高度なソリューション開発を目指すのではなく、**データ分析（Analysis）、自動化（Automation）、最適化（Optimization）**といった順に取り組みのレベルを高める
		常に Pre-DX フェイズで定めた戦略／企画内容と整合性を持った**開発（Engineering）**を推進する

Pre-DX Phase：コンセプトの設計

　Pre-DX フェイズで入念にプランニングするポイントは、「コンセプト」と「メカニズム」です。ここでは「コンセプト」設計の進め方について解説します（図 3.2）。

　まず、**コンセプトの設計の際に常に意識すべきは「データ利活用を基軸とした DX」であり、データの利活用を通じて経営が継続強化される状態**です。

　以前のパートで、経営レベル／施策レベルでいくつか図表を提示しましたが、いずれの図表においても重視しているのが**「データ利活用が継続強化され続ける "サイクル" を描くこと」**だとご理解いただけるかと思います（図 3.3）。

　データを利活用するには、当然ながらまずはデータを収集する必要が

図 3.2　DX Framework：コンセプトの設計

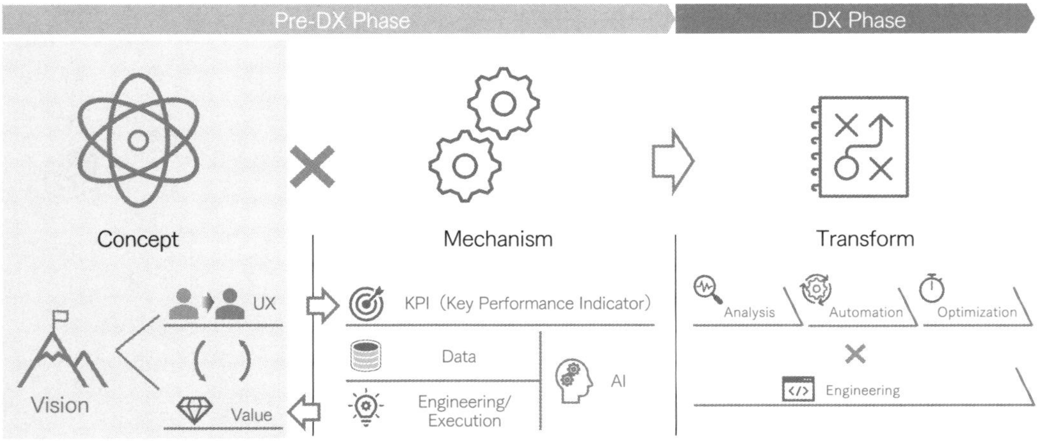

あります。次いで、そのデータを集計し、分析することで施策実施の効果計測が可能となります。さらにステージが上がると、集めたデータを活用したソリューションが駆動して顧客に価値を提供します。このデータ収集／蓄積／活用を具体的に実現するには、当然のことながら、各種のデータ活用技術が必要です。

　データ活用によって施策を実施し、その結果をデータとして回収することで新たな取り組みが生まれ、さらにデータが蓄積されていきます。**このサイクルは、あらゆる DX 施策において常にコアとすべきものです。**これを踏まえながら、「データの利活用を通じて、自社ではどのような継続的成長を実現するのか」に知恵を振り絞ります。このコンセプトの実現に必要な技術的観点は各論で解説します。

図 3.3　データ活用サイクルを意識した企画と可視化

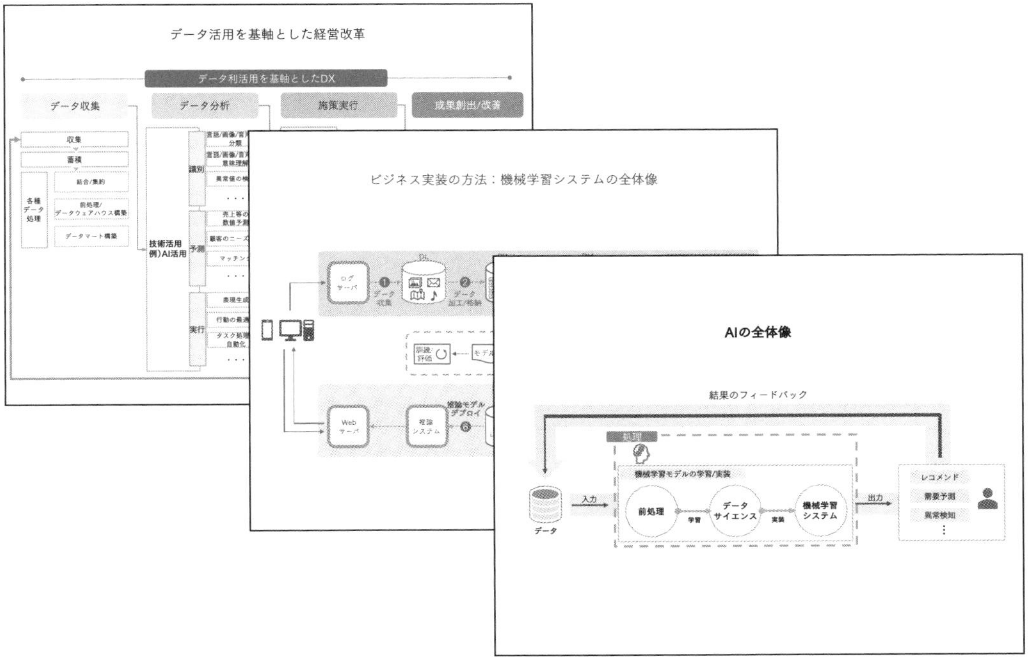

軽率な DX ／データ利活用は本末転倒

　ただし、ここで注意すべき点があります。それは、**データ活用／DX ありきの軽率な経営改革や施策実施は絶対にやってはいけない**、ということです。極端な例のように見えるかもしれませんが、しばしば「この AI モデルを使いたいが、実務で活かせないか？」「保有しているデータを活用して新たな事業／サービス／施策を生み出したいが、何かできないか？」という依頼を受けることがあります。しかし、これは完全に順序が逆です。

　経営改革に何よりも求められるのはビジョンです。そのビジョンのもとで「目指す姿」を描き、それに対して現状調査を行って経営／事業の現状を把握します。その現状から「目指す姿」に到達するにはどのような課題がボトルネックになっているかを発見、特定します。

　課題発見、課題設定の如何で、経営改革の結果が大きく変わります。そして、その課題解決の方法は、必ずしもデータ活用、AI 活用だけではありません。「最も適した解決策がデータ活用、AI 活用だと評価されたのであれば、データや AI を活用する」という順序で決定されるべきです。

　また、課題を考察する際、その起点は当然「顧客視点」です。これはもはや言及されるまでもないほど重要な観点ですが、一方で、経営改革を推進する事業責任者や現場の実務担当者にとって「この課題解決にワクワクする、面白そうだ」というモチベーションが生まれることも同じくらい大切だ、と筆者は考えます。DX の実現には長期間の粘り強い取り組みが不可欠であり、関係者の士気や熱意がその成否を大きく左右するからです。**顧客目線に立ちつつも、チームが高いモチベーションで実務を推進している状態をイメージしながらコンセプトを具体化していく**ことは、DX 全体を推進する事業責任者にとって極めて重要です。

ビジョンの策定

コンセプト設計のプロセスでは、ここまで述べてきたデータ利活用サイクルを念頭に置きながら、ビジョンをバリューと UX に落とし込むことで、DX 戦略を具体化していきます。

戦略構築の起点はビジョンです。組織として世の中で何を成し遂げ、どのような世界観を実現していきたいのか、その組織の存在意義がビジョンには表現されています。そして、DX によってその世界観は実際の世界（オフライン）だけでなく、オンラインの世界も包含したものとなります。よって **DX 戦略を構築するには、オンラインとオフラインの双方を意識したビジョンを定義することが重要です**（図 3.4）。

DX で実現したいビジョンには、おそらく多くの企業で「顧客体験をオンライン、オフラインでシームレスにつなげる」といった狙いや背景が込められていると思います。例えば、マーケティングの観点で

図 3.4　Pre-DX フェイズ：ビジョンの策定

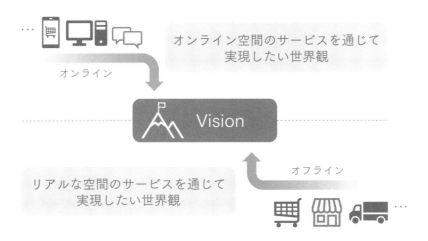

図 3.5　オンラインとオフラインの統合

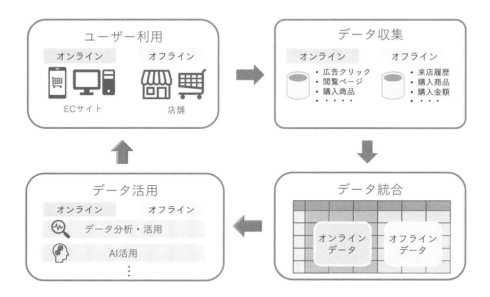

オンラインとオフラインを統合してみると **OMO**[1]（**Online Merges with Offline**）となりますが、そのイメージをデータ起点で示すと図 3.5 のようになるでしょう。EC サイトと店舗の両方を持つ小売企業で、双方の販売チャネルから顧客の行動・購買データを取得し、統合活用して、デジタル広告やクーポン配信などの新規顧客獲得、既存顧客の LTV[2] 向上につながる施策をデータドリブンで実施できる、といった狙いです。

　重要なのは図の右下の「データ統合」です。EC サイト、実店舗から集めたデータをユーザーごとに統合していくことで、施策の継続的な改善を実現します。顧客ごとにデータを統合していくことが可能になれば、施策の質的改善だけでなくさらに多様な施策の企画・実行が可能となります。その主な狙いとしては下記のような点が挙げられます。

1　ユーザー体験として、EC サイト（オンライン）と実際の店舗（オフライン）の双方の購買体験を融合した顧客体験を創出し、体験価値の向上を狙うマーケティングアプローチを指す。
2　顧客との取引開始から終了に至るまでにもたらされる利益総額またはその予測値。顧客との取引が 1 回限りではなく継続的に行われるものと見なす。

対象	方針
顧客	・ 顧客ごとの行動やニーズを精緻に理解する ・ サービス提供内容やタイミングが顧客ごとに最適化され、顧客体験が向上する　など
自社	・ 社内全体でデータ活用施策が次々と創出される ・ データ活用施策を属人化させず、組織全体で効率的に管理運用し、成果を出す　など

　ここに記載されているのは、まさにビジョン実現を支える事業／組織の戦略方針と言っても過言ではありません。その戦略方針を実現できるかどうかは、収集データやデータ活用技術を戦略とつなげられるかどうかにかかっています。

提供価値（バリュー）の定義

　次に、ビジョンを実現するために必要な提供価値（バリュー）を考えます。即ち、「**ビジョン実現のためには、自分たちはどのような価値を顧客に提供すべきなのか**」を考えます。提供価値を考える上では、ユーザーヒアリング、市場調査、ワークショップなど、ユーザーは何を求めているのかという「受け手の要望」を様々な手法を駆使して把握することが大切です。また、提供価値は一度決めたらそのままではなく、顧客ニーズや顧客が抱える悩みの変化に応じて何度も考察と検証を繰り返していくべきものです。

　一方、「そもそも自分たちは何を提供したいのか」という「作り手の想い」を言語化していくことも極めて重要です。**DX は単発・短期で終わる取り組みではなく、今後数年、あるいは 10 年以上かけて推進される取り組みです。その取り組みが継続されるには、DX 実現に向けた実務担当者の「熱量」が、絶対に必要です。**

　上記の考察を経て、「受け手の要望」と「作り手の想い」が重なる部

図 3.6　Pre-DX フェイズ：提供価値（バリュー）

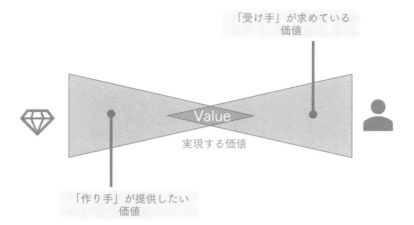

分を見出し、受け手に提供すべき価値、作り手が提供したい価値を定義します（図3.6）。作り手目線だけだと独りよがりや自己満足なものになり、受け手目線だけだと提供する側に「想い」がこもらない可能性があります。ユーザーが求めているだけでなく、「自分たちがやりたいと心底思う」価値実現を追求すべきです。

Column

環境分析

　本書の趣旨を鑑みて詳細には立ち入りませんが、一般的に、事業やサービスが顧客に提供する価値を定義するには、そもそも事業やサービスを取り巻く外部環境、及び社内のリソースや強み／弱みを規定する内部環境を網羅的かつ詳細に調査、分析するステップが必要です。この点はデータやAIを活用する、しないにかかわらず重要です。主な分析手法の例を挙げると下記の通りです。

分析対象	フレームワーク	概要
外部環境	PEST分析	企業／組織がコントロールできず、かつ事業環境に大きな影響を与えうる政治（Politics）、経済（Economy）、社会（Society）、技術（Technology）の現状及び今後の動向を調査、整理する 調査、整理するだけでなく、戦略策定上特に活用、憂慮すべきことが何か、示唆を抽出する
	5Force分析	業界内の敵対関係、売り手の交渉力、買い手の交渉力、新規参入業者、代替品の「5つの力」を調査、整理して自社の獲得機会、自社がさらされる脅威を明らかにする 1. 業界内の敵対関係：競合他社の数、業界の成長率、差別化の難易度、業界特有のコスト構造、など 2. 代替品：自社が展開している事業、サービスの魅力そのものを低下させてしまうような代替品が出現し得るか

		3. 売り手の交渉力：自社の事業、サービスを成立させるために必要な原料、部品等を供給する「売り手」の交渉力が強いかどうか。例えば、売り手の交渉力が強ければ高い調達コストがかかり、自社の事業、サービスの利益率を圧迫する 4. 買い手の交渉力：自社のサービスを購入する「買い手」の交渉力が強いかどうか。例えば、買い手の交渉力が強ければサービスを販売する価格を下げざるを得ず、利益率を圧迫する 5. 新規参入業者：参入障壁の高さを把握する。規模の経済が働くか、製品の差別化が容易か、顧客側のスイッチングコスト（利用している商品を切り替える際に生じる負担）が高いか、流通チャネルを新規参入業者も容易に活用できるか、など
内部環境	バリューチェーン分析	自社の製品／サービスを顧客に提供するまでの事業活動を構成する機能（企画→製造→物流→販売→…）を調査、整理する 特に、3C分析等によって把握した他社のバリューチェーンの強み、弱みと比較し、バリューチェーンにおける自社の強み、弱みを明らかにする
外部環境＋内部環境	3C分析	ここまで整理してきた情報を踏まえ、外部環境として顧客（Customer）と競合（Competitor）、内部環境として自社（Company）の3つの観点で総合的に環境を分析し、事業として成功するための成功要因（KFS: Key Factor for Success）を特定する 1. 顧客（Customer）：市場規模、ニーズのトレンド、顧客セグメントの特徴、購買行動の特徴、顧客が抱える課題等を調査して整理する 2. 競合（Competitor）：主要な企業と各社の売上推移、顧客に提供している製品／サービス及びそれらの強みなどを調査して整理する 3. 自社（Company）：顧客ニーズに対する自社の商品力、競合他社に対する自社の強み／弱み等を考察、整理する

上記のような枠組みに沿って戦略を構築する以外にも、顧客ニーズに対する強烈なインサイトを発見し、創発的にサービスを起案することもあ

り得ると思います。一方で、どのようなプロセスで顧客への提供価値を考察するにせよ、**重要なのは「顧客の課題は何か」を明確にすることです。** 顧客課題の解決度合いこそが、サービスの価値です。

　"科学的に"アプローチするのか、"クリエイティブに"アプローチするのか、という違いはあれど、**まずは課題の「発見」が極めて重要**だと筆者は考えます。一方、顧客課題に対する姿勢や考察が弱いままだと、筆者がよく見てきたものとしては例えば以下のような事態となりがちです。

- 顧客ニーズの理解が浅いままサービス企画や追加機能実装の検討が始まる
- 一度調査した情報を使い続け、アップデートする取り組みが弱い
- 競合他社が追加実装した機能を、自社サービスや利用顧客の特徴を考慮しないまますぐに模倣する

　上記のような状況が見られる場合、具体的な施策によって成果を追う以前に何よりも重要なのは、顧客が抱える課題が何かを「発見」するための「行動」です。

顧客体験（UX）の定義

　提供価値を定義できたら、さらに、その提供価値を「どの手段で、どのタイミングで」提供するかを考えます。いわゆる顧客体験（UX）の考察です。

　UXの具体的な考察手法としてよく採用されるのは、**カスタマージャーニー**の作成でしょう。例えば、ユーザーが1日の生活の中でどこに行き、何に接して、何を使って、誰と会っているのか、といった流れを具体的に描き、その中で「どの手段で、どのタイミングで」価値を提供するのかを定めます（図3.7）。

　カスタマージャーニーやUXについての解説には多くの紙面が必要となるので具体的な作成方法等は割愛しますが、留意すべきは**このカスタマージャーニーの全体像、ユーザーの行動理解、バリュー提供の手段やタイミングは常にPDCAを回しながら変化させ、改善強化を続けること**です。

図 3.7　Pre-DX フェイズ：顧客体験（UX）

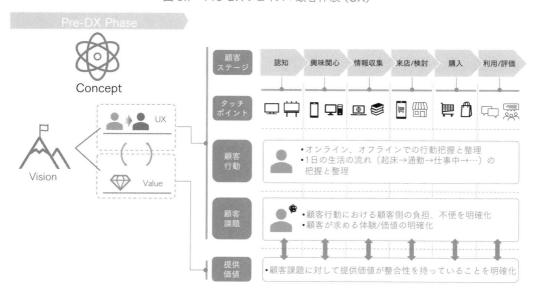

もう一つ留意すべき点として、このときにありがちなのは**採用技術を考察しないまま、施策アイデアが飛び交う**ような状況です。例えば、「ユーザーがWebページにアクセスしたタイミングで、商品レコメンドをメールで送信する」といったアイデアが発案されたとします。その実現のためには、以下のような技術的考察が必要と考えられます。

- Web行動ログのストリーミング処理が可能なデータ基盤の企画
- 商品レコメンドに採用する技術（協調フィルタリング／内容ベースフィルタリングなど）の選定
- 商品レコメンドをAIで実現する場合、レコメンド専用の機械学習モデルが定期的に学習され、デプロイ[1]された機械学習モデルがAPI等を通じてメール送信システムに接続されるようなシステム全体の構築

　つまり、**バリューとUXの考察には、本当にできるのかどうかを裏付ける技術的知見が常に求められます。**夢物語のような議論の結果、数ヶ月かけて協議したにもかかわらず「技術的に難しい」「できるかどうかが分からない」といった結論に至り頓挫するケースは、筆者が見てきたものでも決して少なくありません。一方、この時点であまりにも厳密に技術検証をすると、それはそれで議論が前に進みません。**重要なのは、ある程度技術的にも実現可能だということが"見えている"というバランス感覚を持てることです。**

1　アプリケーションやモジュール等を、サーバ等の環境で利用可能な状態にすること。簡単に言えば、この文脈では機械学習モデルを使えるようにすること、という意味。

顧客体験（UX）と KPI の接続

　データ利活用による DX を推進する上で極めて重要な活動は、**UX の
変化を定量的に捉え、その中で重要な数値を KPI**[1]**（Key Performance
Indicator）として定義し、KPI を PDCA によって継続改善することを
組織一体となって推進すること**です（図 3.8）。

　前節でも触れた通り、顧客体験を考察する際は一般的にカスタマー
ジャーニー[2]を作成します。ユーザーヒアリング等を通じて情報収集し、
顧客の行動を具体的に可視化し、その中にどのような価値を提供して、
いかなる変化を生み出すかをデザインします。この際、実現したい UX
だけでなく、顧客が現時点でどのような UX を得ているのかも合わせ
て詳細に把握、整理します。実際に着手すると大変ですが、「目指す姿」
だけでなく「現状」も把握しなければどの部分をどのように改善すべき

図 3.8　Pre-DX フェイズ：UX → KPI

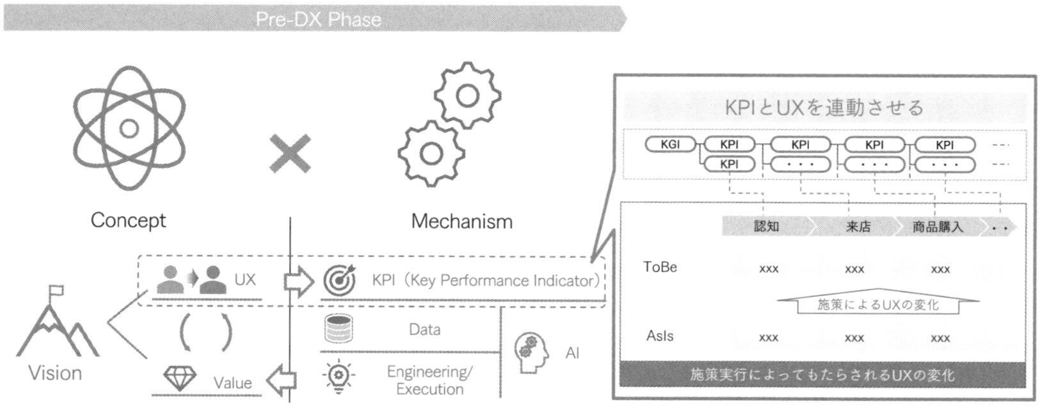

1　直訳すると、「重要業績評価指標」。業績管理のために用いられる定量指標だが、KPI の起源は 20 世紀初
　　頭にデュポン社が考案した「自己資本利益率を分解した財務管理指標」に遡る。
2　商品／サービスを購入または利用するユーザーの人物像を予め設定し、商品／サービスについてその人物
　　がどのように考え、感じ、行動するかを分析する手法。その人物の思考／感情／行動を考察する際は、商
　　品／サービスの認知、検討、購入といった「接点」を時系列で整理することが多い。具体的なイメージは
　　本書の「課題の『発見』はデータ利活用／DX に優先する」の節（p.70）で提示しているので、参照されたい。

かが明確化されないため、非常に重要な取り組みです。

　ここで起こりがちな問題は、カスタマージャーニーを描き、マーケティング施策の設計と実行を行った後、各種施策の効果検証がなされず、ユーザーの UX が本当に良くなったのかが分からないままになることです。**UX の変化をデータ起点で捉え、その数値の向上を成果として確認する KPI がなければ、各取り組みの成果確認も改善活動もできず、結果的に "やりっ放し" となってしまいます。**

　顧客視点でデータ利活用を考えるには、UX を起点に考察し、データに接続させ、KPI を設計し、モニタリングしていきます。ここで大事なのは、例えば以下の観点です。

1.　現状の UX を緻密に把握・表現できているか？
2.　実現したい UX が緻密に整理・表現できているか？
3.　その UX は、顧客の期待に応えるものだと言えるか？
4.　その UX の変化は、データをもとに定量的に捉えられるか？
5.　定量的に捉えられるその UX の向上は、売上やコスト削減といったビジネス上最も重要な指標（KGI：Key Goal Indicator）を向上させるか？

　多くの施策がやりっ放しになってしまう根本的要因は、施策の効果を測る KPI が設計されていないこと、そしてそれに付随して効果測定するためのデータの取得方法が考えられていないこと、さらには、それらの施策が KGI に効いているかどうかが分かるように設計されていない、あるいは設計していたとしても運用に落とし込まれていないことです。この重要性を鑑み、本書の各論では KPI に関する実務についても解説しています。

　UX をカスタマージャーニー起点で議論し、可視化し、その変化を捉えるための技術的アプローチを織り交ぜて DX を推進することは非常に苦労するところですが、**ここをスキップしてしまうと「DX を通じて私たちは何がしたいのか」について意識統一することは困難です。また、**

「自分たちのやりたいことは、本当に実現可能だと言えるのか」が不明確なままとなり、強い推進力を生み出せません。非常に大変なステップですが、ここは絶対に外せません。

Pre-DX Phase：メカニズムの設計

　ここまで、コンセプトを整理する流れを示しました。このコンセプトが「絵に描いた餅」にならないようにするには、実際に価値を生み出す仕組み（メカニズム）に落とし込まなければなりません。端的に言えば、**構築してきたコンセプトを技術的に実現する仕組み（メカニズム）が動くようにします**（図3.9）。

　ここで重要なのがデータとエンジニアリングです。 エンジニアリングはWebアプリケーションやiOS／Androidアプリだけでなく、AIも含んだ開発を指します。ただし、コンセプトを実現するためにすぐさまメカニズムの検討を始めてよいのかと言うとそうではなく、むしろ決してやってはいけません。**重要なのは、課題発見と解決のアプローチです。**

図3.9　DX Framework：メカニズム

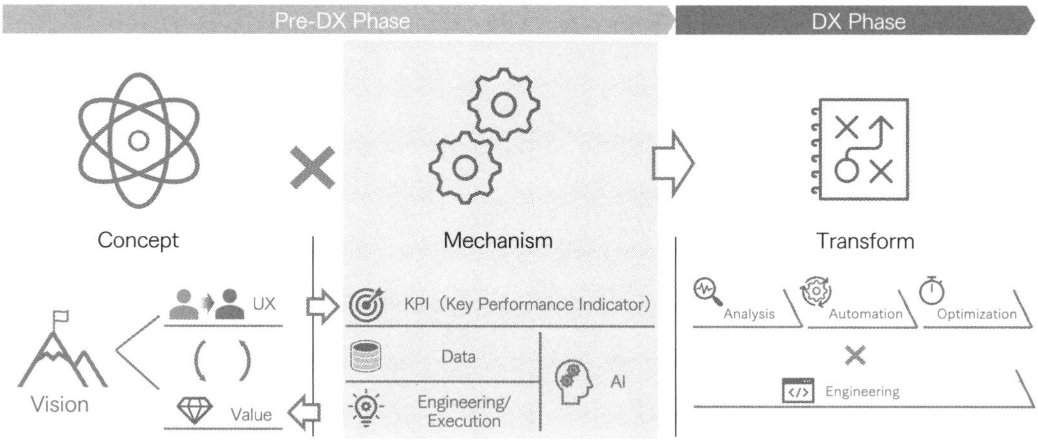

課題の「発見」はデータ利活用／DX に優先する

　コンセプトは、言わば「目指す姿、理想像」です。この理想像の実現に向けて、現状のビジネスの実態、保有技術や活用状況等を踏まえて、何をどのように変化させれば目指す姿／理想像に到達できるのかを徹底的に考え抜きます。このとき重要なのは、図 3.10 のように、**ここまでビジョン／バリュー／ UX ／ KPI について検討してきた内容を可視化することです。**

　例えば、既存サービスを「目指す姿／理想像」に近づけるために、まずは実態把握をするためにサービスの流れを詳細に分析します。この分析結果を可視化し、チームで確認できることが重要です。具体的には、顧客のサービス利用行動に沿って顧客のタッチポイントを整理し、それ

図 3.10　オンラインとオフラインの統合：顧客体験とサービスの流れ

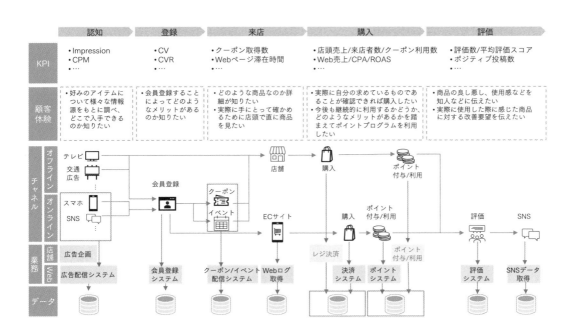

ぞれのタッチポイントについて業務／アプリケーションがどのように機能し、その結果どのようなデータが入出力されるかを明確化します。業務内容によってはこのような図をパワーポイントで数十枚、あるいは100枚を超えるボリュームで作成することもあります。この内容をチーム全員で確認しながら、課題「発見」のための議論を尽くします。

　逆に、このような図を解像度が高い状態で作成できないということは、現状のサービスに対する理解が浅く、不明確な点が多い状態だと言えます。そのような中で改善施策を打ったとしても、どこで何が改善し、どのような変化がもたらされるか分からないことになります。**ここが、課題「発見」が求められるポイントです。現状と目指す姿のギャップを解決するために必要なことが何か、緻密な情報整理、可視化に基づいて課題が何かを考え抜きます。**

　さらに、実態把握でもう一つ重要なのが「現状のユーザー体験の整理」です。先述のサービスフローは言わば事業者目線であり、サービスの受け手となるユーザーがどのような体験をしているか、どのような点に不満や不便を抱えているかを考察していないため、フロー上で併せて精査する必要があります。それらを踏まえ、「目指す姿／理想像」に近づけるためには何をどのように変えればよいかを考えます。

　以上のように、コンセプトを考察した後は、その内容を可視化し、チームで入念な議論を経てさらに具体化していきます。そして、繰り返し言及していますが、その**理想像実現に採用されるアプローチが必ずしもデータ利活用やAI活用とは限らないことに留意すべき**です。闇雲にDXを推進すると、手段と目的が入れ替わってしまいかねません。
　理想像と実態の差分を埋める「課題の発見と解決策」を熟議し、DX的なアプローチが必要だと判断されてはじめて技術活用等が検討の俎上に上がるべきです。本書は「データ利活用によるDX」を目指す内容であるため、ここからはデータ利活用を前提とした議論を進めていきますが、ここまで述べてきた課題解決アプローチは極めて重要ですので、紙面を割いた次第です。

コンセプトとメカニズムの接続

　では、メカニズムの話に戻ります。ここまでコンセプトについて考察してきたポイントを整理しつつ、コンセプトとメカニズムを接続させていきます。その概要を表したのが図3.11です。詳細は各論のパートで解説しますので、ここでは概略を説明します。

　課題解決アプローチを経てデータ利活用施策の推進が定まったならば、まずはKPIの具体化を行います。いわゆるKPIツリーの作成です。データ利活用によって達成したい成果を指標化し、定量的にモニタリングしながら運用改善が可能なように設計します。繰り返しですが、この指標を定量的にモニタリング・運用改善していけるようにデータを収集・活用できることが重要です。

　次に、必要なソリューションを考えます。Webアプリ、スマホアプリなど、ユーザーが利用するサービスについて開発（Engineering）等で実装する主な機能を考察・整理します。新たにECサイトを立ち上げるなら、広告配信機能や商品レコメンドシステム、商品レビューの投稿

図 3.11　コンセプトをメカニズムに接続する

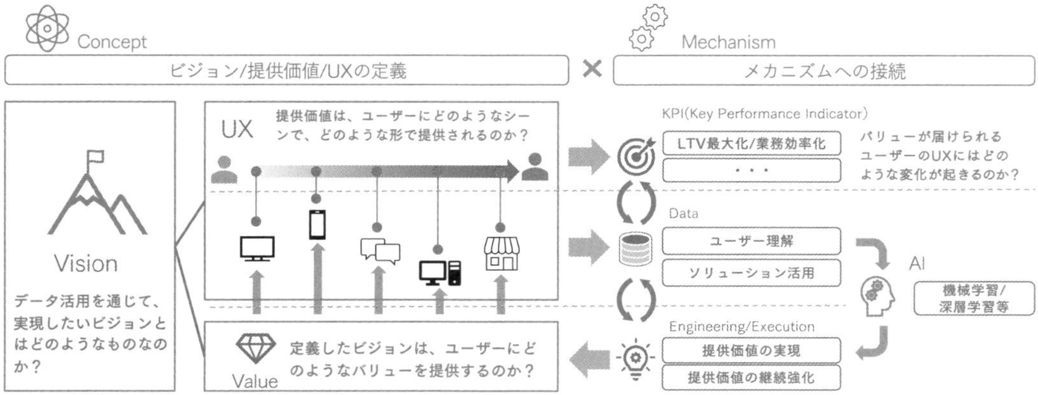

機能など、必要な機能を洗い出します。

　次に、そのソリューションに必要となる具体的なデータや AI アルゴリズムを考察します。データであれば、顧客データ／商品データといった「一覧化・保存されるデータ」だけでなく、購買データや在庫データ、サイト上の行動データといった「サービス利用によって時々刻々と増え続けるデータ」など、必要だと考えられるデータを整理します。そして、それらのデータを活用して「ユーザーの行動や購買履歴に合わせた最適なレコメンドを実現する」というアプローチを取るならば、ルールベースまたは機械学習を活用したレコメンドシステムを設計、実装することを検討します。当然、これらのアプローチは顧客体験（UX）を毀損することなく実装されることが重要です。

　最後に、各ソリューションをユーザーが利用したことで得られるデータを元に、KPI を定量化しモニタリングできることを確認します。企画段階からデータ収集と KPI の定量化が考察されていることが大切です。後からデータを取得するための追加開発を行うには相当の時間と費用がかかることが多いため、慎重かつ入念な企画が求められます。また、各種 DX 施策が KPI の向上、即ち UX の向上と連動し、かつ KGI 向上に貢献しているかを確認します。これらを実務で推進する具体的な手法は各論で解説します。

システム開発

　本書は「システム開発」については解説の対象外としていますが、DX推進上、システム開発は不可欠な取り組みであるため、本書ではコラムの中で所々言及します。

　ここまでの議論をシステム開発に対応させると、コンセプトは「ビジネス要求定義」で、メカニズムとの接続は「（システム）要件定義」と呼ばれるものに該当すると筆者は考えます。システム開発における要件定義では、一般的には以下のような整理が求められます。

主な要件定義の対象	要件定義に必要となる主なタスク（例）
フロントエンド機能要件	画面遷移、実装機能一覧などの作成
運営業務要件	システムが実現する業務一覧、業務処理内容一覧など
バックエンド機能要件	サーバー機能一覧（API含む）、システム間の連携方法、データ定義書、ER図などの作成
非機能要件	機能面以外の要件すべての作成（パフォーマンス、スケーラビリティ、ユーザビリティなど）

　これらの具体化にはビジネスと技術の双方を理解し、適切に言語変換しながら双方をつなぎ、スムーズに実務が推進できる担当者の存在が不可欠です。しかし、難易度が高いプロジェクトマネジメントとなるため、担当できる人材が社内におらず、結果として「技術者・ベンダー任せ」になっているケースを少なからず見てきました。残念ながら、そのような状態で首尾一貫してうまくいっているケースは、筆者個人としては見たことがありません。ここにも、日本社会のDX推進における課題の"深淵"があると思います。

DX Phase：推進ステップ

データパイプラインと構成要素

コンセプトとメカニズムを接続させ、Pre-DX フェイズの方針が定まれば、いよいよ DX を推進する DX フェイズに進みます（図 3.12）。

DX はデータ活用を基軸とするため、何よりも重要なのはデータの収集と蓄積、そして活用に向けた準備です。

図 3.13（次頁）はデータの取得から各種施策に接続するまでの流れを大きく**「データ収集」「データ処理／活用準備」「データ活用」**の 3 つに分けています。この分け方に関する見解は様々かと思いますが、本書ではこの区分で大枠を考え、区分ごとに詳細に解説します。

データ収集から処理、活用準備に至るプロセスを**データパイプライン**

図 3.12　DX Framework：トランスフォーム

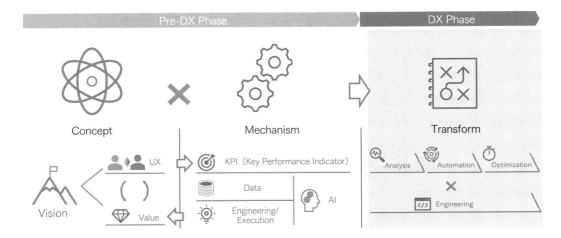

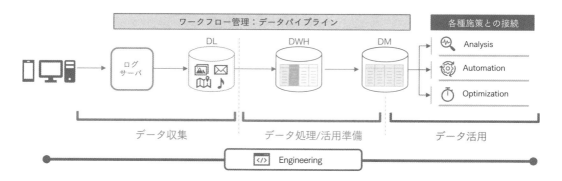

図 3.13　データ取得から各種施策との接続までの流れ

と呼びます。もう少し具体的に言えば、データパイプラインとは、「複数のプロセスやサーバー等で受け渡され続けるデータによって構成されるシステム全体」を指します。

このデータパイプラインを構成する要素の例としては、図に示しているログサーバ、**データレイク（DL）、データウェアハウス（DWH）、データマート（DM）** などがあります。また、このデータ受け渡しのプロセスを管理する方法として、**ワークフロー管理**というものがあります。より詳細な解説は各論で記載しますので、ここでは各用語について触れるに留めます。

データ収集とデータレイク（DL）

　まず、**データ収集**についてです（図3.14）。データ利活用に至るプロセスで必要となる技術は多岐にわたりますが、その起点とも言えるのがこのデータ収集です[1]。例えばWebサービスをユーザーが利用した際のログデータを**データレイク（DL）**に格納する場合、以下のような考察が必要です。

- ●ログ収集用のソフトウェアを用いてWebサーバ内でデータをまとめてデータレイクに送信するか、JavaScriptを用いてWebブラウザから直接データを送信するか等を検討する。
- ●データレイクにデータを収集格納するため、目的に合わせて収集・格納方法をバッチ処理／ストリーミング処理のいずれにするかを選択してデータパイプラインを構築する

　収集されるデータは事業目的やサービス等によって様々で、JSON[2]

図 3.14　データ収集

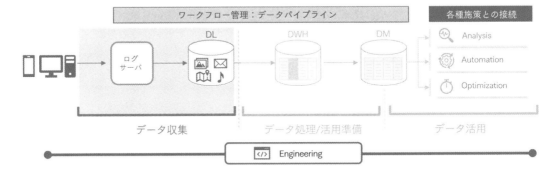

1　厳密に言えば、Webシステムやスマートフォン用のアプリケーションをユーザーが利用したことや、システムにデータを入力するといったことでデータが「生成」され、その後、データが収集されることになる。本書はプロダクト／システム開発は解説の対象外としているため、データ利活用の起点をデータの「収集」とする。
2　JavaScript Object Notationの略称。JavaScriptのオブジェクトの書き方（{ }や[ ]などの括弧を用いた記述方法）を元にしたデータ定義の方法。ネスト（入れ子）構造で表現できるため複雑なデータ構造でも規定可能で、JavaScriptとも相性が良いなどの特徴がある。

等の形式で収集されるデータや、画像やテキストといった非構造化データなど多種多様です。また、事業が拡大するとデータ量が増加するだけでなく、サービス拡大によって新たな形式や用途のデータが発生します。これらの問題を鑑み、データレイクには「拡張性」と「柔軟性」が求められますが、詳細は各論で解説します。

データ処理／活用準備とデータウェアハウス（DWH）

　続いて、**データ処理／活用準備**です（図3.15）。データレイクに格納されたデータは言わば「生のデータ」であり、すぐに活用可能な状態でないことが通常です。よって、まずはデータ分析／活用が可能な状態に処理する必要があります。この際よく用いられるアプローチは、データレイクからデータを収集／処理して格納した**データウェアハウス（DWH）**を構築することです。データ利用に際し、毎回データレイクを参照してデータを活用可能な状態に処理（**前処理**）して利用していると業務が煩雑化するだけでなくデータ処理のためのマシンコストがかさんでしまい、非生産的です。そのため、前処理をしたデータだけを格納するデータウェアハウスを別途設けます。

　前処理については、後工程においてどのように活用したいのか、事業特性等を鑑みながら処理方法を設計しておく必要があります。この際に

図 3.15　データ処理／活用準備

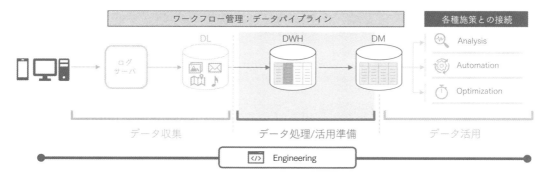

重要なのが「**ドメイン知識**[1]」です。事業目的、業務特性、顧客特性など
を勘案しながら、どのようにデータを処理し、データ活用の準備を進め
ておけば後工程の目的が達成されるのかをしっかりと考えておく必要が
あります。

　ここでビジネス側と開発側の認識が揃わないままデータウェアハウス
の構築が進むと、せっかく構築したのに活用されないままのデータベー
スができあがってしまうため、構築と運用においては双方の見解が反映
されるように進めなければなりません。また重要なのは、データウェア
ハウスは構築して終了ではなく、常に改善強化が続けられて、後続のデー
タ利活用レベルが随時強化されるための「エンジン」のように機能する
ことです。

1　ドメイン知識とは、そもそもドメイン分析に必要となる知識を指すものと考えられる。ドメイン分析と
　　は、"the activity of identifying the objects and operations of a class of similar systems in a particular
　　problem domain" [Neighbors 1981] と定義されており、その分析において理解が必要となる用語や問題、
　　システムの構造や捉え方などを指すものがドメイン知識だと本書では解釈し、解説を進めるものとする。

データ活用とデータマート（DM）

　データウェアハウスは、言わば「使える状態になったデータが集中して格納されているデータベース」ですが、集めた大量のデータを特定の場所に格納すると、各ソリューションがそのデータベースへ集中的にリクエストするので計算リソースが逼迫したり処理が遅くなったりなど非効率が生まれます。また、そのような計算リソースの問題がクラウドの活用によって解消したとしても、都度集計分析するようなデータは実務担当者としては集計済みの状態で保存しておきたいところです。

　そのような状況を解消するために、データ活用の用途や目的別に**データマート（DM）**を構築します（**図3.16**）。データマートは、特定のBIツールを用いてデータ分析・可視化するために設計することもあれば、機械学習システムの学習用データを格納しておくために設計することもあるなど、設計の目的は様々です。一方で、目的次第ではデータマートではなく直接データウェアハウスからデータを参照して分析、活用することもあります。

図 3.16　データ活用

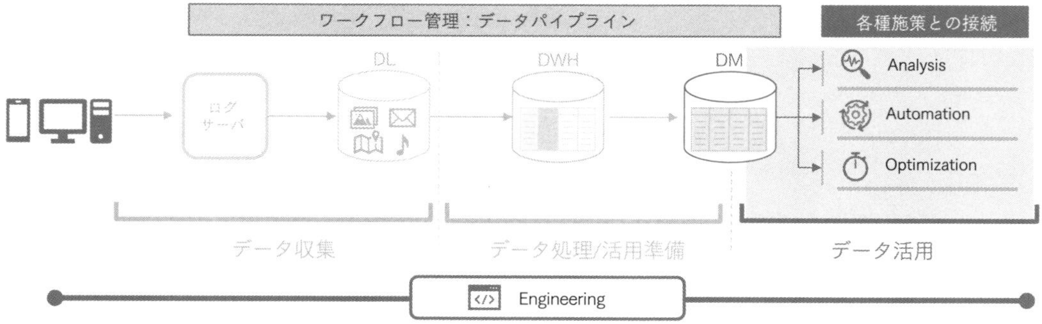

施策創出／推進のエンジンとしてのデータ基盤

　データ基盤は DX 推進上常に改善強化されるべきものです。DX で実現したい価値や解決したい顧客課題、分析／可視化したいデータ、ソリューションへの追加要望などは常に変化し続けます。この点、ベンダー依存の状態になってしまうと「予め要件を確定し、変更がなされない前提でないと発注ができない」「途中の変更は予算や期間の都合上できない」といったことになり、長期間を費やしてできあがった基盤がリリース時点ではもはや不十分で不安、不満の残るものになってしまいがちです。**ビジネスは刻一刻と変化し続けます。それはつまり、ソリューションを生み出すエンジンとして機能するデータ基盤も刻一刻と変化し続けなければならないということです。**

　例えば、データを分析したいというニーズだけでも、それは CSV 形式のデータを Excel で簡易的に分析したいのか、SQL が使いたいのか、BI ツールを使いたいのか、選択肢によってデータ基盤内でのデータ前処理やデータ抽出、データマート構築の方針などが変わります。一方、これらに対応できないとなると、業務側での活動が止まります。このままでは、実現したい課題解決そのものが頓挫しかねません。

　この際によくあるのは、「対応できないのなら、自分たちで必要なデータ基盤や仕組みを作ってしまおう」という活動が事業側や各担当者側で個別に始まることです。その結果起きてしまうのが「**データのサイロ化** [1]」です。例えば、商品別の売上データが日次／月次集計されていたり、月次売上といっても部署ごとに集計期間が異なっていたり、定義不明瞭な顧客のまとまりごとに集計されていたりなど、同じデータソースなのに集計ロジックが異なるデータが複数のデータベースで多重保存されることになります。

　その結果、データ量増加によるコスト増大だけでなく、部署横断で

---

[1]　システムや業務プロセス、データなどが他のシステムや事業活動等と連携されず、自己完結してしまい孤立した状態となっていることを指す。

売上データの議論をした際に、組織ごとにデータの定義が異なるために議論が進まないなどの弊害が生まれます。また、そうならないように開発側でなんとか奮起し、要望が出るたびにベンダーに追加発注を続けたとしても、開発体制が社内にない中では、ベンダー向けの開発要件定義の作成や各種調整等で、全体統括は困難を極め、キリがありません。

　これらの業務推進上のボトルネックの解消のためにも、**データ基盤開発体制の構築は、DX 推進の要です。**外部を活用せざるを得ない場合は機動的な推進ができる体制を敷くことで上記の諸問題を未然に防ぐべきですが、筆者としては内製化を強く推奨します。

DX フェイズの施策難易度を左右する要素

　ここまでの整理を経て、ようやく DX 施策を推進していくステップに入ります。データ基盤が不十分なままではデータ分析すら難しいことは、ここまでの整理でご理解いただけたかと思います。機械学習システムのようなより高度なデータ活用施策に着手するには、組織全体がさらに進化し、データ活用のレベルを高める必要があります。

　では、どのようにしてデータ活用レベルを高めていくべきなのでしょうか。**組織的にデータ活用そのものが浸透していない、DX に関する取り組みが未成熟な状況では、まずはデータを分析して示唆を見出し、活用するという組織風土や活動の定着が不可欠**です。そういったフェイズをスキップし、いきなり組織横断で高度なデータ活用が求められるソリューションを実装していくことはハードルが高すぎて、DX 担当者には耐えられない重責となります。

　そもそも、DX を実現する施策を構成する要素とはどのようなものなのでしょうか。筆者の観点では**「対象業務」「目的」「オペレーション」の 3 つ**です。**この 3 つの要素の組み合わせ方次第で、施策実現の難易度が大きく変化**します。その内容を示したのが図 3.17 です。

図 3.17　DX フェイズの施策難易度を左右する 3 つの要素

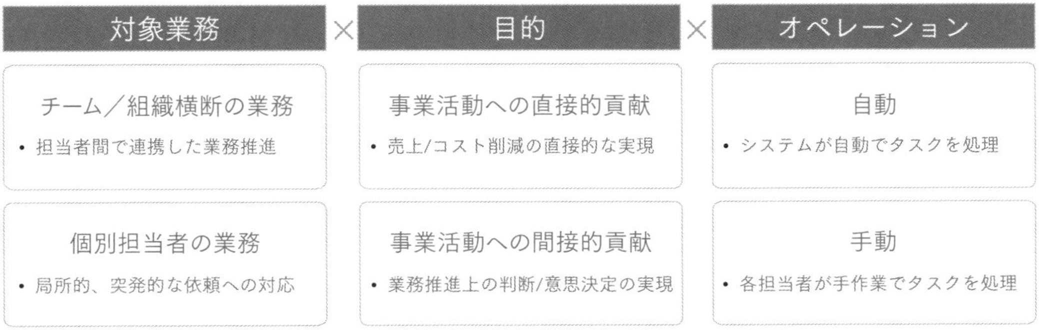

対象業務	×	目的	×	オペレーション
チーム／組織横断の業務 ・担当者間で連携した業務推進		事業活動への直接的貢献 ・売上/コスト削減の直接的な実現		自動 ・システムが自動でタスクを処理
個別担当者の業務 ・局所的、突発的な依頼への対応		事業活動への間接的貢献 ・業務推進上の判断/意思決定の実現		手動 ・各担当者が手作業でタスクを処理

この図に従って考えると、DXの施策設計パターンは $2 \times 2 \times 2 = 8$ のパターン存在すると考えられます。このパターンの中で最も敷居が低く着手しやすいのは、

- 「個別担当者の業務」を通じて
- 「事業活動への間接的貢献」を
- 「手動」で実現すること

です。これは個別の担当者が自身でデータベースにアクセスして売上等の数値集計を行い、レポートを作成するといった簡易的な業務が考えられます。

逆に、最も難易度が高いのは、

- 「チーム／組織横断の業務」を通じて
- 「事業活動への直接的貢献」を
- 「自動」で実現すること

です。例えばWebサービスが自動で駆動し、オンライン販売を実現するような施策です。

上記の観点に立ち、本パートでは以下の3つのレベルでデータ活用レベルを定め、それぞれで実務上重要な観点を解説していきます（図3.18）。

- Level 1：データ分析と局所的活用
- Level 2：分析結果の組織的運用と自動化
- Level 3：横断的活動の最適化

図 3.18　データ活用の 3 つのレベル

Level1：データ分析と局所的活用

| チーム/組織 | 直接的貢献 | 自動 |
| 個別 | 間接的貢献 | 手動 |

- 収集されたデータに適宜アクセスし、分析担当者が目的に沿って分析を実施

- 目的は都度変わり、分析担当者が主に業務側のニーズに対して柔軟に対応

Level2：分析結果の組織的運用と自動化

| チーム/組織 | 直接的貢献 | 自動 |
| 個別 | 間接的貢献 | 手動 |

- 定型的な分析結果を組織的に活用し、特定の意思決定を迅速かつ効率的に推進

- 定常化した分析業務をエンジニアリングによって自動化し、データ収集、前処理、分析結果出力、分析結果更新に至る一連の工程を削減

Level3：横断的活動の最適化

| チーム/組織 | 直接的貢献 | 自動 |
| 個別 | 間接的貢献 | 手動 |

- 収集したデータを活用し、特定の活動、タスクを最適化することで企業の利益（売上増、コスト減等）に直結するソリューションが自動的に駆動

- 例えば、データ基盤とWebアプリケーション、機械学習システム等が一体となって駆動し、ユーザーに価値を提供

Level 1：データ分析と局所的活用

　データ利活用の初歩的な取り組みは、既にあるデータを分析することから始まります（図3.19）。

　本来的には課題解決のために必要なデータを集めることが優先されますが、必要なデータがすべて手元にある状態は極めて稀な状況です。よって、まずは手元のデータから何ができるか、どのような判断が可能かを考察することが通常でしょう。一方、実際にこの取り組みに着手すると、様々な問題が噴出します。

- そもそもすぐにデータが使える、分析できる環境になっていない
- あると思っていたデータがない
- データの定義が分からない
- データの欠損が多く、まともな分析にならない
- データがいつのまにか消えている、変更されている
- 業務側に依頼している通りにデータが入力されない
- 分析の目的が分析担当者と依頼者の間で擦り合っていない
- 担当者ごと、部門ごとに使いたい分析ツールが違う（Excel, SQL, Jupyter Notebook など）

図 3.19　データ活用レベル1

Analysis

Level1：データ分析と局所的活用		

チーム/組織	直接的貢献	自動
個別	間接的貢献	手動

- 収集されたデータに適宜アクセスし、分析担当者が目的に沿って分析を実施
- 目的は都度変わり、分析担当者が主に業務側のニーズに対して柔軟に対応

こういった課題を一つずつ克服することでデータ利活用が可能な組織へと変化していきます。データがある程度利用可能になれば、まずは定量的な分析を通じて確認し、課題仮説の検証等を行います。その際、分析担当者はビジネス側の課題や要望を把握し、適切な分析アプローチを考え、実際の分析を通じて有益な示唆を見出すことを目指します。

　この際重要なのは、ビジネス側で描いている戦略、事業目標などのドメイン知識に対して分析担当者が習熟し、分析の目的を明確化した上で分析作業に着手することです。有益なインサイトを得るためには、データ分析作業そのものだけでなく、分析業務以外の部分にしっかりと踏み込んでいくことが重要です。

データ分析による課題解決の進め方

　分析実施の際には、事業目標及び事業の現状把握、即ちドメイン知識に習熟し、次いで目標と現状の差を生んでいる課題を精査することがスタートとなります。例えば、とある営業組織が売上を向上させたいシーンを想定した場合、以下のような流れで考えていきます（次頁図 3.20）。あくまで流れの一例ですが、分析タスク推進の参考となれば幸いです[1]。

① **「事業目標」と「現状」の把握**：ドメイン知識に習熟し、事業目標理解と現状把握を入念に行う。
　● 事業目標の把握：売上を昨年比で 2 倍にする。
　● 現状の把握：現状の平均成約率は 5% となっており、現状のペースだと昨年比で 1.2 倍程度の成長に留まってしまう。

② **問題提起**：事業目標と現状の双方を踏まえ、何が課題となり得るかを初期的に洗い出し、目標達成を阻害しうる要因を「問題」として提起する。
　● 現状把握を踏まえた問題提起：営業活動の非効率性が、売上成長を 1.2 倍に留めてしまっているのではないか？

1　本文脈では、「問題」と「課題」を以下のような意味で使い分けている。
　　問題：目標達成を阻害すると考えられる、顕在化しているすべての事象
　　課題：問題の中で、解決すべきだと判断した事象

③ **調査実施**：提起した問題が、重要度が高く解決すべき「課題」と見なしてよいかを把握するために、さらなる精査を行う。
- ヒアリング結果①：営業担当によって、自己申告する月間営業件数が大きく異なった。
- ヒアリング結果②：営業担当によって、自己申告する成約率が大きく異なった。

④ **課題仮説の設定**：調査内容を元に、解決すべき課題の「仮説」を案出し、それぞれの課題仮説ごとに分析アプローチを考察する。
- 課題仮説①：営業件数が担当者ごとに差があることが売上に影響しているのでは、という仮説のもと、各営業担当の営業件数に関するデータを収集して分析。
- 課題仮説②：成約率が担当者ごとに差があることが売上に影響しているのでは、という仮説のもと、各営業担当の成約件数に関するデータを収集し、営業担当ごとの成約率を算出。

図 3.20　データ分析による課題解決の進め方

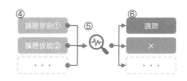

①「事業目標」と「現状」の把握
ドメイン知識に習熟し、事業目標理解と現状把握を入念に行う

②問題提起
事業目標と現状の双方を踏まえ、何が課題となり得るかを初期的に洗い出し、目標達成を阻害しうる要因を「問題」として提起する

③調査実施
提起した問題が、重要度が高く解決すべき「課題」と見做してよいかを把握するために、さらなる精査を行う

④課題仮説の設定
調査内容を元に、解決すべき課題の「仮説」を案出し、それぞれの課題仮説ごとに分析アプローチを考察する

⑤分析実施
課題仮説が真に課題だと言えるかどうか判断するために、必要なデータを収集し、分析を実施

⑥課題定義
分析結果を元に各課題仮説の検証結果をとりまとめ、解くべき課題を特定、具体化する

⑦課題解決の方針策定
これまでの調査、分析結果を総合的に勘案し、課題の解決策を洗い出す

⑧課題解決による効果検証
洗い出した各解決策を実行した際の事業目標に対するインパクトを試算するだけでなく、予算や組織体制、必要期間など施策の実現可能性も評価した上で、実施する施策を決定する

⑤ **分析実施**：課題仮説が真に課題だと言えるかどうか判断するために、必要なデータを収集し、分析を実施。
- 分析結果①：商談実施数が全体的に少なく、営業担当一人あたりの月間平均営業件数が 10 件となっているが、ハイパフォーマー[1] は倍の 20 件となっている。
- 分析結果②：ハイパフォーマーと他の営業担当の平均成約率の差が 10 ポイント開いている。

⑥ **課題定義**[2]：分析結果を元に各課題仮説の検証結果をとりまとめ、解くべき課題を特定、具体化する。
- 課題設定①：仮説の正しさが示されたので、「いかにして、一人あたりの営業件数を増やすか」を解くべき課題として設定。
- 課題設定②：仮説の正しさが示されたので、「いかにして、各営業担当の成約率を高めるか」を解くべき課題として設定。

⑦ **課題解決の方針策定**：これまでの調査、分析結果を総合的に勘案し、課題の解決策を洗い出す。
- 解決策①：接触頻度の低い顧客／商談履歴はあるが未契約の顧客をリスト化して共有し、各営業担当の商談機会を増やす。
- 解決策②：ハイパフォーマーの商談プロセスを分析し、成功要因を特定する。

⑧ **課題解決による効果検証**：洗い出した各解決策を実行した際の事業目標に対するインパクトを試算するだけでなく、予算や組織体制、必要期間など施策の実現可能性も評価した上で、実施する施策を決定する。
- 解決策①に対する検証：過去案件の掘り起こしによるインパクトの予測、案件掘り起こしにかかる工数見積もり、追加で必要な販促コスト予測、など。

1 そもそも "ハイパフォーマーとは何か？" をデータから定義することが重要だが、ここでは考察を割愛。
2 筆者の経験上、課題を定義する際は「いかにして〜するか」という文体で整理すると、課題の明確化及び次のアクションへの示唆が生まれやすい。また、担当者によって課題設定内容の粒度にバラつきが生じやすい点も、この文体にすると粒度が揃いやすい。

●解決策②に対する検証：成功要因特定のための営業同行と調査、成功要因の型化と資料化、営業ロールプレイング研修開発、営業メンバーのスキル底上げによる成約件数増加の予測、など。

　上記のようなステップをたどるのは手間のように見えますが、分析リクエストが飛び交う状況になると分析担当側が疲弊し、やがて分析依頼に対して「どのようにして依頼を断るか」といった歪んだ組織風土が生まれるなど、大きな弊害が生じている状況を筆者はしばしば見てきました。ビジネス側と分析側が協働して効果の高い分析業務を推進するには、上記のような進め方を双方で協議しながら進め、相互理解を深めながら目的達成に向けて邁進することが重要です。改めて整理すると、課題解決のためのデータ分析は以下の流れで進めます。

考察の枠組み	タスクの概要
①目的設定	・ 「事業目標」と「現状」の把握 ・ 問題提起 ・ 調査実施
②課題設定	・ 課題仮説の設定 ・ 分析実施 ・ 課題定義
③効果検証	・ 課題解決の方針策定 ・ 課題解決による効果検証

　上記は一つの例であり、進め方はこの限りではありません。データがある程度揃っていれば、即座に分析を実施して全体感をつかみ、課題仮説を考察することが有効な場合もあります。

交絡因子

　データ分析には様々な目的がありますが、大きく分けると以下の3つに大別されると考えられます。

- データそのものへの理解
- 各種説明変数を用いて、目的変数の値を予測する（例：駅からの距離、築年数などの説明変数を用いて、家賃を目的変数に設定して予測）
- ある変数が別の変数に与える影響度合い（因果関係）を考察する（例：駅からの距離〔説明変数〕は、家賃〔目的変数〕にどの程度の影響を与えるのかを考える）

　このうち、3つ目のような推論を「因果推論」と呼びます。この因果推論について、「交絡因子」という概念を例に説明します。

　例えば、ある分析結果から「学歴が高い人は年収が高い」という説明がなされたとします。目的変数は「年収」、説明変数は「学歴」です。しかし、そうだと言い切れるでしょうか。世の中には学歴問わず、高い年収を得ている方々はたくさんいます。昨今、学歴で評価することは必ずしも適切ではないという考えを持っている方も少なくないでしょう。
　そこで、さらなる調査を実施した結果、仮に「忍耐強い人は年収が高い」という結果が得られたとします[1]。ここでは説明変数が「忍耐強さ」に変わっています。つまり、

- 学歴が高い人は年収が高い
- 忍耐強い人は年収が高い
- 忍耐強い人は学歴が高い

という関係性が裏側に潜んでいたと考えられます。原因となる説明

1　ここはあくまで「例」として説明を展開する。世の中一般の事実を提示しているわけではないことに留意されたい。

変数「学歴」には、「忍耐強さ」という変数が影響しており、実はその「忍耐強さ」という変数が「年収」という目的変数に影響を与えていたとも考えられる、ということです。簡易的な説明ですが、このような要因を交絡因子と呼びます。

　実際のデータ分析においては、このようなケースは枚挙に暇がありません。交絡因子の存在は常に考えるべきことであり、対応策としてまず重要なのは、ビジネス理解を徹底する、即ちドメイン知識に習熟することです。ビジネスの実態をしっかり理解しないまま、データ上で分析だけを行うと、交絡因子の存在や多重共線性[1]のような問題に気づくことができません。

　一方、テクニカルな観点では、この状況の解消策としてデータ取得時に交絡因子が影響しないようにコントロールすることや、交絡因子の存在が認められれば分析時点でその影響を極力除外する、差し引くといった対応が考えられます。Ａ／Ｂテストのような手法も有効です。

1　重回帰モデルにおいて説明変数の中に相関が高いデータが複数あることを指す。詳細は本書「教師あり学習：重回帰分析」の節（p.198）を参照。

Level 2：分析結果の組織的運用と自動化

次に、「分析結果の組織的運用と自動化」です（**図3.21**）。DX推進上、非常につまずきやすいのがこのステップです。

この段階での施策の代表例はダッシュボードの開発と運用かと思います。データ分析内容の中から、常時参照して活用したい分析結果をBIツール等で作成したダッシュボードでいつでも閲覧可能にし、組織的に運用を行うという施策です。

図3.21　データ活用レベル2

Automation

Level2：分析結果の組織的運用と自動化

チーム/組織	直接的貢献	自動
個別	間接的貢献	手動

- 定型的な分析結果を組織的に活用し、特定の意思決定を迅速かつ効率的に推進
- 定常化した分析業務をエンジニアリングによって自動化し、データ収集、前処理、分析結果出力、分析結果更新に至る一連の工程を削減

しかし、そのような運用を目指す過程では、よく以下のような課題が噴出します。読者の方々の中には、実務の中で見覚えのあるものがある方も少なくないのではないでしょうか。

課題の所在	概要
分析実施／分析内容	・ 様々な部署からの要望に応えるために分析リソースが枯渇 ・ 分析内容が業務ニーズを満たした内容になっていない
分析基盤	・ 肥大する可視化ニーズ対応のためにデータ基盤が複雑化 ・ 分析を自動化できるエンジニアが社内にいない
ツール運用	・ ほとんど参照されていない分析結果やグラフが混在するなど、BI ツール上に表示する内容を改廃する PDCA サイクルが遅い ・ 可視化ツールの品質管理責任者がおらず、クオリティが上がらない ・ 結局使われなくなり、ツールの運用が形骸化する
組織的活動	・ 分析側の要望対応が遅く、待ちきれずに業務側でもアドホック分析が開始される ・ 結果、社内全体で加工ロジックやデータの命名規則が不揃いになり、データ活用の「縦割り」が進行 ・ その状況が進行して各部署で重要な指標が異なることになり、横断的な意思決定や調整が困難に

そもそも分析結果を組織的に運用する目的の主眼は、可視化したデータを元に、何かしらの組織的意思決定の「効率化・迅速化・質的向上」を実現することです。そのためにはまず上記のような課題を解決する必要がありますが、これらを解決するためには、ビジネス側と分析・開発側で頻繁にコミュニケーションを取りながら、本当に利用価値のある分析内容を反映した可視化ツールを構築するまで粘り強くやり続ける以外に方法はありません。その際のポイントとしては、以下が重要です。

観点の枠組み	概要
課題の明確化	・ データ可視化によって改善強化したい意思決定や、効率化を図りたいプロセスを特定し、その打ち手として最も適切なデータ可視化及びその運用方法を定める
必要なデータとその前処理方法の明確化	・ データ可視化で必要な各種データが入手可能であり、かつ活用可能な状態に前処理が実行されるプロセスが整備されている
データ可視化までのプロセスの明確化	・ データを可視化し共有するためのツールを定め、各種データの分析結果ごとに、その表示までのプロセスが明確に定義されている
役割分担の明確化	・ 業務課題の協議共有、可視化テーマの選定指示、分析実施と可視化、可視化レポートの活用、レポート内容のクオリティ確認、不要な数値／グラフの改廃など、実務推進の中でダッシュボードの品質向上を実現する体制が敷かれている

　とにかく可視化ツールは「作りっぱなし」で運用されず、形骸化の一途をたどることが頻発します。ビジネスでの目的に合致し、実務ニーズに適合し、利用者を助け、実務効率が高まるものを、業務フローを壊すことなく導入することが極めて重要です。

分析自動化とエンジニアリング力の関係

　分析業務と分析結果の活用用途が定まり、組織的にデータを活用した業務推進が定着してきた段階で、自動化に着手します。例えば前日までの売上データの自動集計や、その売上を実現したセールス担当ごと、チームごとの分析、さらにその分析結果を Slack などのチャットツールで毎朝 9 時に自動で関係者に通知展開するなど、自動化の用途は様々です。

　また、データ可視化を自動化する上で留意すべき点として、可視化する内容には難易度に応じた 3 つのステップがあります（図 3.22）。

　例えば、初期段階では可視化できるデータは、データの量／種類ともに不十分であることが通常です。よって、まずは顧客数や売上、Web デー

図 3.22　データ可視化の 3 つのステップ

	初期	組織浸透	高度化
主な目的	●顧客数/売上などの単純集計結果の表示 ●顧客属性情報の集計(性別/年齢/職業/年収/…) ●顧客の行動情報(Web閲覧履歴/商品購買履歴/…)	●組織横断/組織別KGI/KPIの集計結果の表示 ●担当者別/役職別のKPI集計結果の表示	●機械学習実装などの施策実施による効果検証 ●Webサービス上でのA/Bテスト実施による効果検証
留意点	●集めたデータが適切に集計/表示されているか? ●顧客ID等でデータを紐付けた結果が集計結果に反映されるか? ●データの更新タイミングは意図したものになっているか?	●何らかの重要な業務における「意思決定の効率化/迅速化/質的向上」に資するか? ●可視化内容の閲覧・運用が形骸化していないか? ●可視化内容が実務要望に合わせて都度改善がなされているか?（表示グラフや集計結果の改廃等）	●各種データ更新方法は施策目的・内容と整合しているか? ●データ欠損など、効果計測上問題となる事象は発生していないか? ●施策効果がタイムリーに検証できるよう、データパイプラインが設計されているか?
頻出する問題	●業務ニーズが分析内容に明確に反映されない ●場当たり的なシステム改修や肥大する分析ニーズ対応のためにデータ基盤が複雑化 ●様々な部署からの要望に応えるために分析リソースが枯渇 ●ダッシュボードの品質管理の責任者がおらず、クオリティが上がらない など	●待ちきれずに業務側でもアドホック分析開始、ツール導入が行われ、社内全体で加工ロジックやデータの命名規則が不揃いになり、データ活用の「縦割り」が進行 ●重要指標が各部署で定義が異なり、横断的な意思決定や調整が困難に ●ダッシュボードの品質監理責任者が不在のため、結局使われなくなり、可視化ツールの運用が形骸化する など	

タなら顧客の行動データなどを単純集計した結果を表示することで精一杯だと考えられます。このとき、そもそもこの段階でデータに不備があるのであればデータ収集プロセスを業務面、システム面から見直すべきです。

　次に、組織的にデータに基づく意思決定を浸透させるステップとして、例えば経営や事業レベルで達成すべき指標、即ち KGI ／ KPI をトラッキングするために必要なデータを集計し、分析結果を常時共有します。具体的には、KPI ダッシュボードを構築してチーム、個人が状況を把握し、日次、週次、月次単位で行動計画を立てて実務を推進します。このような活動は、データによる意思決定が組織的に浸透している段階だと考えられますが、この状態に至るまでは先述の課題を一つずつ克服していく必要があるでしょう。

　さらなるステップとしては、よりデータに基づく意思決定が高度化した状態として、各 KPI を向上させるための施策について、その効果がどの程度出ているかモニタリング可能な状態を目指します。この際、例えば Web 上でのキャンペーン実施のような施策の効果測定となると効果計測の「リアルタイム性」が求められるため、データパイプラインの設計が高度化することがしばしばあります。

　これらの取り組みでは、データ可視化や自動化を実現するためのデータエンジニアのような技術者の協力が不可欠であるため、施策推進上の関係者が大幅に増加するのが通常です。よって、各施策が事業目標とする KPI に明確に紐付いていることや、分析結果を元に実務で着実にPDCA が推進されるなど、生産的な業務推進が求められるべきです。

　自動化と一言で言っても、例えば実務側の要望に合わせたデータ収集と処理方針の策定、データ全体の流れを構築するデータパイプライン設計、各種データ収集のためのバッチ処理プログラムを監視／追加／修正するためのワークフロー管理、目的別のデータマート構築、各種 BI ツールとの接続、データ処理時に発生したエラーへの対応など様々です。そのため**自動化の推進が開始されるとエンジニアリング力への要求水準が**

急激に高まります。このあたりの技術的考察は、本書各論のパートで重点的に解説していきます。

Level 3：横断的活動の最適化

　最後に、横断的活動の最適化です。このレベルでは、例えばデータ基盤とサービスが一体となって、直接的な事業貢献を実現します（図3.23）。

　このレベルのソリューション実装と組織的なPDCA推進には、非常に高度な実行体制が求められます。技術に深く踏み込みつつ、ドメイン知識にも習熟しながらの開発と実装が行われますが、当然、ビジネス課題を解くためのものなので、ビジネス側のDX担当者にも一定水準の技術的理解が不可欠です。

　この際、しばしば見受けられるのは相当な期間とコストをかけて開発したソリューションが結果的に目的にかなうものになっておらず、仕方なく「できあがったソリューションの仕様に合わせてオペレーションを進める」という状況です。「業務ニーズからズレているシステムが完成したが、数億円を投資しているシステムだから、もったいないので仕方なく実務で運用し、結果として逆に業務生産性が下がってしまっている」という状況は、筆者が知る限り、決して珍しくはありません。

図 3.23　データ活用レベル 3

 Optimization

Level3：横断的活動の最適化

チーム/組織	直接的貢献	自動
個別	間接的貢献	手動

● 収集したデータを活用し、特定の活動、タスクを最適化することで企業の利益（売上増、コスト減等）に直結するソリューションが自動的に駆動

● 例えば、データ基盤とWebアプリケーション、機械学習システム等が一体となって駆動し、ユーザーに価値を提供

データ活用施策を推進する体制の構築

　データ利活用施策の成否を左右するのは体制とチームのレベルです。戦略を技術へと接続させるためには、チームを構成する各担当者が戦略と技術を熟知し、成果を出すための技術実装とモニタリングを着実に行うことが不可欠です。その際、外部ベンダー等の協力を得る場合、委託している開発内容やその進捗状況、成果物を適切にモニタリング、評価できる必要があります。例えば、Web サービスに機械学習モデルを実装し、検索システムの改善やレコメンデーションの精度向上などユーザーの LTV を高めるための施策を推進するには、少なくとも図 3.24 に示すような体制が必要です。

　例えば、EC サイトのような Web アプリケーションに AI を活用したレコメンドシステムを実装するシーンを想定すると、そもそも EC サービスを開発するフロントエンドエンジニア、バックエンドエンジニアのような **Web アプリケーション担当**[1] が必要です。

図 3.24　データ活用施策の開発／推進体制

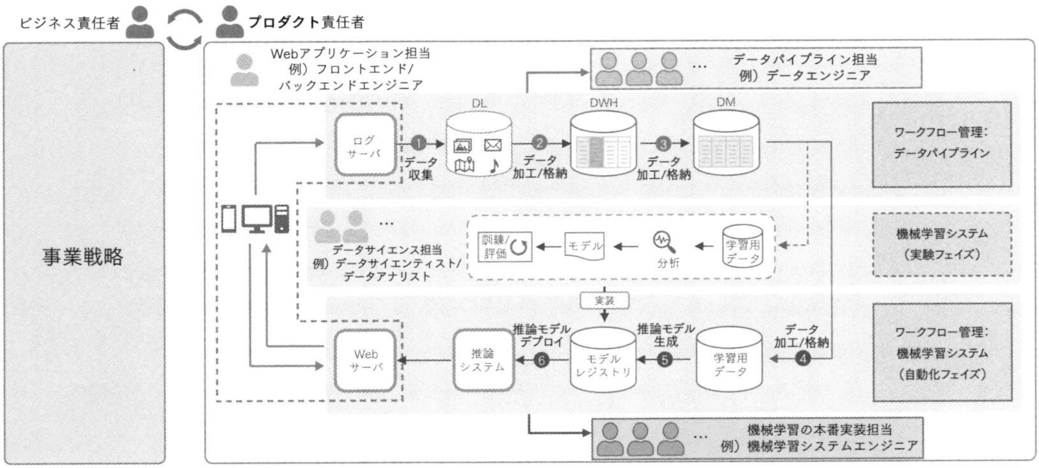

1　本書ではプロダクト開発関連の解説はコラムで触れるに留め、詳細な解説は割愛

Webアプリケーションからデータを取得するデータパイプラインの構築は、データエンジニアのような**データパイプライン担当**のエンジニアが主導します。データ収集、処理といった一連のワークフロー管理や、データ収集時に発生した欠損などのエラー対応など、データ収集から蓄積、活用準備に至るプロセス全体に責任を持ちます。Webアプリケーションから収集されるデータを蓄積するログサーバの構築は、Webアプリケーション担当と協働して開発を推進することもあります。

　また、後続する機械学習用のデータマート構築も、データサイエンティスト等と協働して行うこともあります。ユーザーの行動ログだけでなく機械学習モデルの推論に対するユーザーの反応結果も合わせて随時データ収集し、機械学習用のデータマートに統合されるデータパイプラインを構築していきます。

　機械学習モデルについては、大きく「実験フェイズ」と「自動化フェイズ」に分かれます。ここではデータサイエンティスト、データアナリストのような**データサイエンス担当**の方々が、収集したデータを適宜加工して、構築した機械学習モデルの訓練に活用し、精度を検証、評価したうえで、本番環境に実装します。

　機械学習モデルに十分な精度があると評価されれば本番環境に実装しますが、この本番実装環境の構築では、機械学習システム[2]エンジニアやインフラエンジニアのような**機械学習の本番実装担当**のエンジニアがその役割を担います。具体的には、例えばユーザー行動に対してWebアプリケーションが推論システム（機械学習モデルを格納したシステム）をAPI等で呼び出し、推論結果を返すという一連のシステムを開発します。また、実際にWebサーバにデプロイするために、Webアプリケーション担当と協働してWebサーバを開発することもあります。さらに、予測精度の低下や推論結果が反映されないなど、問題が生じた際にアラートが通知されるような監視システムも合わせて構築したり、データ

2　本書「機械学習システムの自動化」の節（p.277）を参照

サイエンティストが複数設計した機械学習モデルをデプロイして Ａ／Ｂテストを繰り返し、効果検証が継続して行われる仕組みを構築したりもします。組織立ち上げフェイズにおいては体制が不十分な状況であることが多いので、この役割を一時的にデータサイエンス担当が兼務することもあるでしょう。

　これらの一連の開発を、**プロダクト責任者**がリードします。昨今注目を浴びる「プロダクトマネージャー」のような存在です。プロダクト責任者は、図 3.24 の左側の事業戦略を担当するビジネス責任者と協働して、目的に沿ったプロダクト開発について責任を負います。

データ活用体制立ち上げ時の要点

　ここでは一例として、高度なソリューションを開発／運用するための組織体制を示しましたが、開発体制を敷いたことのない組織が最初からこのような組織を構築することは難しいでしょう。よって、**まず最初は推進の要となるポジションから、キーパーソンとなる「一人目」を採用する**ことになります。DX 推進に向けた、極めて重要な第一歩です。

　ここで留意すべきことは、DX 推進に必要な人材には様々な類型があることです。例えば、AI システムの開発実装では、直接的に関わる業務だけでも以下のような技術者が必要です。

役割	職務（例）
データエンジニア	データ・AI に関する取り組みで必要となるデータについて、生成から活用に至るデータパイプライン設計や機械学習用データマートなどデータ関連システムの基盤を開発し、運用する。
データサイエンティスト	数理統計やデータ前処理、特徴量エンジニアリング等の知識／技術を用いて、AI アルゴリズムをデザインする。そのために、業務課題を AI で解くためにドメイン知識を習得し、課題を解決するために最も適切なアルゴリズムを考察する。場合によっては、機械学習用のデータマートから推論モデル用の特徴量 [1] ストアを別途構築し、推論モデルの精度を高めるといった取り組みも行う。
データアナリスト	実装された AI システムの効果検証をデータ分析を通じて多角的に行い、ボトルネックの特定や成果の最大化に向けたアクションプラン作成などの PDCA 推進を行う。
機械学習システムエンジニア	データ量、リアルタイム性、非構造化／構造化などのデータ種別、処理が複雑な動画像や音声の処理、様々な機械学習のアルゴリズムに対応し、実現したいサービスを踏まえて各種技術及び与件を考慮し最適なシステム設計を提案・実装する。

1　収集データの中で、機械学習に用いるために加工したデータのことを指す

このように、AI システムの開発実装に関わる役割だけでも複数の役割が存在し、それぞれの役割は異なります。しかし、**DX 推進初期の体制構築でありがちなのは、エンジニアやデータサイエンティストといった技術者に過剰な期待・役割を強いること**です。組織立ち上げ段階だと十分な体制を構築できていないことが通常であり、一時的にデータサイエンティストの役割を担う方が機械学習エンジニアのような役割を担うこともあるでしょう。そうした状態が続いて特定のメンバーに過度な負担が生じないよう、プロジェクト推進が軌道に乗り始めた段階から、体制を拡大し適切なメンバーに権限移譲していきたいところです。

ちなみに上記のような役割定義は各組織で異なるのが普通であり、明確な線引きはないと言ったほうが適切だと思います。ビジネス課題や組織の状況・都合等に応じて柔軟に検討し、定義するべきところです。非常に優秀な人材であれば、いわゆる「フルスタック・データサイエンティスト」として上記の役割をすべて担えるような方もいますが、そのような方は本当に稀な存在です。非常に意欲的かつ優秀な方であれば、業務を通じて複数のスキルを順に身につけていくこともありますが、相当稀なケースだと筆者は考えます。

また、DX 推進に必要な人材類型はこれだけではありません。Web システムや iOS ／ Android 向けアプリなどを開発するならばフロントエンドエンジニアやバックエンドエンジニア、各種セキュリティに対応する技術者も必要ですし、何よりも DX 戦略と開発をつなげるプロダクトマネージャーのような役割も不可欠となります。こういった人材を最初から揃えようとすることは非現実的でしょう。よって、地に足を付け、まずはスモールサクセス、Quick Win を生み出せる最小構成の DX チームを立ち上げることを目指すべきです。

では、最小構成となる体制とはどのようなものでしょうか。**重要なのは、まずは小さなスコープで DX 推進への足がかりを作ること**です。例えば、営業活動の業績向上を目指し、スモールサクセス創出に向けて以下の 3 類型の人材がミッションを持ち、推進する小さな体制が考えられます。

- **プロダクト責任者**：スモールサクセス実現のための課題発見、課題定義と課題解決施策を案出する。また、営業活動からデータを取得するために営業支援システムへのデータ入力内容と活用方針を策定し、営業担当者と開発担当者の双方に働きかける。
- **データサイエンス担当**：既存のすぐアクセス可能な Excel データ等を集約分析して、プロダクト責任者と共に課題検証や施策実行を行う。場合によっては簡易的な機械学習モデル実装のための環境構築を行い、モデルを運用する。
- **データパイプライン担当**：有用だと考えられるデータに絞って集約してデータベースを設計し、社内メンバーがアクセス／分析できる環境構築を行い、データサイエンティストと連携する。また、有用な分析結果がすぐに参照できるデータマートやダッシュボードを、ドメイン知識に習熟したうえで構築／運用する。

　少ない人員構成でも、上記のレベルなら推進可能なはずです。まずは小さな取り組みから着実にスタートし、成功事例を生み出し、その輪を広げていくように進めます。この 3 つの人材類型についてより詳細な考察は本書 Part6 の各論③「人材要件」の章で解説しています。

　以上、ここまで「データ利活用による DX」を推進するための総論を解説してきました。総論と称しつつ、解説の便宜上細かい部分にまで立ち入った点はご容赦ください。

　DX の実務は、経営戦略、顧客体験デザイン、サービス設計、IT システム構築、AI 実装など様々な観点が包含される、言わば " 総合格闘技 " のような世界です。場合によっては、企業間で業務資本提携を締結するなどして、企業の枠を超えたリソース活用によって推進されることも昨今では珍しくなくなりました。しかし、その際の**実務の現場で一貫して課題となるのは**、本書で繰り返し指摘してきた「戦略と技術の接続」です。予算や技術、人的リソースがあればなんとかなる、という領域ではなく、それらをつなげて経営／事業が進化し続けるには組織を構成する各メンバー自身が進化する必要があります。昨今重要性が叫ばれている「DX

人材」とは、その進化の先に生まれるものであり、この「総合格闘技」にいち早く果敢に取り組んだ方々が、名実ともにそのような次世代の実務家になれると筆者は考えています。

Part 3 のまとめ

- Pre-DX フェイズにおいては「コンセプト」と「メカニズム」を設計する。コンセプトはまさに戦略のコアとなるものであり、実現したいビジョン／ UX ／提供価値を定義することで明確化する。メカニズムは DX を具体化する仕組みであり、コンセプトを実現するためのデータ／ AI ／エンジニアリングの活用方針を企画する。

- さらに、コンセプトとメカニズムを接続させるための KPI を設計する。具体的な指標を設計／モニタリングすることで、各種施策の遂行がビジョン／ UX ／提供価値に寄与しているかを把握しつつ、改善活動の推進を可能にする。

- DX フェイズでは、各種施策及び施策創出のエンジンとなるデータ基盤を開発する。施策の実行難易度は「対象業務」「目的」「オペレーション」の観点からパターンがあり、組織の成熟度や各種開発状況を考慮に入れながら施策を選定することが望ましい。

- 各種施策を実行／実装するために、少なくともプロダクト責任者、データサイエンス担当、データパイプライン担当の３者をチームとして編成することが求められる。また、最初から大きな成果を狙うのではなく、スモールサクセス、Quick Win を目指す取り組みから始め、組織的な成功体験を醸成していくことが望ましい。

Part 4

[各論①]
DX Phase の具体的実務

- 本パートより、DX の実務で求められる重要なポイントを詳細に解説します。DX 推進のフレームワーク上では、ここからの解説は "DX フェイズ" に該当します。
- このフェイズでは、「KPI を具体的実務に落とし込む」「データ／AI 活用を具体的実務に落とし込む」という 2 つの活動が中心となります。これらについて、技術的観点を中心に具体的に解説します。
- データ基盤構築に必要となる主な技術、データの前処理に関する具体的手法、メタデータ管理のためのアプローチなど、技術者でない読者の方々にはなじみの少ないと思われるテーマの数々を扱いますが、なるべく分かりやすく解説することを目指します。

データ利活用の前提となる「データ統合」

　本章以降、データ利活用によるDXを具体的に推進するための技術的考察を進めます。ここからはまさに「戦略と技術の接続」を実現するための内容です。

　データ利活用に関する技術は、突き詰めていけばどこまでも深く掘り下げられてしまうため、あくまで筆者の経験や考えに基づき、これまでデータサイエンスやAIに触れたことのない方がDX推進に携わる上で必要不可欠なレベルを念頭に、解説の対象や粒度を設定しています。それ故に、読者の皆様が置かれている業界、実際に直面している課題等によってはやや偏った内容のように受け取られる部分もあるかと思いますが、なるべく汎用的かつ有用な内容を目指して解説します。また、個々の技術の詳細については既に多くの文献・書籍が存在しますので、本書ではそれらを適宜紹介し、さらに深く広い世界への"橋渡し"のような役割も担えればと思います。

　さて、データ利活用によるDXで実現したいことの一つに、「オンラインとオフラインの統合」が挙げられると総論で触れました。例えばBtoCビジネスの領域では従来型のリアルな顧客接触に加えて、オンラインでのサービス提供とデータ取得をかけ合わせ、それらを活用することでさらに大きな成果を目指します。そのためにはオンライン空間でのユーザー行動データを収集し、各ユーザーのオンライン／オフライン双方の行動データを統合して、活用可能な状態にします。例えば、**図4.1**に示すような顧客データを統合し、何らかの施策実現を狙ったデータマートを構築するアプローチ[1]が考えられます。

1　データマートは施策ごとに構築するのが一般的。例えば複数の施策(クーポン配信、商品レコメンド、顧客の購買傾向分析など)を実施するために一つのデータベース(DWHなど)にアクセスするような設計の場合、データ処理に時間がかかり施策の品質を下げる可能性があるため、データマートを施策ごとに分けて構築することでデータ処理速度の向上が期待される。また、施策に何らかのトラブルが生じた場合でも、データマートを施策ごとに設計しておくことで他の施策に影響を与えないようにできる。

図 4.1　データ統合

顧客ID	会員登録日	生年月日	性別	年齢	都道府県	商品A_購入数量	商品B_購入数量	...	商品A_購入金額	商品B_購入金額	...	商品A_購入予測フラグ	商品B_購入予測フラグ	...
00001	2020/01/22	1985/05/30	女性	36	東京都	7	2	...	700	400	...	1	0	...
00002	2020/03/11	1983/03/21	男性	38	大阪府	4	3	...	400	600	...	0	1	...
00003	2020/05/30	1991/07/01	女性	30	福岡県	2	3	...	200	600	...	1	1	...
...	...	...	...	...	...	...	...	...	...	...	...	...	...	...

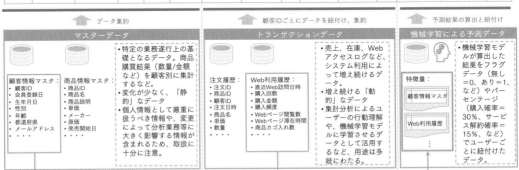

データ集約　　　　　　　　　　顧客IDごとにデータを紐付け、集約　　　　　予測結果の算出と紐付け

マスターデータ

顧客情報マスタ：
・顧客ID
・会員登録日
・生年月日
・性別
・年齢
・都道府県
・メールアドレス
・・・・

商品情報マスタ：
・商品ID
・商品名
・商品説明
・単価
・メーカー
・原価
・発売開始日
・・・・

・特定の業務遂行上の基礎となるデータ。商品購買結果（数量/金額など）を顧客別に集計するなど。
・変化が少なく、「静的」なデータ
・個人情報として厳重に扱うべき情報や、変更によって分析業務等に大きく影響する情報が含まれるため、取扱に十分に注意。

トランザクションデータ

注文履歴：
・注文ID
・商品ID
・顧客ID
・注文日時
・商品名
・単価
・数量
・・・・

Web利用履歴：
・直近Web訪問日時
・購入回数
・購入金額
・購入頻度
・Webページ閲覧数
・Webページ滞在時間
・商品カゴ入れ数
・・・・

・売上、在庫、Webアクセスログなど、システム利用によって増え続けるデータ。
・増え続ける「動的」なデータ
・集計分析によるユーザーの行動理解や、機械学習モデルに学習させるデータとして活用するなど、用途は多岐にわたる。

機械学習による予測データ

特徴量：
顧客情報マスタ
Web利用履歴
・・・

・機械学習モデルが算出した結果をフラグデータ（無し＝0、あり＝1、など）やパーセンテージ（購入確率＝30％、サービス解約確率＝15％、など）でユーザーごとに紐付けたデータ。

データの分類

図 4.1（前頁）に示している通り、データにはその性質上いくつかの種類があります。それぞれの例と特性などは以下のように整理できます。

データの分類[1]（例）	概要
マスターデータ	・ ユーザーの性別や年齢、住所、職業など、変化が少ないデータ。 ・ このデータは「静的」なデータとして活用され、商品購買結果をユーザーごとに集計したり、顧客セグメントの分類軸として用いられたりする。また、このデータの中には個人情報として厳重に扱うべきものも含まれたり、変更によって分析業務等に大きく影響する可能性があるため、取り扱いには十分な注意が必要。
トランザクションデータ	・ 売上、在庫、Web アクセスログなど、システム利用によって増え続けるデータ。 ・ このデータは「動的」なデータとして活用され、集計分析によるユーザーの行動理解だけでなく、Web 広告配信や製造ラインの商品に関する異常検知のアラートなど、データをリアルタイム取得して活用したり、機械学習モデルに学習させるデータとして活用したりと、用途は様々。
機械学習モデルによる予測データ	・ 機械学習モデルが、何らかの入力値に対して返した予測値。 ・ 例えば、訓練済みの機械学習モデルが算出した結果をフラグデータ（無し＝ 0、あり＝ 1 などで表現したデータ）やパーセンテージ（例えば購入確率を 30%、サービス解約確率を 15%で表現したデータ）でユーザーごとに紐付けたデータ。

1　その他の分類として、格納されているデータについてそのデータの属性や関連情報を説明した「メタデータ」も重要である。メタデータについては「データカタログの作成と運用」の節（p.169）を参照されたい。

図 4.2　データの分類

構造化データ	半構造化データ	非構造化データ

一般的なリレーショナルデータベース（RDB）に格納されたデータや、ExcelやCSVで2次元の表として表されているようなデータ

非構造化データに一定の規則性をもたせて、柔軟ながらも構造をもたせたデータ

テキスト、画像、動画、音声などの区切り等の構造をもたないデータ

　さらに、データはその形式に応じて**構造化データ／半構造化データ／非構造化データ**[2]に分類できます（図 4.2）。これらのデータを統合、活用するには、目的や用途に合わせてデータ形式を変換する「**前処理**」を行い、構造化データに変換する作業が必要です。

　取得時点でのデータは様々な形式であるため、そのデータを格納／保存するデータレイクは幅広い形式のデータに対応している必要があります。また、データは随時蓄積され増大していくので、柔軟にデータ格納が可能な容量を拡張できることも不可欠です。

　これらのデータをユーザーに一意に対応させて統合し、データ活用施策の源泉とします。さらに言えば、総論でも解説した通り、データ活用施策を実行したあと各施策に対するユーザーの行動結果をデータとして回収してさらなるデータ統合が可能なように、データ基盤を設計することが重要です。これにより、データ活用施策が KPI 向上に貢献しているか、定量的に管理可能となります。

2　非構造化データは、その名が示す通り「構造」に定義がなく、収集時点での状態だと処理が難しい。そのため、分析・活用を可能とするには何らかの変換／加工といった前処理が不可欠となる。
　非構造化データの前処理は、画像／映像であれば被写体の抽出／特定や色／サイズ／カテゴリをメタデータとして付与したり、音声データであればフーリエ変換によって形式変換することに加えてテキスト化／自然言語処理を行ったりと、目的に沿ってデータに何らかの意味を与えることが必要となる。なお、画像／テキストデータの前処理に関しては本書「非構造化データの前処理」の節（p.155）で解説しているので参照されたい。

DX Phase における具体的実務の概観

　総論で解説した通り、**データ利活用において極めて重要なのは、データ利活用が継続するほど、施策の精度や効果が向上し続けることです。**ユーザーの UX 向上を示す指標が KPI に組み込まれ、それらの KPI がビジネス上最も重要な指標である KGI に接続されていれば、UX の向上が目標とする売上等の達成（＝ KGI 達成）につながっているかを可視化できます。故に、データを活用する各種施策は、どのような施策であっても以下の 2 点がその成否を左右します。

1. KPI 起点で施策を評価する組織的な PDCA が継続して推進されること
2. 各種施策の実施によって、データがさらに収集され続け、収集されたデータが各種施策の効果を高め続けるよう利活用されること

　これがデータ利活用による DX の要諦です。つまり、データ利活用による具体的実務は、以下の 2 点に集約されます。

1. KPI を具体的実務へ落とし込む
2. データ／ AI 活用を具体的実務へ落とし込む

　これらのイメージを示したものが図 4.3 です。以降、本章からはこの 2 点について詳細の解説に入ります。

図 4.3　DX フェイズにおける実務

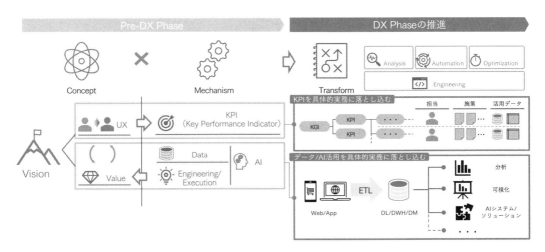

KPIを具体的実務に落とし込む

　前節で示した通り、データ活用を起点とした DX で実現したいアプローチの一つは、「顧客体験をオンライン／オフラインで統合すること」です。そのためにオンライン／オフラインで各種施策を実施し、データ基盤上で各種施策実施の結果となる顧客行動データを統合するといった取り組みを推進します。そして、顧客体験が統合された際、顧客体験が「向上したかどうか」を計測する最も有効な経営管理手法の一つが、KPI 管理です（図 4.4）。

　KPI 管理に向けてまず着手すべきは、KPI ツリー全体の設計です。その起点は KGI であり、これは売上目標などの事業レベル、経営レベルでの目標を定量的に設定したものです。その KGI を KPI に分解していきますが、その表現方法にはいくつかのアプローチがあります[1]（図 4.5）。

図 4.4　DX Phase：KPI を具体的実務に落とし込む

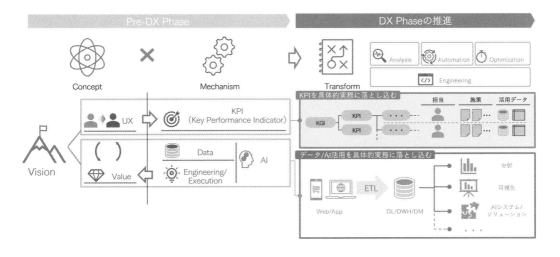

1　　この際陥りがちな状況として、「収集可能なデータの範囲で KPI を設計」しているケースがある。KPI は、まずはあるべき、目指すべき指標を設計すべきであり、そのデータ取得の技術的考察は追って解説する。

図 4.5　KGI 分解のアプローチ例

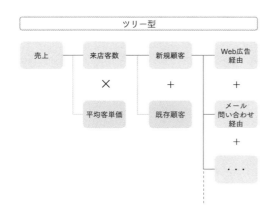

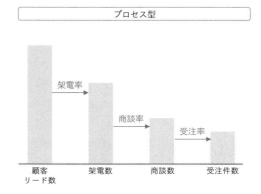

例１）ツリー型：
　　KGI を分解した各 KPI を、ツリー構造で整理し、各指標間の関係性等を明確化して運用する
例：店頭での月間売上
● 月間売上＝来店客数×平均客単価
● 来店客数＝既存顧客＋新規顧客
● 新規顧客＝ Web 広告経由＋メール問い合わせ経由＋・・・

例２）プロセス型：
　　KGI 達成に向けて取り組んでいる活動のプロセスを表現し、活動上のボトルネック等を明確化して運用する
例：営業担当の受注件数
● 受注件数＝顧客リード数×架電率×商談率×受注率

　　実際の KPI 管理では、上記のような考え方が複合的に反映され、構造化された KPI が運用されることが多いでしょう。

KPI 管理の利点

　こういった KPI 管理を行うことの利点は様々です。ここでは大きく3つの利点を挙げます。3つの利点とは、「業務フローの精緻な理解」「担当者、責任の所在の明確化」「KPI に対応する施策（Action）の明確化」です。これらについて概要を図 4.6 に整理します。

業務フローの精緻な理解

　そもそも KGI 達成に向けた KPI を設計するには、**事業活動そのものの現状把握を精緻に行う必要**があります。その精緻に把握した実態を踏まえ、事業活動のどの部分を改善・強化すれば成果につながるかを議論します。その議論した内容を、KGI ／ KPI の数値分解の裏付けとして活用することが非常に重要です。

　例えば、営業担当者の売上を「顧客リード数×架電率×商談率×受注率×平均売上単価」と分解したとき、受注率が高いにもかかわらず商談率が低かったとします。このとき、数字だけ見ると「商談率が低いということは、獲得した顧客リード数に対して営業担当が『架電してアポを取る』スキルが弱いということか。それなら、架電スキルを改善する施

図 4.6　KPI 管理の利点

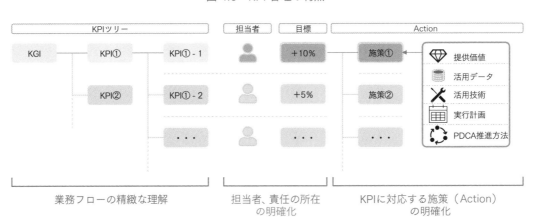

策が必要なのではないか」という表面的な推察がなされます。

　ところが実は「1件あたりの商談準備に資料作成等の時間がかかり過ぎていて、架電がしたくてもできない」という状況もあり得ます。とすると、KPIとしては、商談率よりも実は「商談数」のほうが大事であり、率を度外視してでもセールスが「数を追える」よう、架電のハードルを下げるための資料作成支援等を実施することのほうが重要とも考えられます。

　また、KPI／KGIの議論になると「指標の抜け漏れがないか」という議論に終始し、KPIツリーを作ること自体が目的となりがちです。KGIに効いてくる活動の定量化を抜け漏れなく整理することも重要ですが、業務フローを精緻に理解しておくことで、「選択と集中」が可能となります。つまり、**どのKPIがクリティカルに目標達成に効いてくるのかを判別したうえで、注力するKPIを絞ることが非常に重要**です。整理されたKPIすべてに十分なリソースを投下できる企業は、なかなかないのではないでしょうか。

担当者、責任の所在の明確化

　事業活動において、**各担当者がどのようなミッションを持って、どのような業務活動に注力すべきか、結果としてどのような成果を創出すべきかを定めるには、それらを定量的に定めることが有効です**。かつ、その成果創出が事業目標（KGI）につながっていることは、組織運営の効率化だけでなく担当者自身のモチベーション向上、組織への貢献実感の醸成において極めて重要です。

　一方、そのKPIが担当者にとって"大きすぎる"とKPI達成が困難で疲弊を生み、"小さすぎる"とやりがいが生まれず、仕事がつまらなくなったり、組織への貢献実感が持てなかったりと、KPI運用が裏目に出てしまいかねません。そうした意味でも、KPI設計は事業責任者にとって非常に重要なミッションです。

KPI に対応する施策（Action）の明確化

　各種施策がどのように事業目標達成に寄与するのか、KPI との対応関係が明示されることで施策の有効性が評価できるようになります。つまり、KPI を実務上の活動や施策に落とし込むということです。この活動を定量化し、KAI（Key Action Indicator）として運用することもあります。

　重要なのは、現在企画／実行している各種施策は、どの KPI を向上させ、その KPI は KGI に対してどのようにつながっているのかを各担当者が常に把握できることです。そうでなければ、ただ漫然と「良さそうだからやろう」といった動機の施策実施が後を絶たず、費用対効果の高い事業活動が推進されづらくなります。

　また、施策実施においてはデータ利活用の観点も踏まえつつ、以下の点について、施策ごとに明確化しておくことが重要です。

① その施策の提供価値は何か
② 施策遂行に必要なデータや、施策実施によって取得できるデータは何か
③ 施策に必要となる技術／機能は何か
④ 施策の着手から成果創出に至るまでの実行計画はどのようなものか
⑤ 施策の改善強化を続けるための PDCA はどのように推進するか

　これらを明確化することで、各種施策が KPI にどのように寄与するのか、いつまでに成果を出すのか、そもそも実現可能なのか、やりっ放しにせずに改善活動は続いているのか、といった組織的な管理／運営が可能となります[1]。

1　つまり、「その KPI はコントロール可能か」を精緻に検証するということ。KPI が「飾り」のような状態で、活動を通じた数値改善がそもそも実現できないならば、その KPI が効力を発揮することはない。

KPI 管理における「指標設計」と「モニタリング」

　さて、KPI を実務に落とし込むことは非常に重要であるため、ここからはさらに踏み込んだ解説をしていきます。KPI 管理では、「指標設計そのもの」と、「KPI モニタリング」の 2 点で、いくつか重要なポイントがあります。いずれもデータ利活用推進の成否を左右し得るものと筆者は考えています。

KPI の指標設計

　まず「指標設計そのもの」についてのポイントです。言うまでもなく KPI は「定量化された指標」であり、言い換えれば「定量化が可能な指標」です。なおかつ、事業戦略、ドメイン知識などの背景をしっかりと汲み取った「意味を持つ数値」でなければなりません。そのためには指標設計において、例えば以下のような観点が極めて重要です。

各指標と施策は、明確に連動しているか？

　例えば、整理した KPI 指標の中で「新規顧客獲得数」が KGI 達成上重要だと判断し、「新規に Web サイトに流入したユーザーに商品購買を促す」ための施策を実行するとします。その際、いきなり新規ユーザーの「商品購入数」や「購入率」を KPI 指標としても、指標として粒度が大き過ぎるため「なぜ新規ユーザーは商品購入をしないのか？」という問いへの示唆が見出しづらいでしょう。つまり、目的達成の「度合い」自体は目標と現状を比較して算出できても、その原因は KPI を見ているだけでは分からないままです。

　そこで、新規ユーザーが商品購入するまでの経緯を分析すると、「3 日以内に Web ページに再訪している割合が高い」といった分析結果が出たとします。すると、追うべき KPI として「3 日以内に Web ページに再訪する割合」といった指標設計が可能であり、商品購入数を KPI とした場合よりも達成難易度は低く、かつ施策を案出しやすくなります。このように、**数値を見れば、「次に何をすればよいか」が分かるように KPI を設計する**ことが重要です。

数値が悪化した際、何をすべきか決めているか？

　KPI設計は事業活動の継続的強化を意図していますが、事業は成長し続けるとは限らず、何らかの理由で停滞、悪化することもあります。一方、ここまで述べてきたKPIは、KGI達成のために重要だと判断し、注力すると決定したKPIです。そうであれば、KPIの改善強化が見られない期間が続くことは、KGI達成を直接的に困難にします。

　悪化したKPIに対してはリソース投下、業務そのものの改善、追加施策の実施など、テコ入れが必須です。場合によっては、現状の体制のままでなんとかして頑張る、といった判断もあり得るでしょう。その際、どのアクションを採用するにせよ**重要なのは「意思決定のスピード」**です。テコ入れの方針としてどの選択肢を採用するにしても、その実行は早いに越したことはありません。また、その実行のために再度社内で確認、調整に追われていては、結局事業活動は効率化されておらず、KPIの形骸化すら招きかねません。**注力すると決めたKPIについて、悪化時の対応策を予め組織内で合意しておくことは、極めて重要です。**また、どの程度の下落幅を「悪化した」と評価すべきなのかも、組織内で認識を合わせておくべきです。

KPIモニタリング

　次に、KPIモニタリングについてのポイントです。繰り返しですが、KPI管理の主眼は顧客体験の向上や事業活動の成果向上、その結果としてKGIの達成を実現することです。その運用においてはしばしば**SMART**と称される観点が重要だと言われています。これは以下の5つの軸について頭文字をつなげたものです。

- Specific：具体的であること
- Measurable：測定可能であること
- Achievable：達成可能であること
- Relevant：個人の目標、組織の目標と関連付けられていること
- Time-bounded：一定の成果創出までの期限が定められていること

　いずれもKPIの運用において欠かすことのできない観点です。覚え

やすく、伝えやすい点も特徴的です。

　一方、データ利活用の各種施策においてはPDCAの推進上、これら
の観点に加え、適用する手法や利活用するデータなど技術的な観点も重
要になってきます。そのためデータ利活用におけるKPI管理では、少
なくとも以下のようにSMARTを改良し、運用することを筆者は推奨
します。

SMART	定義	データ利活用を踏まえた定義（例）
Specific	具体的であること	各担当者が、どのKPIに対し、どのような技術／データを活用してどのような施策を実施するのか具体化すること
Measurable	測定可能であること	施策とKPIの対応関係を明確にしつつ、各担当者が施策推進によって常に効果測定及びモニタリング可能なKPIを設定すること
Achievable	達成可能であること	数値目標の達成難易度だけでなく、データの取得可能性、採用技術の難易度等を踏まえ、各担当者が施策を遂行できて、かつ達成可能な目標を設定すること
Relevant	個人の目標、組織の目標と関連付けられていること	各事業担当者／開発担当者の責任範囲や数値目標をKPIと関連付け、明確化すること
Time-bounded	一定の成果創出までの期限が定められていること	各種施策の難易度を鑑みて、効果創出までの期間として妥当性のある期間を見積もり、設定すること

　KPI管理は往々にして大雑把過ぎたり、細かすぎたり、責任の所在
が不明確だったり、管理が不十分な結果形骸化したりなど、事業管理上
の課題が多く見られるところです。特に、オンライン上での顧客行動等
も含めてKPIを設計し、モニタリングするとなると、ある程度の専門性

が求められ、モニタリングの難易度が上がり、社内で主体的な運用が進まないケースが散見されます。例えばデジタル広告運用上の KPI は広告代理店に任せっきりだったり、自社サイトのユーザー訪問状況や購買分析等も、そもそも開発ベンダーにデータ取得のための問い合わせが必要でタイムリーに PDCA が回らなかったりと、KPI 管理が適切になされていない状況を筆者は頻繁に目の当たりにしてきました。データ活用の組織力は、KPI 管理に大きく影響します。

KPI の具体的運用例

　KPI 向上が結果的に KGI 向上に結びついているかどうかを判断する方法の一つとしては、例えばギャップフィル分析があります（図 4.7）。

　設定された目標に対し、各担当者が KPI の達成目標を追うことで、どのように現状と目標のギャップが埋まっていくかを可視化し、トラッキングします。ここで留意すべきこととして、担当者ごとに KPI の「単位」が異なる場合が挙げられます。例えば、EC サイトであれば

- サイト訪問者数を増やしたい：人数
- 商品のかご入れ数を増やしたい：個数
- 購入のコンバージョンレート（CVR）を高めたい：パーセンテージ（%）

といったように、施策によって KPI の数値単位が異なる場合があります。KGI の単位が売上、つまり金額であれば、各 KPI 担当者の持つ KPI の単位が金額でなくとも、各担当者のアクションがかけ合わされる

図 4.7　ギャップフィル分析

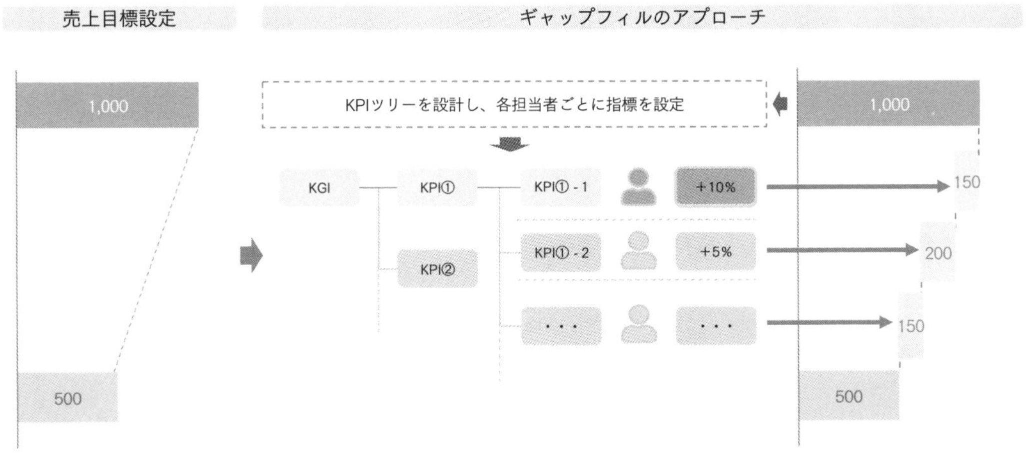

ことで KGI が達成されるように各 KPI を設計する必要があります。ここを論理的かつ定量的に、さらには過去実績等を分析考慮したうえで達成可能な水準に落とし込めるかどうかが、事業責任者の腕の見せ所です。

　また、実際に KPI モニタリングを推進してみると一部の KPI の達成難易度が高すぎる、KPI の粒度として大きすぎるといった問題や、逆に KPI が細かすぎて、担当者にとって KPI 責任を担うモチベーションが湧かないといったことも起こります。**そのような状況を事業責任者は常時または定点的に把握し、設計した KPI を再設計するなどして、KPI 全体の PDCA サイクルを回します。**事業活動は常に変化し続け、取得可能なデータも常に増え続け、変化するため、それに合わせて KPI の設計は適宜見直しを行う必要があります。

　このような取り組みを経て KPI モニタリング活動が事業活動に定着します。KPI を実務に落とし込む際は、各担当者の役割や事業貢献内容を明確化し、PDCA サイクルを回し続けて成果管理するだけでなく、組織マネジメントも併せて推進することが欠かせません。

データ／AI活用を
具体的実務に落とし込む

データ活用技術を理解する"入り口"

　本書は「戦略と技術をつなぐ」ために必要なポイントを、ある程度網羅性を担保しながらも、実務上求められることが多い部分にフォーカスしながら解説しています。ここまで解説してきた内容はデータ利活用の戦略、言い換えれば「プランニング」の部分にフォーカスしていましたが、その中でも技術的考察が随所に記載されていたかと思います。このような「戦略と技術の双方を同時並行で考察する」というプロセスは、実際の実務でも同様で、どちらか一方を考察から外したまま推進することは本来難しいはずです。

　しかし、実際はプランニングの考察に傾倒し、技術的考察が不十分なままプロジェクト等が進むことが非常に多いと見受けられます。**その主な理由の一つは、端的に言ってデータ利活用、DX に関わる技術が難解だからです。** しかし、その理解しがたい各技術についてある程度の理解をしなければなりません。本書ではこれ以降、これまで以上に技術的考察を交えていきますが、いずれも重要な内容ですので読み通していただけたら幸いです。

　さて、KPI を具体的実務に落とし込み、組織的な PDCA が継続的に回るようにすることと並んで重要なのが、施策によってデータが収集され続け、そのデータが施策の効果を高めるように利活用され続けるようにすることです（次頁図 4.8）。以下ではこの点について技術的な側面にも触れながら解説していきます。

図 4.8　DX Phase：データ／AI 活用を具体的実務に落とし込む

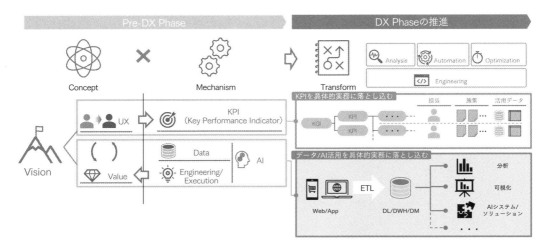

データの"質"と"量"の重要性

　まず、データ起点の施策創出において常に念頭に置くべきことは、「収集したデータの質と量が、施策が生み出す成果に結実する」ということです（図4.9）。

　例えば、ECサイトで収集したユーザーデータがわずかな中で、協調フィルタリングを実現するAIを活用したレコメンドシステムを機能させようにも、期待する成果を出すことは困難でしょう。むしろ、例えば「過去1ヶ月以内の売上ランキング上位10商品」をそのままレコメンドするといったルールベースで実装したほうがよいかもしれません。また、例えばデジタル広告配信でコンバージョンの高いセグメントを特定しようにも、過去の広告配信実績が詳細にデータとして収集／蓄積されていなければ、そもそも議論になりません。このように、**データを継続的に収集／蓄積できるかどうかは、DXの取り組みで一貫して最重要課題の一つであり続けます。**

　顧客に提供するサービスが適切に届けられ、その利用ログ等がデータとして収集、蓄積、活用されることでユーザーが期待通りの反応を示しているかを把握し、サービス品質向上や新たなサービス開発へとつなげる"サイクル"を構築することが重要だと、総論で解説しました。その実現に筆者が重要だと考える技術を、これから解説していきます。

図4.9　「データの質と量」と「成果の大きさ」は比例する

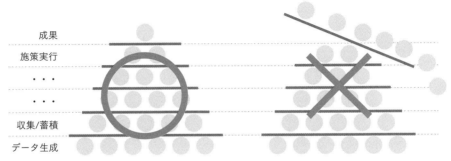

データ収集に関連する技術

　総論パートで掲載した図を再掲します（図4.10）。データが収集され
て活用に至るまでには非常に多くのプロセスがあり、様々な技術を活用
します。

　データ収集の起点は、例えばサービスの利用です。Webアプリケー
ションやiOS／Androidアプリなどを利用したPC、スマートフォン、
あるいはWebサーバから収集されたデータは**データレイク（DL）**に
格納され[1]、データ活用の目的に沿ってデータをさらに**データウェアハウ
ス（DWH）**に集約したり、施策や分析の目的別に**データマート（DM）**
に集約する、といったプロセスが主に採用されます。

　各ステップでデータを収集／統合する際には**ETL処理**を行います。
ETL処理とは「Extract：データ抽出」「Transform：データ変換／加工」

図4.10　データ取得から各種施策との接続までの流れ（再掲）

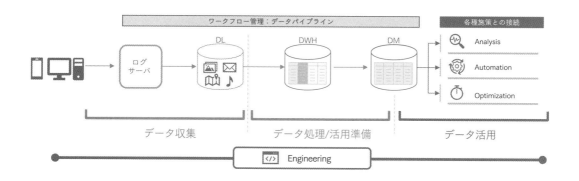

1　他にも、例えばAPIを利用したデータ収集があり、最も利用されているのはWeb API。EC／メディアだ
　とYahoo!、SNSだとTwitter、地図情報だとGoogle Mapsなど、多くの企業が技術者にAPIを提供している。
　Yahoo! デベロッパーネットワーク：https://developer.yahoo.co.jp/
　Twitter 開発者プラットフォーム：https://developer.twitter.com/ja/docs
　Google Maps Platform：https://mapsplatform.google.com/?hl=ja

「Load: データ書き出し」というデータ処理プロセスの頭文字を取った略語で、様々なデータベースやシステムからデータを抽出し、扱いやすいフォーマットに変換して、データレイクやデータウェアハウス、データマート等に書き出す一連のプロセスを指します[2]。データは生成されるだけでは使えないので、収集と処理のプロセスが不可欠です。一つずつ解説していきます。

データ収集：バッチ処理

　データを収集／処理するには大きく分けて**「バッチ処理」「ストリーミング処理」**の2種類の方法があります。

　バッチ処理とは、各データベースやファイルサーバ等から決められた時間やタイミングでデータを集めるためのデータ収集／転送方法です。一度に大量のデータを収集する際などに用いられますが、データソースはWebサーバやRDB（リレーショナルデータベース）[3]、PC、モバイル端末（スマートフォン、タブレットなど）、IoT機器など様々です。例えば図4.11（次頁）のようにログサーバを設置し、Webサービスから次々と送信されてくるデータを蓄積したあとにデータレイクにデータ転送したり、データ生成元から直接データレイクにデータ転送したりします。データレイクにデータを収集する上でどのような手法を取るかは、目的次第です。

　データレイクに関しては後ほど解説しますが、そもそもなぜデータレイクを設置するのでしょうか。主な理由の一つは、収集時点のデータを"真のデータ"として保存しておく必要があるからです。収集時点のデータを最初から加工してしまって保存すると、何かあったときに元の状態

2　ETL処理の技術的解説に踏み込むと議論が複雑化するため本書ではこの程度の解説に留めるが、注意したいのは「ETL製品の選定」である。データ収集のプロセスではシステムエラーの発生がしばしば起こり、その際にデバッグ（プログラム上の不具合の原因を発見し、直すこと）を行うなどの対応が必要となる。そのため、ETL製品がそもそもデータ活用の目的に沿っているかどうかだけでなく、運用中もある程度扱いやすい製品かどうか、さらには選定したETL製品を用いたデータ収集において諸問題に適切かつ適時に対応できる技術者や体制が組織内にあるかどうかが重要である。ETL製品にはAWSやGCPなどのクラウドサービスに付随して利用可能なものや、EmbulkやFluentdといったオープンソースのもの、利用料を支払って使用する有償製品などがある。

3　「行」と「列」によって構成された複数の表形式のデータテーブルを互いに関連付け、表と表の関係を定義し、複雑なデータ間の関連性を扱えるようにしたデータベースのこと

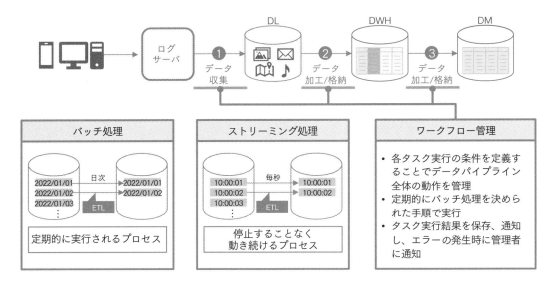

図 4.11　データ収集／処理の方法

のデータが参照できず、問題となることがあります[1]。

　また、他の理由として、収集時点のデータはすぐに使える状態ではないため、一時的に蓄積しておいて後でまとめて活用可能な形式に変換処理したい、という事情もあります。いきなり最初から各種データ処理をすると、先述の通り元のデータの状態が分からなくなるだけでなく、収集されるデータを随時処理することでマシンコストが膨大にかかってしまう恐れがあります。

　ただし、最近の Web アプリケーションでは、開発方法次第ですがユーザーのログデータがサーバーに送信されてきた時点で分析可能な状態に

1　ただし、個人情報保護の観点から、個人情報に関連するデータを収集蓄積する際は匿名化を行う処理が必要であることに留意。また、2022 年 4 月に施行された改正個人情報保護法では、新たに「個人関連情報取扱事業者」が定義されている。この「個人関連情報」には、個人情報と直接結びついていない cookie や広告 ID、これらに紐づく位置情報等が該当することになり、これが詳細に蓄積されることで特定の個人を識別可能となった場合は個人情報と扱われるため注意が必要。詳しくは、『個人データ戦略活用　ステップで分かる改正個人情報保護法実務ガイドブック』（寺田眞治著、日経 BP、2021 年）に網羅的かつ詳細に整理されているため、参照されたい。

しておくことも可能です。この場合はデータレイクではなく直接データウェアハウスに構造化データとして蓄積していくデータパイプラインを設計するほうが効率的でしょう。

　バッチ処理は、データを常にデータレイクなどのデータベースに転送し続けることによるデータの転送／処理コストを抑制したい場合や、そもそも低頻度でのデータ収集でも問題ない場合などに採用されます。この方法を採用するその他のメリットとしては、以下のような点があります。

- ●ネットワーク通信によるエラーが発生しても、再度まとめてデータの転送をやり直せるので、データの信頼性を一定程度担保できる
- ●ワークフローエンジン[2]（バッチ処理のタイミング設定／実行、データ収集でエラー発生時に通知するといった機能を担うツール）との相性が良い

　一方、システム設計上当然のことではありますが、例えば1日単位、1時間単位でデータ収集するバッチ処理プロセスを構築しているところに、急遽「毎分単位で売上データを集計したい」と言われても、対応困難な場合がほとんどです[3]。後述するストリーミング処理とバッチ処理では、システム設計の仕方も設計難易度もまったく異なります。よって、各データをどのように利活用したいのか、ビジネス側と開発側が十分な協議をしたうえで開発に着手することが極めて重要です。

2　ワークフローエンジンは、大まかに言えば、定期的に各ジョブ（実行されるタスク）を実行して結果を管理するツール。タスクの実行は、その順序を守らなければ適切な処理を行えない（例：前日までの売上集計が完了しなければ、現時点での顧客別の売上集計をしても正確な数値にならない、等）ため、各ジョブの依存関係をGUI（Graphical User Interface）などでdag（Directed acyclic graph：有向非巡回グラフ）の形で表現・定義するといった機能を持つことが一般的。

3　ここでは日々大量の取引が発生するECサイトを想定した例示だが、購買取引に限らず、時々刻々と発生する類の大量のデータを随時集計することは一般的に難易度が高い。
　このようなデータパイプラインが成立するには、少量のデータが随時流れ込むことによる通信のオーバーヘッド（データ処理／送信するのに余分にかかる負荷や時間）に耐えられる性能がサーバー側に求められる。また、サーバー側の性能に加え、メッセージブローカと呼ばれる中継システムを利用することが一般的である。メッセージブローカについては本書のコラム「プロデューサー／メッセージブローカ／コンシューマー」（p.135）を参照されたい。
　また、データ処理を包含したデータパイプラインについての詳細かつ網羅的な理解には、『［増補改訂］ビッグデータを支える技術 ——ラップトップ1台で学ぶデータ基盤のしくみ』（西田圭介著、技術評論社、2021年）を参照されたい。

Column

ユーザビリティ

　少し情報としては古いですが、2017 年の Google の調査[1]時点で、Web ページの表示速度が 1 秒から 3 秒になると直帰率[2]が 32% 増加、1 秒から 5 秒になると 90% 増加、1 秒から 6 秒になると 106% 増加というように、ユーザビリティがサービス利用にクリティカルに影響することが明らかになっています（図 4.12）。BtoC のサービスではこのような顧客体験に関わる部分が重要であるため、直帰率が重要な KPI として運用されることも多いです。

図 4.12　Web ページの表示速度と直帰率の関係

 As page load time goes from:

1s to 3s the probability of bounce increases 32%

1s to 5s the probability of bounce increases 90%

1s to 6s the probability of bounce increases 106%

1s to 10s the probability of bounce increases 123%

　しかし、社内利用向けに限定的なユーザーを想定して開発されたプロダクトでは、「毎回ログインしなければならない」「ログイン後の画面表

1　Find Out How You Stack Up to New Industry Benchmarks for Mobile Page Speed　https://www.thinkwithgoogle.com/intl/en-ca/marketing-strategies/app-and-mobile/mobile-page-speed-new-industry-benchmarks/
2　直帰とは、サイト内の 1 ページしか閲覧されなかったセッションのこと。直帰率とは、1 ページのみのセッション数をすべてのセッション数で割った値のこと。セッションとは、この文脈では、特定の Web サイトへのアクセス開始から終了までの一連の通信のことを指す。セッションは Web サイトのアクセス解析でも指標として頻繁に用いられる。

示まで10秒かかる」「ページ遷移に1分かかる」など、BtoCのサービスでは受け入れられないような状態のプロダクトを何度も目にしてきました。そのようなプロダクトを使わなければならない側としては、たまったものではありません。業務効率化を目指した"DX"が、逆に生産性を下げてしまっている状態は、誰一人として報われないものです。

　DXは影響範囲が非常に大きいです。プロダクト開発においては、機能要件だけでなく、このような非機能要件についても、事業特性やドメイン知識に習熟したうえで緻密に設計し、プロダクトの品質担保に努めるべきです。

データ収集：ストリーミング処理

　ストリーミング処理とは、短い間隔で次々とデータを収集、処理する方法です。例えば Web 上でのユーザー行動など、Web アプリケーション上でタイムスタンプがつくようなデータが随時ログサーバに収集される処理などが該当します。ストリーミング処理は短時間に大量の送受信処理を実現する必要があるため、バッチ処理よりも運用が難しく、高度なエンジニアリング力が求められます。

　バッチ処理とストリーミング処理の使い分けは、実現したい機能によって様々です。先述の例で示した通り、例えば Web 上の行動ログは随時ログデータとして収集し続ける必要があるためストリーミング処理の設計をする必要がありますが、売上集計が前日までの総額でよければ、ログデータをデータレイクに収集する際はリアルタイムである必要はなく、1日1回のバッチ処理で十分です。また、データレイクに格納したログデータを活用可能なように前処理して機械学習モデルに活用する際も、モデルの学習更新の頻度が1週間に1度でよければ、週に1回のバッチ処理で十分な場合も考えられます。

　このように、通常はデータ処理の前工程であるほどデータは細かい頻度で収集蓄積され、後工程になるほど大まかな頻度となることが多いです。逆に言えば、後工程までリアルタイムにデータ収集を行い、常に顧客の行動をリアルタイムで把握したい、ということはつまり、上記のプロセスをすべてストリーミング処理で行うことと同義であり、開発難易度は極めて高いと言えるでしょう。

プロデューサー／メッセージブローカ／コンシューマー

ストリーミング処理をもう少し細かく見ていくと、「プロデューサー」「メッセージブローカ」「コンシューマー」の３つの役割があります。

ストリーミング処理では、Web サービスやスマートフォン用アプリケーションなどから細かい頻度でまとめられたデータが次々と送られてきて、かつその量はサービス利用者によるアクセスの急激な増加などの影響を受けます。そのためコントロールが難しく、ストレージ側の負荷が急激に高まる可能性があり、場合によってはサーバがダウンしてシステム障害を引き起こす等の結果となります。

こういった状況を回避して安定的にデータを収集するために、「メッセージブローカ」がデータを一時的に蓄える役割を担います。このメッセージブローカに対して、データを送信する（プッシュする）役割を担う機能を「プロデューサー」と呼びます。また、メッセージブローカからデータを引き出す（プルする）役割を担う機能を「コンシューマー」と呼びます。

データ収集：ワークフロー管理

　ここまでの説明の通り、同じデータ収集／処理でも、バッチ処理とストリーミング処理ではそもそもの目的やシステム設計がまったく異なります。データを収集する際、ストリーミング処理では随時データが格納されますが、バッチ処理の場合はデータ活用の目的に応じて頻度を設定します。

　データ取得のプロセスを予め指定してデータを収集するような管理方法を**ワークフロー管理**と呼びます。例えば、BI ツールでデータを可視化する際に、以下のようなビジネス側の要望があったとします。

- 前日までの売上実績の集計結果を朝 9 時時点で毎日見たい
- 1 時間ごとに Web 広告配信結果としてインプレッション数やクリック数の集計結果を見たい

　このような要望に対してワークフローを設計し、データ収集を定期的かつ自動で実行します。また、何らかの障害によってシステム上でデータ収集が実行されず、システムエラーが発生することもしばしばなので、その際に管理者や担当しているエンジニアにエラー通知が送信されるように設計し、即座に対応できるようにします。そのような通知がない中でエラーが発生すると、例えば朝 9 時に BI ツールを見た営業責任者が前日の売上集計結果が分からず、その日のアクションプラン設計や各メンバーとの協議に大きな影響が生じ、結果として KPI ／ KGI 達成にも影響してしまいます。

　データ利活用を組織に実装すると、このような仕組みが構築されるだけでなく、着実な運用が求められるため相当程度のエンジニアリング力が求められます。また、このような活動を外部に委託していると、エラー等の状況にスピーディに対応できず機会損失が一定期間発生し続けることになります。本書で繰り返し述べていますが、データ利活用の実現には、データエンジニアリングやデータ基盤構築／運用ができる体制が組織内に構築されていることが望ましいと筆者は考えます。

データレイクの活用

　続いて、収集したデータを格納する**データレイク**について解説します。昨今のデータ量、種類の増加やデータ解析技術の発達により、多種多様なデータを大量に収集し、様々なサービスへの活用を可能にするデータ基盤の必要性が高まっています。一方、データの中には個人情報のような高い秘匿性が求められるものや、Web アクセスログのような大量に収集されサーバー負荷を高めやすいものなどがあり、サーバーには信頼性や安全性といった評価指標も求められます。また、こういった観点に対応したデータ基盤を構築するには相応のスキルを持ったデータエンジニアの活躍が不可欠です。

データレイク構築／運用上の要点

　データレイクの構築と運用にはいくつか重要な観点がありますが、図4.13 に示している通り、ここでは 4 つの観点に触れます。

図 4.13　データレイク構築／運用上の要点

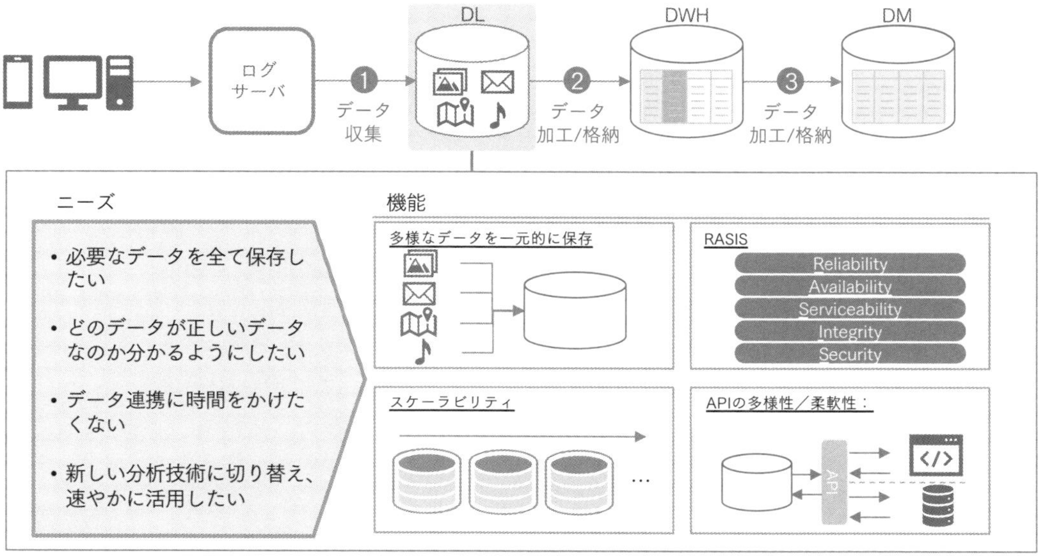

多様なデータを一元的に保存

　そもそも、データレイクを設計する際は「とにかくデータをそのままの形で蓄積する」方法と、「データ蓄積の際に、後々の便宜を図って何らかのデータ加工を済ませておく」方法がありますが、ここでは前者の方法を念頭に置きます。つまり、集めたあらゆる形式のローデータ（生成された状態のままの、生のデータ）をそのままの状態で一元的に蓄積します。これらのデータは一般的にはそのまま使うことはできず、後述する「前処理」と呼ばれる処理を行いますが、加工が施される前の「真の状態」であるデータを保管するためにも、ローデータの状態で蓄積し続けることが重要です。ただし、昨今のアプリケーション開発ではログデータ収集時点から既に活用しやすい形でデータが収集されるような開発も進んでいます。その場合は、データレイクではなく直接データウェアハウスにデータ格納することが効率的でしょう。

　さらに、先述の通りデータレイクはデータの量や構造化／非構造化といったデータ形式にかかわらず、すべてのデータを一元的に保存する場所です。一元的に保管することで、データの在り処が分からなくなるなどの問題発生を防ぎます。

"RASIS" に基づいた設計

　多種多様なデータを収集／蓄積するだけでなく、それらが漏洩したり消えたりしないよう、データレイクはシステムとしてビジネス上求められる要件に耐えられるものでなければなりません。この要望に耐えられるかどうか、一般的には **RASIS** と呼ばれるフレームワークで評価されます。RASIS は、Reliability（信頼性）、Availability（可用性）、Serviceability（保守性）、Integrity（保全性／完全性）、Security（安全性／機密性）の5つの単語の頭文字を用いた略称です。これらについての詳細な説明は割愛しますが、参考までに簡易的な説明を以下に記載します。

RASIS	説明
Reliability （信頼性）	故障せずに長時間稼働するシステムかどうか、という評価軸。障害や故障が起きにくい安定したシステムは信頼できるシステムだ、ということを示す。 定量的に評価する具体的指標として、MTBF（平均故障間隔／Mean Time Between Failures：あるシステムが安定稼働し続ける平均時間）などがある。
Availability （可用性）	システムが正常稼働している度合いを測る評価軸。 定量的に測る具体的指標としては稼働率（正常稼働が期待される時間に対する実際の正常稼働時間の割合）などが挙げられる。
Serviceability （保守性）	何らかのトラブルがあった際にでも、修復完了までに要する時間がどの程度短いか、修復しやすいか、メンテナンスしやすいかどうかを測る評価軸。 定量的に評価する具体的指標として、平均修理時間（Mean Time To Repair、MTTR：システム修復に要する平均時間）などが挙げられる。
Integrity （保全性／完全性）	高負荷によるシステム障害やシステムの誤操作が発生してもデータが損失されないか[1]、アクセス可能か、データの不整合が生じないか、という評価軸。
Security （安全性／機密性）	システムへの不正アクセス、不正利用やデータ改ざんといった事態を防ぐためのセキュリティ対策がどの程度しっかりと行われているかを測る評価軸。

スケーラビリティのある設計

　データレイクを構築する前提として、扱うデータ量や種類が多く、かつそれらのデータが事業活動を継続することによって増え続ける、ということを念頭に置くべきです。これらに対応するには、データ格納する容量制限が継続的かつ柔軟に拡張可能であることが重要です。また、データ量が増えるごとにサーバーコストは増加し続ける一方、すべての

1　このような特性はしばしば「冗長化」と呼ばれる。冗長化とは、システム障害の発生に備えて予備のシステムを平常時から運用して備えておくこと。

データを欠かすことなく保有するためには、ある程度安価に拡張可能なことが求められます。これらの観点を考慮し、昨今ではオンプレミス[1]のストレージではなく AWS（Amazon Web Service）や GCP（Google Cloud Platform）のようなクラウドサービスをデータレイクとして採用することが普及しています。

API の多様性／柔軟性

　データレイクを含め、データ基盤は Web アプリケーションや BI ツール等と接続されたり、各データ基盤がデータ連携をすることで価値を発揮します。その際、その都度追加開発をしているとビジネスで求められるスピードや機動力が著しく損なわれます。つまり、各システムが「**密結合**」ではなく「**疎結合**」（次頁のコラム参照）で接続されていることが柔軟かつスピーディな開発では重要な場合があります[2]。この点、例えばデータの読み取り等を行うための **API** が利用可能なデータレイクを採用することで、データを取得／処理する側のツールやソフトウェアに柔軟性を持たせることが可能となります。BI ツールや Web アプリケーション等が各々でデータレイクの API を利用してデータを取得できるので、Web サービスの追加機能開発や実務担当者のニーズ対応に柔軟性が生まれることが期待できます。

1　サーバーなどの情報システムを、企業などの使用者側が管理する設備／施設内に設置し、運用すること
2　どのようなシステム構成にすべきかは目的次第であり、必ずしも「疎結合」な設計が優先されるとは限らないことに留意されたい。

Column

密結合、疎結合、API

　密結合、疎結合、API など、ここまで触れてきていないキーワードが
出てきましたので、簡易的に解説します。

　ソフトウェアエンジニアリングの領域で密結合、疎結合という言葉は
色々な文脈で用いられます。密結合とは、システムを構成する要素同士
の結合や依存関係、関連性などが強く、それ故に各構成要素の独立性が
低い状態を指します。一方、疎結合とはその逆で、システムを構成する
要素同士の結合や依存関係、関連性などが弱く、それ故に各構成要素の
独立性が高い状態を指します。これだけの説明だと抽象的なので、両者
の違いを説明する際によく用いられる例として、モノリス・アーキテク
チャとマイクロサービス・アーキテクチャに触れながら簡単に解説しま
す（図 4.14）。

図 4.14　密結合／疎結合／API

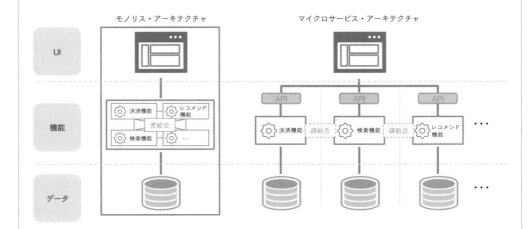

　モノリス・アーキテクチャは、様々な機能を一つのシステム内ですべ
て実現することを目的としたアーキテクチャです。この場合、それぞれ

の機能やデータは密に連携（密結合）しているため、システム改修やエラー対応を行う場合の影響範囲や検証範囲が大きく、対応に時間がかかることが通常です。

　一方、マイクロサービス・アーキテクチャ（MSA）は機能ごとにシステムを分割し、各機能が独立性を保ちつつ、他のサービスと API（Application Programming Interface）を通じて連携することによってサービス全体の機能を実現します。また、改修等を行う際も機能単位で行うことができ、スピーディな対応が可能となります。

　API とは簡単に言えば、「あるプログラムの機能を別のプログラムでも利用できるようにつなげる仕組みのこと」です[1]。また、API は機械学習モデルを Web サービスにデプロイする際にもしばしば活用される仕組みです。

1　言い換えれば、「ソフトウェアやプログラム等の間をつなぐインターフェースのこと」を指す。

データウェアハウスの活用

　前節では、データの収集方法及びデータレイクについて解説しました。収集／蓄積したデータはそのままでは活用できないことがほとんどで、活用のためには様々な処理が必要となります。ここからは収集後のデータを活用するためのデータ処理について解説していきます。

　データレイクに格納されているデータをビジネスで活用可能な状態に変換し、**データウェアハウス（DWH）**に格納することを考えます[2]。データウェアハウスの構築では、ビジネスでどのようにデータが利活用されるのか、事業戦略上どのようにデータ利活用を進めていくのかといった**ドメイン知識**が不可欠です。その目的を達成するために適切なプロセスや手法を検討／採用する必要がありますが、そこで必須となるのが「**前処理**」です。蓄積されたデータを各種用途に応じて扱いやすいように

図 4.15　データの前処理

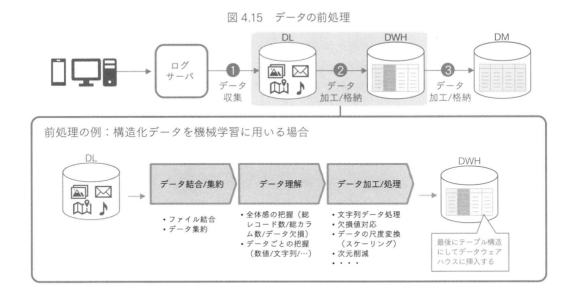

前処理の例：構造化データを機械学習に用いる場合

2　DWH は様々な部門の担当者やサービスがアクセスして主に集計・分析を行う対象となるため、それらの処理をいかに速く実行できるかが重要となる。製品選定の際は、DWH の用途・目的に沿った機能／性能を持つものを選定したい。

するには、この工程を経る必要があります。

　前処理には例えば図4.15（前頁）で示しているような工程があります。前処理はデータ活用において極めて重要なプロセスなので、ここからやや踏み込んで解説します。一例として、機械学習モデルに**構造化データ**を活用するシーンを想定します。

構造化データの前処理

　前処理の各プロセスや表現の仕方は様々ですが、本書では図4.15の内容に沿って、この処理の大枠を「**データ結合／集約**」「**データ理解**」「**データ加工／処理**」と区分して解説していきます[1]。

データ結合／集約

「データの分類」の節で解説した通り、データには**マスターデータ**と**トランザクションデータ**があります。売上データのように都度発生するデータはトランザクションデータであり、データウェアハウス格納時点ではユーザー単位で集約して格納することを考えます。このとき、データを集約する基準として、例えばユーザーIDのような「個々の顧客を識別するデータ」を採用し、それに対応するデータを紐付けていきます。例えば、顧客ごとに月次購買データを紐付ける場合、顧客属性データをマスターデータとして集約します（図4.16）。

　一方、月次購買データのようなトランザクションデータにはどの顧客が購入したのかが分かるように顧客IDを付与しておいて、統合の際には顧客IDを軸としてデータ統合を行うといった処理をします。統合していく際の一例としては、顧客IDごとに集計した結果をテーブル上「横」に連ねていくイメージで統合することなどが考えられます。

1　あくまで本書で提示する例であり、業務内容やデータ特性等に応じて様々なパターンがあり得ることに留意されたい。
　　特に、実際にデータを用いた分析を行うデータアナリスト／データサイエンティスト側としてはデータの尺度変換や文字列のベクトル化などの処理はむしろ未処理の状態を求めることもしばしば見られる。一方、欠損値に対する対応は予めデータエンジニアリング担当に期待している様子もしばしば見受けられる。

図 4.16　構造化データ：データ結合／集約

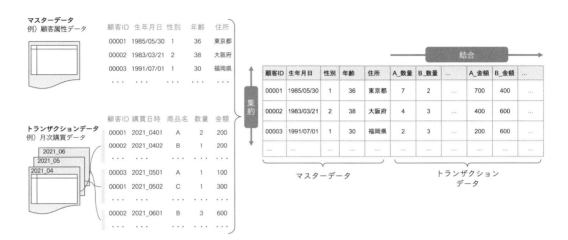

マスターデータ
例）顧客属性データ

顧客ID	生年月日	性別	年齢	住所
00001	1985/05/30	1	36	東京都
00002	1983/03/21	2	38	大阪府
00003	1991/07/01	1	30	福岡県
・・・	・・・	・・・	・・・	・・・

トランザクションデータ
例）月次購買データ

2021_06
2021_05
2021_04

顧客ID	購買日時	商品名	数量	金額
00001	2021_0401	A	2	200
00002	2021_0402	B	1	200
・・・	・・・			
00003	2021_0501	A	1	100
00001	2021_0502	C	1	300
・・・	・・・			
00002	2021_0601	B	3	600
・・・	・・・			

集約

結合

顧客ID	生年月日	性別	年齢	住所	A_数量	B_数量	...	A_金額	B_金額	...
00001	1985/05/30	1	36	東京都	7	2	...	700	400	...
00002	1983/03/21	2	38	大阪府	4	3	...	400	600	...
00003	1991/07/01	1	30	福岡県	2	3	...	200	600	...
...	...	...	...	...	...	...		...	...	

マスターデータ　　　　　　　　　トランザクション
　　　　　　　　　　　　　　　　　　データ

データ理解

続いて、結合／集約したデータをすぐに活用しようとするのではなく、まずはデータ全体を俯瞰する作業に入ります。収集したデータを活用する前に、そもそもデータ全体がどのような状態か、データ自体に問題がないかなどを確認していきます。この工程では、主に以下の観点が重要です（図 4.17）。

● 全体感の把握

レコード数やカラム数、欠損値の程度をテーブル全体を俯瞰して把握します。後々行う処理の方針や、データ分析で得られそうな示唆の仮説を立てることなどが目的です。このように、予め統合したデータ全体を俯瞰することは非常に重要なステップです。

図 4.17　構造化データ：データ理解

		データ理解の観点
全体感の把握	総レコード数 総カラム数	● データ全体を観察、理解して前処理の方針を固めるために把握
	データ欠損	● 各カラムでどの程度データが欠損しているかを予め把握
変数の把握	数値変数の分布	● 各種統計量（平均、標準偏差、中央値、最小値、最大値など）や変数のスケール、非欠損のレコード数、複数変数間の相関等を把握してデータの分布を理解 ● 各種変数のスケールや変数ごとの欠損、外れ値の存在は機械学習モデルやデータ分析で精度向上や分析の正確性に影響を及ぼす ● よって、分布を確認し、データ活用の目的に沿って外れ値処理やスケール変換、次元削減等を検討
	文字列データ （カテゴリカル変数） の分布	● 数値変数ではなく文字列 ● 平均や分散などは算出できないため、カテゴリに対応するそれぞれの文字列の出現頻度やその分布等を確認する ● 多くの機械学習では、文字列はそのまま適用できないため数値変数に変換する必要がある

● 変数の把握

　数値化されているデータ（数値変数）を検証します。例えば購買金額や購買点数、年齢、年収など、数値変数には様々なデータが存在しますが、それらの統計量（平均値、最大値、最小値、中央値など）を理解することでデータ理解を深めます。この検証の結果、仮にデータの中に異常値が多く存在していると、データ分析結果が異常値によって影響を受けるため、異常値の状況に応じて対応策を検討すべきです。

　一方、文字列のような数値化されていない構造化データを把握するには、例えば形態素解析によって単語の出現頻度を見るなどして全体を俯瞰するなどのアプローチが考えられます。また、文字列データは数値化されていないデータであり、このままだと分析等に活用することは困難であるため、後述する手法を用いて数値データに変換します。文字列データをカテゴリカル変数とも呼びます[1]。

1　厳密には、カテゴリカル変数とは名義尺度、順序尺度による離散量のデータを指す。
　名義尺度とは、例えば「血液型」のような区別を行うための尺度。
　順序尺度とは、「レースの着順」のように、順序に意味はあるがその数値の間隔や比率には意味がない尺度。
　例えば、レースの1位と2位の間隔と、2位と3位の間隔は、数値としては同じ1の差分だが、"タイムの差"などは同じとは言えない。

データ加工／処理：文字列データの処理

データ全体の理解を行ったあとは、具体的に加工処理の工程に進みます。ここからの進め方は保有データの内容や組織的事情などによって様々かと思いますので、代表的な手法について解説するに留めたいと思います。

まず、そのままの状態だと解析が難しい文字列データ（**カテゴリカル変数**）を、解析しやすい数値データに変換します。主な方法は下記の2種類です[1]（図 4.18）。

主な方法	概要
順序ラベルエンコーディング	例えば、衣類やドリンクのような商品ではS／M／Lのようなサイズ分けがなされているが、S／M／Lのような情報はそのままでは扱うことができない一方、一定の規則性を持ったデータであるため、0,1,2 といった順序だった数値に変換することで対応する。
One-Hotエンコーディング	例えば商品名のようなデータはそのままでは扱えず、かつ商品名の間で順序だった関係性は考えられないため、商品名をそのまま列データのラベルとし、0,1 で「0: 購入した／ 1: 購入していない」といった形で表現する。

1　DWH にデータを格納する時点ではエンコーディング処理は行わず、データサイエンティストやデータアナリストが必要に応じて実行することが多い。一方、「性別」データを 0,1 データにエンコーディングしておくなど、処理の仕方がおおよそ決まっているような文字列データの処理は予めしておくことが望ましい。

図 4.18　構造化データ：前処理〜活用までの流れ（文字列データの処理）

順序ラベルエンコーディング

顧客ID	商品	サイズ
00001	コート	M
00002	デニム	L
00003	コート	S
…	…	…

顧客ID	商品	サイズ	ラベル
00001	コート	M	1
00002	デニム	L	2
00003	コート	S	0
…	…	…	…

One-Hot エンコーディング

顧客ID	商品	サイズ
00001	コート	M
00002	デニム	L
00003	コート	S
…	…	…

顧客ID	商品	コート	デニム
00001	コート	1	0
00002	デニム	0	1
00003	コート	1	0
…	…	…	…

データ加工／処理：欠損値の処理

続いて**欠損値**の処理です（図4.19）。

例えば機械学習モデルのための学習データでデータが欠損していてデータ量そのものが不十分だと、モデルの学習がうまく進まず、精度が向上しづらいことがあります。データ欠損の発生原因は主に以下の3つが挙げられます。

分類	概要
MNAR（Missing not at random）	欠損となった値は、欠損データに依存。 例）非肥満者は体重を正確に自己申告したが、肥満者の多くが体重を自己申告しなかった場合。
MAR（Missing at random）	欠損値の発生が完全にはランダムではなく、観測されたデータに依存。 例）体重の情報を集計する時に、男性より女性の未回答率が上がるため欠損。体重の多い・少ないに関係なく、欠損値の発生は体重の値そのものには依存していない。
MCAR（Missing Completely at Random）	完全にランダムな欠損。つまり、欠けていたデータの欠損理由は他のデータに依存していない場合。

図4.19　構造化データ：前処理～活用までの流れ（欠損値の処理）

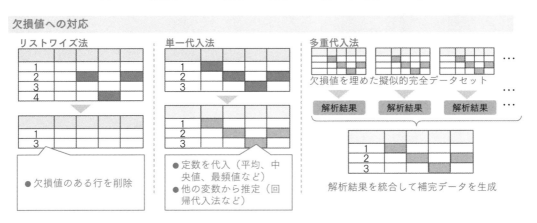

欠損値への対応

リストワイズ法

1				
2				
3				
4				

↓

1				
3				

● 欠損値のある行を削除

単一代入法

1				
2				
3				

↓

1				
2				
3				

● 定数を代入（平均、中央値、最頻値など）
● 他の変数から推定（回帰代入法など）

多重代入法

…
…

欠損値を埋めた擬似的完全データセット

…
…

[解析結果]　[解析結果]　[解析結果]

1				
2				
3				

解析結果を統合して補完データを生成

これらの欠損に対してはいくつかのアプローチがあります。代表的な手法は以下の 3 つです。

手法の分類 [1]	概要
リストワイズ法	欠損値のある行を削除する。
単一代入法	平均値、中央値、最頻値などの定数を代入するか、他の変数から推定した数値を代入する。
多重代入法	欠損値を埋めた擬似的なデータセットを複数用意し、各データセットごとに推計値を算出する。それらの結果を統合して補完データを生成し、欠損値を埋める。単一代入法のようなアプローチはデータの推計値に歪みが生じやすく、その解消策としてこの多重代入法が採用されることがある。

1　いずれの手法を採用するかは、実現したい目的や分析作業に要求される品質、収集されたデータの内容等に依る。

データ加工／処理：データの尺度変換と次元削減

　各種データが数値として処理可能になった後も、いくつかの処理が必要な場合があります。代表的な手法は「**データの尺度変換（スケーリング）**」と「**次元削減**」です。

　スケーリングでは主に**正規化**、**標準化**のいずれかのデータ処理を行います[1]（図 4.20）。それぞれの意味は下記の通りです。いずれの処理も、異なる種類のデータをスケールを合わせて扱うことができるようになる点で共通します。

- 正規化[2]：値の範囲を 0 から 1 の間に変換
- 標準化[3]：値の範囲を平均 0、分散 1 になるように変換

　例えば身長と体重だと身長は 3 桁、体重は 2 桁の値で記すことが一般的ですが、そのままの状態で用いると 1 桁分スケールが違うため、スケールを揃えて同等に扱えるようにすることが観点として重要になることがあります。機械学習モデルを訓練するために様々な特徴量を用いる場合、スケールを揃えることで精度が向上することがしばしばあります。

　続いて**次元削減**です。これは次元圧縮とも呼びますが、何百何千も種類のあるデータをそのまま運用・学習することによる計算量の増大

1　実際は、DWH 格納前に正規化、標準化の処理は行わず、DWH にデータをそのまま格納してデータサイエンティスト／データアナリスト側で実施の要否を判断することが多いと見受けられる。

2　正規化は、最小値と最大値の範囲が明確なデータに適した手法。よって、例えば外れ値が最大値となった場合は逆効果となることに留意。算出式は下記の通り。

$$x_i{}' = \frac{x_i - \min(x)}{\max(x) - \min(x)}$$

$x_i{}'$：i 番目の観測値を正規化した値
x_i：i 番目の観測値
$\max(x)$：全観測値の中での最大値
$\min(x)$：全観測値の中での最小値

3　標準化は、特にデータが正規分布に従っている場合に効果的な手法。算出式は下記の通り。

$$x_i{}' = \frac{x_i - \bar{x}}{\sigma}$$

$x_i{}'$：i 番目の観測値を標準化した値
x_i：i 番目の観測値
$\bar{x}$：平均値
σ：標準偏差

図 4.20　構造化データ：前処理〜活用までの流れ（データの尺度変換）

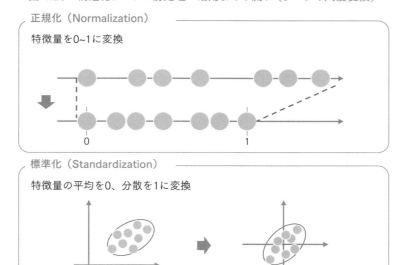

正規化（Normalization）

特徴量を0〜1に変換

標準化（Standardization）

特徴量の平均を0、分散を1に変換

や、いわゆる「次元の呪い[4]」のような現象を回避するために、**主成分分析（PCA：Principal Component Analysis）**等を用いて多次元の情報を、その重要な特徴を保持したまま、より少ない次元の情報に落とし込むことを行います（次頁図 4.21）。これによりデータの次元数を減らして計算量を削減しつつ、分析精度の向上を狙います。

　ここまでデータの前処理について「構造化データ」を対象とした基本的な手法について解説しました。この分野は非常に奥が深く、興味深い世界です。ぜひ、他の文献や専門書等で理解を深めてください。

4　データの次元が増大するにつれて、そのデータ分析に必要となる計算量が指数関数的に増大してしまう現象を指す

図 4.21　構造化データ：前処理〜活用までの流れ（次元削減）

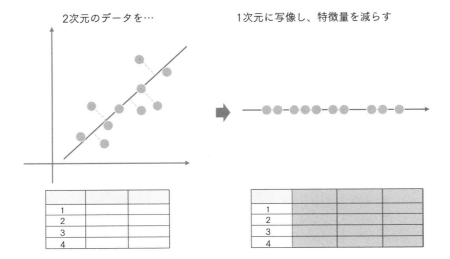

2次元のデータを…　　　　　　1次元に写像し、特徴量を減らす

非構造化データの前処理

さて、データには**構造化データ**だけでなく、テキスト／画像／映像／音声といった**非構造化データ**があり、それぞれ前処理の手法が大きく異なります。実際に活用したいデータが商品画像だったり店舗内の映像データだったりと、非構造化データを活用したいと考えるシーンはたくさんあると思います。一方、これらのデータの前処理について本格的な解説をすると、このテーマだけで1冊の本が出版されている程奥深い世界です。本書ではそこまで立ち入らず、大枠レベルを理解すべく、概観を解説していきます。

テキストデータの前処理

まず、テキストデータの前処理について解説していきます（図4.22）。ここではWeb上のテキストデータを収集するシーンを想定します。例えば、Webページ上にある商品説明データや、購入者が書いた商品レビューのようなデータです。

前処理の主な手法は、「**クレンジング**」「**単語分割**」「**正規化**」「**単語**

図 4.22　非構造化データの前処理：自然言語

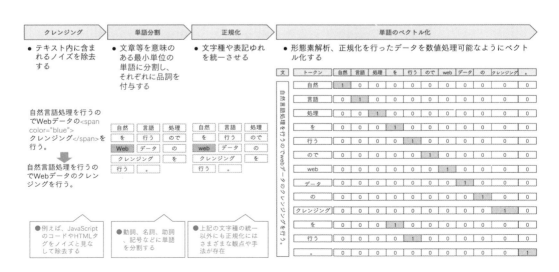

のベクトル化」 などです[1]。この一連の処理を総称して**自然言語処理**（NLP：Natural Language Processing）とも呼びます。この一連のプロセスについて、簡易的ですがそれぞれ解説すると下記の通りです。

手法の分類	具体的な処理の例
クレンジング	Web 上のデータはそのまま扱える形式ではなく、例えば JavaScript のコードや HTML のタグはデータ解析において不要な「ノイズ」なので、除去（クレンジング）する。
単語分割	文章は分解すると単語の集まりなので、最小単位の単語に分割する。特に日本語は様々な品詞（動詞、名詞、形容詞、形容動詞、副詞、接続詞、助詞など）が結合して文章が構成されており、かつ英語のように半角スペースなどで単語ごとに文章が分割されていないため、意味のある最小単位に分割する必要がある。こういった解析手法を形態素解析という。
正規化	例えば、動物の「猫」を言葉として表す際、「ネコ」「ねこ」「ネコ」といったひらがな／カタカナ、全角／半角といったパターンがあり、これらはすべて同一の「猫」を示す言葉だと処理することが求められる。 また、例で示しているように「Web」と「web」は頭文字が大文字か小文字の違いのみで意味は同じなので、同じ言葉として扱うべき。よって、これらのような言葉を「同じ文字列」に変換し統一するように処理する。この処理を正規化という。
単語のベクトル化	形態素解析、正規化によって処理した単語を「トークン」という。このトークンが文章中に含まれているかどうかを、例えば表形式で 0,1 で表現することを単語のベクトル化と呼ぶ。文字列を 0,1 のデータでその有無を表現することで、各種解析が可能となる。

1　実際は、DWH へのデータ格納時点では正規化までを行い、以降の処理はデータサイエンティスト／データアナリスト側でデータ処理／活用方法を検討することが多いと見受けられる。ただし、用途として例えば「全文検索エンジン」にテキストデータを活用するなどの明確な理由があれば、単語のベクトル化までの処理が求められるものと想定される。

画像データの前処理

　続いて、画像データです（図4.23）。画像は目を凝らしてよく見ると正方形の画素（ピクセル）の集合体で構成されています。画素ごとに、カラー画像ならR／G／B（Red／Green／Blue）、グレースケールなら白／黒で0〜255のスケールで情報が数値として記録されています。例えば300×400ピクセルのカラー画像は300×400×3＝360,000、グレースケールなら300×400×1＝120,000の情報量です。このデータが入力データとなり、深層学習モデル等で利用されます。

　画像データ前処理の目的は、上記の画像データを元に、意味のある特徴量を取り出すことです。また、AIによる予測や識別の結果が正解／不正解のどちらにあたるのかを決めるのはAIではなく人間が行う仕事なので、**アノテーション**と呼ばれる作業を人間側が各画像を見ながら行い、画像内のこの部分は「ヒト」、この部分は「イヌ」といった要領でデータに意味を付与していきます。

図4.23　非構造化データの前処理：画像

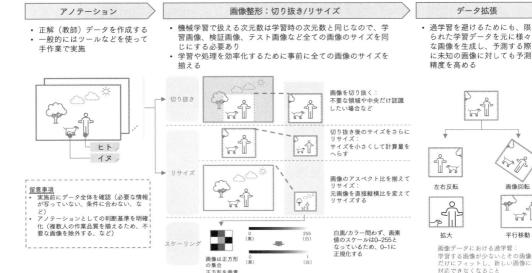

アノテーション作業は人力で行うことが一般的であり、担当者によって意味づけの基準が次第に不明瞭になることもしばしばです。この場合、予めアノテーション作業を行うルールを明文化してから作業に着手し、アノテーションの基準が適切かどうか確認しながら作業を進めます。

　続いて、各画像の整形をしていきます。機械学習で扱える次元数は学習時の次元数と同じなので、すべての画像のサイズを同じにする必要があります。手法としては、**切り抜き**、**リサイズ**といった方法があります。

- 切り抜き：不要な領域や中央だけ認識したい場合などに行う
- リサイズ：データ量を削減するために、切り抜いた画像を小さくするか、元の画像の縦横比を変えて小さくするなどを行う

　また、先述の通りカラー画像も白黒画像も画素値のスケールは0～255の値を取るので、計算量を削減するために0～1の範囲の値に正規化します。さらに、少ないデータで学習することによって特定の画像しか正しく識別できない「**過学習**[1]」が起こることを避けるために、様々な方法を用いてデータを拡張し、データ量を増やします。

　その他、画像に対する処理手法は数多く存在します。画像データはビジネスを大きく変化させるポテンシャルを持っていますので、付録④で紹介する参考書籍などでぜひ理解を深めてください。

Column

情報検索技術

　構造化データの前処理だけでなく、自然言語処理によって各文字列をベクトル化したり、画像データの前処理を行ったりしましたが、これで一体何が"嬉しい"のでしょうか（エンジニアの方々と会話していると、

1　本書「モデルの訓練と評価、汎化性能の検証」の節（p.267）を参照

依頼事項に対して「それって何が"嬉しい"の？」という言い方をされることがあります）。その答えの一例として、「検索システムの実現」があります。Google や Amazon が提供している、私たちが日常的に利用しているサービスには**情報検索（IR: Information Retrieval）技術**が密接に関わっていて、その技術の実現にはデータの前処理が不可欠です。少し長めの脱線となりますが、情報検索技術の概観だけ解説します。何かのヒントになれば幸いです。

例えば Google や Yahoo! のような検索サービスで「北海道　旅行」とキーワードを入力して検索すると、「人気ツアーランキング」や「観光名所」のような「検索した人が意図した検索結果」が表示されると思います（図 4.24）。

図 4.24　インターネットでの検索

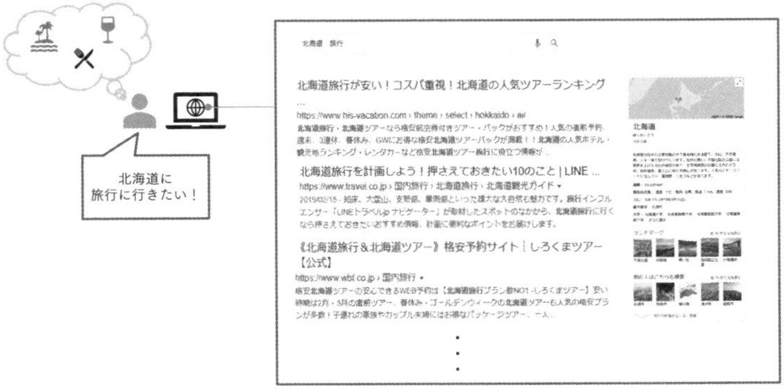

検索によって並ぶコンテンツは、Google のような検索サービスだと Web 記事であり、EC サイトだと商品です。また、検索内容に対して関連すると思われる記事や商品がレコメンドされたり、関連すると思われる広告が表示されることもあります。

情報検索の分野では、検索対象となるコンテンツを「文書」と呼びます。Web ページや商品などの文書が検索エンジンによって検出されるには、文書に含まれる文字列を単語分割、ベクトル化して「文書と単語の対応関係をデータ化して保存する」ことが必要です。このような処理

を**インデックス化**と呼びます。また、対象となる文書に含まれ、その文書の内容を特徴付ける単語を**索引語（indexing term）**と呼びます。

　文書と索引語をベクトル化し、各文書内に含まれる索引語をカウントできるようにすれば、図 4.25 のような対応表の作成が可能となります。

図 4.25　索引語と文書の対応表を作る

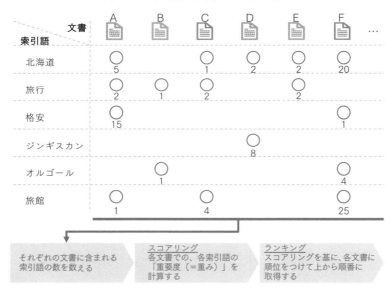

　実際の検索システムと比べてかなり単純化していますが、例えばこのような対応表を作成した上で、先程の「北海道　旅行」という検索に対し、予め実行されていたスコアリング結果をもとに順位（ランキング）が各コンテンツに付与され、ユーザーの検索結果に対してランキング順で上位のコンテンツから検索結果に表示されます。

　また、スコアリングを行うには各文書ごとに各索引語の**重要度（重み）**を計算する必要がありますが、このとき、検索システムそのものの適合性を評価するために、**適合率（Precision）**や**再現率（Recall）**を考慮

しながら、重要度（重み）を計算します。この重要度（重み）の計算には様々な方法がありますが、ここでは深く立ち入らず、解説は割愛します。

　ここまでの流れを概観すると図4.26のようになります。まとめると、情報検索システムでは、Webページや商品情報をインデックス化し、検索キーワードに対してスコアリング、ランキングを算出し、ランキング上位のコンテンツを表示して検索サービス利用者に表示します。

図 4.26　検索システムの全体像

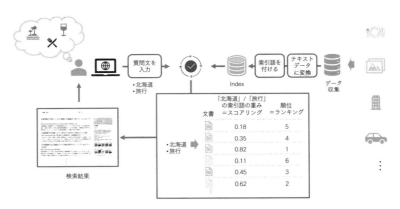

　情報検索の仕組みを非常に簡易的に解説しましたが、非常に興味深い分野です。ECサイトの検索システムや動画サイトの動画検索など、我々の生活の利便性には情報検索技術が大きく貢献していると言っても過言ではないでしょう。機械学習の発展も著しい分野であり、データ利活用において避けては通れない分野だと筆者は考えます。

データマート（DM）の活用

　やや専門的な解説が続きましたが、データパイプラインの解説に戻ります。

　データレイクから前処理を経て、データウェアハウスには大量にデータが格納されています。ここからデータを都度読み込んで分析活用を行うと多大な計算リソースが必要となりコストが膨れ上がってしまいます。例えば SQL などでデータウェアハウスからデータを読み込む分析担当が複数人集中してアクセスすると、トラフィック過多となりサーバ負荷の上昇や個々の担当者の分析活動の遅延など、非効率が生じます。

　また、データウェアハウスは幅広い目的に対応するためにデータを分析可能な状態で保管しています。よって、分析済みデータ等はデータウェアハウスに保管しないようにするケースがしばしばあります。

　以上を踏まえると、ビジネス用途として高頻度に分析／活用するデータや頻繁に参照するデータ等は、データウェアハウスとは別の場所で保存し、ビジネス単位／分析担当者単位などの粒度で速やかに活用できるようにしておくことでデータ利活用を推進したいところです。このようにシステムへの負荷削減やデータ活用担当者の作業迅速化といった目的で作成されるデータベースを**データマート(DM)**と呼びます。また、データマートは BI ツール向け、機械学習システム向けといった施策ごとに作成し、各種施策を効率的かつ迅速に進める上でも重要な役割を果たします。よって、ユースケースごとに最適化されたデータマートが構築されるよう、事業課題やドメイン知識に習熟した上で設計することが重要です（図 4.27）[1]。

1　DM にはマスターデータと統合したデータが格納されることになるが、マスターデータ側でのデータ変更（ユーザーの年齢の更新処理等）が行われているにもかかわらず、データマート側で格納されたデータは未更新の状態が維持されて問題となることがある。この場合、DM の更新は都度 SQL で取得して行うようにして、更新されたマスターデータに基づいてトランザクションデータとの統合を行うなどの工夫が必要。つまり、DM を「静的」に扱うのではなく、「動的」に扱うことで対処する、などの手法が実務では検討される。

図 4.27　データマートの活用

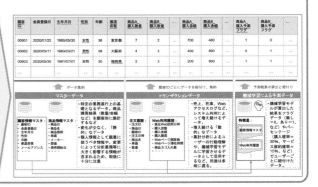

データマート設計上の留意点

● 多数のメンバーが高頻度に集計・参照する分析結果（前日までの売上、ユーザーごとの購買結果、広告配信結果としてのImpression/CTR/CPAなど）について、計算リソースの削減・効率化のため予め集計し、データ利活用を促す

● データマートはユースケースごとに最適化されていることが重要であるため、事業課題やドメイン知識に習熟した上で設計すべき

データ収集／処理／活用準備の例

　ここまで、データ収集から活用に至るまでの収集／処理／活用準備の各工程について解説しました。この領域は突き詰めると非常に広く深い世界です。この書籍をきっかけに、より専門的なテーマの習得へとステップアップいただくことをお勧めします。本書がそういった見識を広げる「取っ掛かり」となれば幸いです。

　では、いくつか例を挙げながら、ここまでのデータ収集・蓄積及びそこから先の活用に至る流れを整理してみましょう。新たな用語や観点も含まれてきますが、ここまでの解説で既出／新出を問わず解説していきたいと思います。

Web 行動ログの収集／処理／活用準備

　Web サービス（EC メディアやブログサイトなど）を利用しているユーザーの Web 行動データを収集／蓄積／処理するシーンを考えます（図4.28）。その際、「ビーコン型」と呼ばれるユーザー行動の計測手法を採用すると、Web 上のユーザーの行動データを詳細に取得可能です。この手法では、Web サーバから JavaScript のソースコードが Web ブラウザに送信され、URL やタイムスタンプ、リファラ[1]などの基本的なデータだけでなく、スマートフォンであれば視聴している画面の向き（縦、横）やページスクロールの深さ、動画／音声の再生、ページ離脱など、Web ブラウザ上でのユーザーの行動履歴がログサーバに送信されます。ログサーバにはタイムスタンプがついたログデータがストリーミング処理で随時データ送信されます[2]。その際、ブラウザの Cookie ID 等のユーザー識別子が合わせて送信され、Web 行動ログがユーザー ID にひも付きながら格納されます。

　集めたデータはそのままでは使えないことがほとんどなので、例えば

1　ページ遷移した際の、リンク元の URL を指す
2　一時的に大量のアクセスが生じてサーバ側で障害が起きないよう、バッファを設けたデータパイプライン設計が重要となる。具体的な手法はコラム「プロデューサー／メッセージブローカ／コンシューマー」（p.135）を参照されたい。

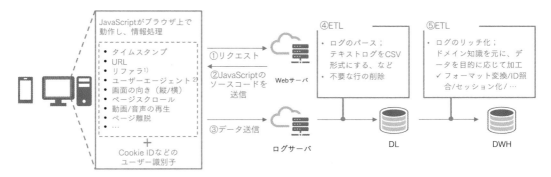

図 4.28　Web 行動ログの収集・蓄積・加工の例

Web ブラウザ　　　　　　　　　　　　バックエンド

JavaScriptがブラウザ上で
動作し、情報処理

・タイムスタンプ
・URL
・リファラ[1]
・ユーザーエージェント[2]
・画面の向き（縦/横）
・ページスクロール
・動画/音声の再生
・ページ離脱
・…

＋
Cookie IDなどの
ユーザー識別子

①リクエスト

②JavaScriptの
ソースコードを
送信

③データ送信

Webサーバ

ログサーバ

④ETL
・ログのパース；
テキストログをCSV
形式にする、など
・不要な行の削除

⑤ETL
・ログのリッチ化；
ドメイン知識を元に、デー
タを目的に応じて加工
✓ フォーマット変換/ID照
合/セッション化/ …

DL

DWH

1)リンクで遷移した際のリンク元URL
2)ブラウザの種類やバージョンを識別する文字列

テキストログを CSV 形式に変換したり、不要な行を削除してデータレ
イクにバッチ処理でロードしたりする処理を行います。さらに、データ
の価値を高めるべく、事業特有のドメイン知識をデータに反映させて、
データウェアハウスにデータをバッチ処理でロードします。例えば、ユー
ザー行動を集計しやすいようにセッション化[3]したり、後工程で「訪問
ユーザーの行動パターンに合わせてレコメンドする商品を変更する」と
いったサービス実現を狙ってデータベースを構築するなど、データウェ
アハウスの設計は目的に合わせて様々です。

3　ここでは、各ユーザーの行動ログを一定の時間内でまとめることを指す。

組織横断でのデータ活用推進の観点

　上記は Web サービス運営企業の業務の"一部"を想定した内容ですが、重要なのは企業"全体"としてデータ利活用が推進される「データの流れ」をどのようにデザインするかです。例えば、部署／担当者がどのようにデータを利活用するのかを、以下の観点で整理します。また、整理した内容をもとに、各担当者とデータ基盤がどのような対応関係になるのかについて全体感を予め把握しておくことも、相互認識を揃える上で重要です（図 4.29）。

手法の分類	具体的な処理の内容
データの把握	保有済みデータ、新たに取得したいデータを一覧化 各データについて、例えば CRUD[1]（Create：生成／Read：参照／Update：更新／Delete：削除）の観点で各部署／担当者の権限設定状況を把握
データの利用目的	各データを用いて各部署／担当者が何をしているのか、今後何がしたいのかを整理する
利用ツール	データ利活用のために各部署／担当者が用いるツールやサービスを把握する
データ／施策の品質	データ品質や分析結果の精度、タイミングなど、実務で求められるレベルを明確化する
懸念点の事前把握	データ／施策の品質が守られなかった場合に発生が想定される実務的な懸念を明確化 例えば、エラー等の障害発生時の対応優先度等を予め考察し、合わせて対応策を具体化しておく

1　CRUD（クラッド）とは、永続的にデータを取り扱うソフトウェアに求められる４つの基本機能（Create：生成／Read：参照／Update：更新／Delete：削除）のこと。特にデータベース関連のシステムやユーザーインターフェースなどが備える機能として用いられる。

図 4.29　組織横断でのデータ活用

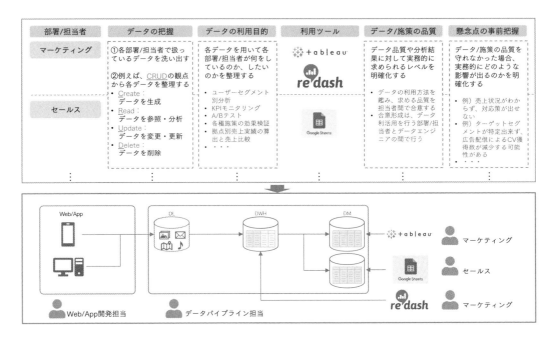

データ／施策の品質

　データ／施策の品質に関する議論は「ここがズレるとデータ収集の方法からやり直し」といったことになりかねないので、実務側でどのレベルの要求がなされるのか、それがそもそも実現可能なのかを、ビジネス側と開発側がしっかりと協議して合意形成していくことが重要です。この点については少なくとも以下の2つの観点から考察しておくことを推奨します。

考察の枠組み	概要
目的の設定	・ KPI モニタリング、メンバーの成果管理、施策の効果検証など、どのような目的のためにデータ／施策が必要なのかを明確化する（例：営業責任者がチームメンバーの前日までの営業成績を把握するという目的を達成したい） ・ 目的達成のために必要なデータの集計単位、更新頻度などを明確化する（例：個々のチームメンバーのアポ数、商談実施数、契約数、失注数等を件数、売上金額で把握したい）
利用シーンの設定	・ データ／施策を利用、閲覧するステークホルダーの把握 ・ 利活用するタイミング、会議体、ツールなどの把握（例：毎朝9時に各メンバーの営業活動状況をスプレッドシートで把握、毎週月曜の週次ミーティングで状況共有、など）

　ただし、いきなりこのレベルのデータ活用を行おうとしても、データ利活用が組織的に浸透していない企業では難しい場合がほとんどです。その場合、まずは以下のような初歩的な観点でデータ分析が可能かどうかを確かめます。

- 集めたデータが適切に集計／表示されているか？
- 顧客ID等でデータを紐付けた結果、顧客IDごとにデータが集計可能になっているか？
- データの更新タイミングは日次、1時間ごとなど、意図したものに

なっているか？

　ここで集計可能なのは顧客数／売上や顧客ごとの属性情報（性別／年齢／居住地／など）程度ではありますが、このレベルの集計がそもそも確実に行われているかどうかを確認するべきです。セグメント別分析やKPI モニタリングといったより高度なレベルの分析にデータが活用されるには、総論で解説したように「組織的にデータ利活用が浸透していること」が非常に重要です。

データカタログの作成と運用

　さらにデータ利活用が進むと、以下のような問題が頻出します。

- データ利活用を進めるほど、データ関連部署以外の部署や担当者によるデータアクセスが増加する
- データの定義や在り処が不明等の理由で、データ関連部署に他部署からの問い合わせが殺到し、組織全体のデータ利活用の促進を大きく阻害する
- 部署や担当者ごとのデータ活用が独自に進んだ結果、例えば部署間／担当者間でデータの名称や定義が不揃いとなり、データの**"サイロ化"**が生まれる

　こういった状況を回避するだけでなく、さらにデータ利活用を促進するには「**メタデータの管理**」が不可欠です。メタデータの管理とは、データに関する説明をデータ化して記録／保管／運用することです。近年では、このメタデータを横断的に管理するために「**データカタログ**」を作成して運用することが活発化しています。組織横断で大量に存在するデータを各担当者が自力ですべて把握することは困難なので、必要なデータについて様々な観点から理解可能となるよう、各データのメタデータを一元管理し、誰でも参照できるようにして組織全体のデータ利活用を活性化することが主な狙いです（次頁図 4.30）。データカタログの形式は各企業のビジネス特性ごとに異なりますが、ここでは一般的な観点を記載します。

データカタログを作成、運用する際は、専属の担当者を置くことが望ましいです。データカタログの担当者が、各部署の方々が保有、活用しているデータについてヒアリングし、以下のような観点で各データを整理します。売上データ／商品データ／在庫データなど各データそれぞれについて整理していくため、地道な運用が必要となります。

分類	概要
事業面	データの概要／データの生成元／データの活用方針／他のデータとの関係／など
技術面	静的側面：テーブル名／カラム名／ファイル形式／など 動的側面：データ鮮度／統計量／利用頻度／など
運用面	データ更新時間／分析実行時間／CRUD の設定状況／など

これらの情報を集約したデータカタログを社内検索システム等で検索可能にすることで、データ利活用をしたい実務担当者が社内検索システ

図 4.30　データカタログ

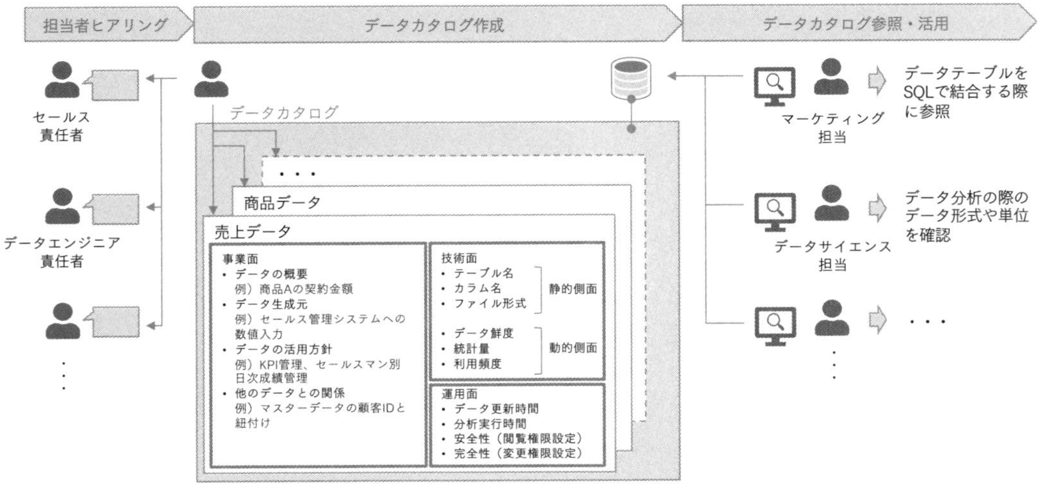

ムに適宜アクセスして必要なデータの概要を速やかに把握できるように
なります。その結果、担当者間でデータの内容共有等のコミュニケーショ
ンコストが削減され、組織的なデータ活用の活性化が期待されます。

　ここまで、データの収集／処理及び構造化データ／非構造化データの
前処理方法について解説してきました。また、これらの活動を組織的
に運用するために重要な様々な観点にも触れました。筆者の経験則から
「まずはこのレベルを目指したい」と考えるところまでを整理しましたが、
各技術については広く深い世界が広がっていますので、本書がその世界
へ一歩踏み出す契機となれば幸いです。技術理解のレベルは、DX推進
の成否に大きく影響します。

要件定義

　本書は「データ利活用」にフォーカスした解説が中心ですが、本来は
ユーザーが利用する Web アプリケーションやスマートフォン用アプリ
などの「プロダクト」が DX では不可欠です。AI モデルが実装されるのも、
このプロダクトの一部として実装されます。しかし、プロダクト開発に
関わる解説まで含めると書籍のボリュームが膨れ上がってしまいますの
で、ここでは簡易的に触れるに留めたいと思います。

　プロダクト開発のためには、そもそも顧客への提供サービスを企画し、
何をプロダクトに要求するのか（要求定義）を定めます。つまり、「誰の」
「どのような課題を」「何を使って解決するか」を定めます。この要求定
義が固まったら、実際にプロダクト開発の要件定義と業務要件定義を進
めます。プロダクトの要件定義では、主に UI、機能、データを定義し
ます（図 4.31）。

　まず、要件定義について Web サービスを想定して解説すると、Web
サービスは各画面（UI）に様々な情報が掲載されています。この表示内
容／レイアウトを定めつつ、ユーザーにどのようなデータを入力しても
らい、どのような操作をしてもらうかを定義します。

　例えば、EC サイトで商品検索する際の「キーワード入力」をユーザー
が行い、「検索ボタン」をクリックすると、検索する「機能」が作動し
ます。この機能がどのような処理を行うかを予め定めますが、その際に、
ユーザーが入力したキーワードだけでは「データ」が不十分なので、デー
タベース側に商品情報などを格納しておき、処理プロセスで必要な各種
データを呼び出します。この一連の処理結果が、画面遷移した結果の「UI」
に表示されます。

　一方、業務要件定義とは、要求内容を満たすための必要業務の概要を
業務フローとしてまとめたものを指します。プロダクトがどのような業
務において活用されるか定義していなければ、プロダクトの実運用がで

きないため、業務要件定義の作成は重要です[1]。

　続いて、上記の内容を「システム設計」に反映します。ユーザーのタッチポイントとなるフロントエンド（スマートフォンアプリ、Web アプリケーションなど）の機能要件やバックエンド（API などのサーバーサイド処理）の機能要件、それらが連携して駆動するための要件の洗い出しや全体の整合性の確認等を行います。また、AI を活用する場合はどのようなデータを活用し、いかなる機能を果たすのかを要件として明確化しておく必要があります。

　これらを踏まえて実際の開発に着手し、各種テスト（単体テスト、内部／外部結合テスト、総合テスト等）を経てサービスがリリースされます。リリース後は当然、運用／保守が必要です。

図 4.31　要件定義

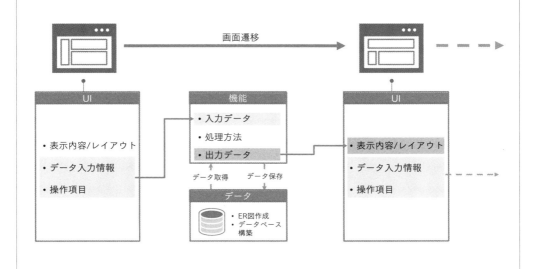

1　総論「課題の『発見』はデータ利活用／DX に優先する」の節（p.70）を参照

さて、これらの内容について、DX の実務に関わる方々はどの程度把握するべきなのでしょうか。本書で解説してきたデータ利活用関連の技術だけでなく、このような「プロダクト開発に関わる技術や知見」についても習熟する必要があるのでしょうか。当然、読者の方々の置かれている状況によって様々だと思いますが、確実に言えることは、こういった技術理解を深めることは、DX を考察する幅や深さを間違いなく広げるということです。

　DX に求められるレベルは年々増すばかりですが、筆者はこの領域への興味が尽きません。DX は、まさに新しい時代のビジネス変革ですが、アカデミックな領域と密接に関係があり、ビジネスの進化と学問の進化が交差するような場所だと思います。

　次のパートで解説する「AI の活用」は、まさにアカデミックな分野がビジネスに流れ込んでくる現象だと思います。これほど大きなダイナミズムと知的好奇心を湧き立たせるテーマは、世の中になかなかないのではないでしょうか。

Part 4 のまとめ

● KPI 設計と運用では、詳細な業務理解／ドメイン知識に基づいた
設計、担当者／責任の所在の明確化、各種 KPI に対応する施策
の明確化が成否を左右する。各種 KPI 指標は妥当かつ運用可能
なものを設計し、実務の中で常に PDCA のサイクルを回す。

● また、KPI で設定した目標の達成に向けて、一丸となって実務を
推進するための組織マネジメントが不可欠となる。

● データ／ AI の活用では、まずはデータの収集／蓄積／活用準備
を行うためのデータ基盤を構築する。データ基盤は、実現したい
ソリューションに求められる要件に合わせてデータ処理の頻度や
データマートの構築等を行うだけでなく、ビジネスの変化や施策
のニーズに応じて常にアップデートをしていくことが求められる。

● 各種データは、収集するだけでなく前処理等によって幅広い担当
者に利用されるようにすることで、組織のデータ活用レベルを高
めていくことを狙う。また、どのようなデータがどこにあるのか
が誰でもすぐに理解できるよう、データカタログのような仕組み
を構築して運用することが望ましい。

Part 5

[各論②]

AI の活用

- 本パートでは、AI 活用のために必要な基本的知識、及び技術的／数理的観点について解説します。
- AI、即ち機械学習モデルを実務で活用するためには、そもそも機械学習モデルとして機能する数理モデルがどういうものか、いかにして数理モデルが「学習」するのか、さらにはそのモデルがどのようにビジネスに実装されるのかについて、包括的に理解しておく必要があります。
- 上記を理解するためには、ある程度の数理的考察が不可欠となるため、本パートでは随所に数式を用いた説明を行います。なるべく分かりやすく解説しますが、詳細理解のためには別途参考文献等を紹介しますので、本書が AI への深い理解へとつながるきっかけとなれば幸いです。

AI の全体像

　ここからは AI 活用のために理解しておくべき観点について解説していきます。クラウド技術の進化や CPU ／ GPU[1] による演算能力の飛躍的向上、CDP[2] やマーケティングオートメーション、BI ツールなどのデータ活用技術が普及し、データを大量に収集／処理／活用することが可能になり、AI は急速な進化を続けています[3]。

　一般的に、AI は大量のデータを学習するほど高精度な出力を生みます。AI 開発では、AI アルゴリズムや機械学習システムの開発だけでなく、ここまで解説してきたようなデータ利活用技術を駆使することで、AI が学習するデータを大量に収集／処理／活用し、精度向上を実現しています。ここからは、ここまでのデータ関連技術の活用を前提とし、AI の仕組みや技術がどのように形成されているのかを掘り下げていきます。

　まずは、AI の大枠から説明します（図 5.1）。AI は大量のデータ、いわゆるビッグデータの利活用を前提として威力を発揮します。また、AI はデータサイエンスと機械学習システム（IT システム）が一体となって駆動するものです。その結果、出力として様々なサービスが実現されます。

　前章までは、データの扱い方及び「前処理」について解説してきたので、本章では「データサイエンス」及び「機械学習システム」について解説していくことになりますが、その前に、「AI とはそもそもどういうもの

1　Graphics Processing Unit の略。元は 3D ゲームのように、3D グラフィックスの描写を高速で表現するための並列演算処理を可能とするために作られたが、深層学習で求められる並列演算に適用されることで深層学習モデルの演算処理能力の大幅な向上に貢献。一般に GPU では単体のプロセッサに数千個以上のコアを搭載しており、並列演算に特化している分、CPU（Central Processing Unit）と比較して単純な処理しかできない。一方、CPU はコアが数個程度であり、連続的な演算処理を行い、コンピュータ全体の計算処理の司令塔のような役割を担う。
2　Customer Data Platform の略称
3　AI に限らず、情報通信に関するマクロ・ミクロの進化や社会変化の変遷／現状の理解には、総務省が公表している『令和 3 年情報通信白書』が参考になるので参照されたい。https://www.soumu.go.jp/johotsusintokei/whitepaper/ja/r03/pdf/index.html

図 5.1　AI の全体像（再掲）

結果のフィードバック

か」について簡単に解説します。なぜなら、現在の技術水準では AI は"魔法の杖"ではなく、実現可能なレベルに限界があるからです。

AIの限界

　AIの限界を指摘する考え方として、しばしば以下の2つの対比的な説明がされます。

特化型AI ⇔ 汎用型AI：
AIが人間同様、広範囲の課題を考え、かつ解決できるかという観点で分類

弱いAI ⇔ 強いAI：
AIが人間同様の意識、知性などを持つかどうかという観点で分類

　1つ目の対比構造は、「人間のように課題を広範囲にわたって自律的に発見し、かつ解決することは現在のAIではできない」ことを、2つ目の対比構造は「ドラえもんや鉄腕アトムのような知性を持つAIを作り出すことは現在のAIではできない」ことを示すために、しばしば用いられます。AIは日々進化していますが、AIのレベルは人間のような振る舞いには至っていません。現在のAIは「特化型」であり、「弱い」AIです。

特化型AI:
限定的な課題に特化して、人間が開発したアルゴリズムに従いデータを学習、処理し、目的を遂行するAI。例えば画像認識や音声認識、異常検知、数値予測などを行う。

弱いAI:
人間の知性の一部分を代替し、特定のタスクだけを処理するAI。例えば将棋や囲碁のような、人間が知能を駆使して行う一連の状況の認識、情報の処理、行動の出力のプロセスを模倣して、人間の能力を部分的に代替する。

　ここまでの議論を整理すると図5.2の通りです。つまり、現在活発に

研究開発や実務への実装が行われている AI ですが、そもそも AI が実現できることには限界があるということです。

図 5.2　AI の大分類

特化型AI⇔汎用型AI

「対応可能な課題の範囲」で分類

特化型AI：
- 限定的な課題に特化して学習、処理を行う
- 画像認識や音声認識、自然言語処理などの技術を持つ
- 現在、実務で広く活用されているAIは特化型AIに該当

汎用型AI：
- 人間と同様、広範な課題を処理可能
- 想定外の事象に対しても人間同様の処理能力を発揮

弱いAI⇔強いAI

「人間と同等の意識や知性を持つかどうか」で分類

弱いAI：
- 人間の知性の一部分を代替し、特定のタスクだけを処理する
- 人間が知能を駆使して行う一連の状況の認識、情報の処理、行動の出力のプロセスを模倣

強いAI：
- 人間同様、自らの意識を持つ
- 「ドラえもん」や「鉄腕アトム」のように、人間の知能そのものを模倣し、人間と同等の認知能力を発揮する

進化し続ける AI

2021 年 10 月、グーグルが「次世代の AI アーキテクチャ」と呼ぶ「Pathways」を発表しました[1]。その特徴を筆者の観点から整理すると下記の通りです。

- 現在の AI システムは新しいタスクに対してゼロからトレーニングされることが多く、「パラメータの学習」は、タスクごとに最適化する必要がある。つまり、何千ものタスクに対して何千ものモデルを開発することになり、新しいタスクを学習するのに必要な時間とデータ量が膨大となる。一方、Pathways を使えば、1 つのモデルを何千、何百万ものタスクができるように訓練することが可能。

- 現在のモデルの多くは、一度に 1 つのモダリティの情報しか処理しない。テキストや画像、音声などを取り込むことはできるが、通常は 3 つの要素を同時に処理することはできない。一方、Pathway を使えば、視覚、聴覚、言語を同時に理解できるマルチモーダルなモデルが実現できる。例えば、「ヒョウ」を示すテキスト、音声、映像を処理していても、内部では同じ反応、つまりヒョウという概念が活性化される[2]。

つまり、従来型の「特化型 AI」から「汎用型 AI」への進化が実現されるかもしれない、ということです。一方、情報を見る限り「弱い AI」から「強い AI」へ、という進歩ではなさそうです。ただし、新しい技術であるため、実際にどの程度のインパクトを持つ技術かを考察することは現時点では難しいでしょう。

上記はあくまで一例ですが、AI の領域は日々次々と新しい技術やア

1　https://blog.google/technology/ai/introducing-pathways-next-generation-ai-architecture/
2　ここでは、特定の活性化関数が反応を示す、という意味合いだと考えられる。活性化関数については本書「教師あり学習：深層学習／ニューラルネットワーク」の節（p.205）でシグモイド関数を例として解説しているので参照されたい。

イデア、取り組みが生まれていて、目が離せません。その中に、もしか
したら現在取り組んでいる実務を大きく変えてしまうようなものがある
かもしれません。そういった「目利き」ができるようになるためにも、
AI がどのようなメカニズムで駆動しているのかを理解することは非常
に有用だと筆者は考えます。

　さて、上記の Pathways の考察の中に、「**パラメータの学習**」という
言葉が出てきました。これこそが、AI を理解するキーワードです。次
節からこの点をある程度数理的な観点から理解することを目指します。

AIの分類

学習の観点からの分類

　では、AIができることにはどのような類型があるのでしょうか。この点は様々な整理の観点がありますが、代表的な分類方法は**「教師あり学習」「教師なし学習」「強化学習」**の3つに分類し、各種機械学習の手法をカテゴライズする方法です。本書では、書籍の目的や全体的な解説の流れを考慮し、「教師あり学習」をメインに解説しつつ、一部「教師なし学習」に触れるに留め、強化学習は対象外としています。

分類	概要	具体的手法
教師あり学習	正解が付与されたデータを使ってモデルが学習し、未知のデータに対する予測や識別を行う	回帰：正解となる数値と入力データの組み合わせで学習し、未知のデータから連続値を予測する
		分類：正解となる離散的なカテゴリ（クラス）と入力データの組み合わせで学習し、未知のデータからクラスを予測する
教師なし学習	正解となるデータを用いることなしに、モデルがデータの未知のパターンを見つけ出す	クラスタリング：データを何かしらの基準でグルーピングする
		次元削減：高次元のデータを低次元にマッピングし、データ項目を削減する
強化学習	最終的にたどり着くべき状態を示し、その状態に向けてモデルが推論した結果に対して評価（報酬）を与えることで最適な行動を学習する	バンディット・アルゴリズム：いくつかの案から選択肢を選ぶ際に、モデルが実際に試行を繰り返すことで最適な選択が可能となるように学習する
		Q学習：「状態」と「行動」をもとに、状態行動価値（Q値）と呼ばれる値を最大化するように学習する

実行タスクの観点からの分類

　また、機械学習の用途に着目して分類すると、**「識別」「予測」「実行」**に分類されることが一般的です。

- 識別：人間が行う特定の認識機能の一部を代替する
- 予測：過去のデータに基づき、将来に関する予測を行う
- 実行：識別、予測による結果に基づき、特定のタスクを実行する

　それぞれについて、具体的な用途を例示すると下記の通りです。

分類	用途例
識別	・ 言語、画像、動画、音声などを特定のカテゴリに当てはめる（例：Web 検索、画像検索、音声認識など） ・ 言語、画像、動画、音声などの意味を理解する（例：Twitter コメントの感情分析、贋作の判別、がん細胞の判別など） ・ 異常検知（例：故障検出など）
予測	・ 数値予測(例:需要予測、選挙結果予測、与信のスコアリングなど) ・ 顧客のニーズ予測（例:受発注予測、翌月の商品売上予測など） ・ マッチング(例:商品レコメンド、検索キーワード候補の表示など)
実行	・ 表現生成（例:イラストの自動作成、自動翻訳、文章要約など） ・ 行動の最適化（例：配送経路の最適化など） ・ タスク処理の自動化（例：自動運転、チャットボットによる Q&A 対応など）

AI の学習

　AI はデータ利活用によって進化します。ここからは、AI がデータを活用してどのように進化していくのか、その根本的な部分に焦点を当てて解説していきます。機械学習を実装する際はプログラミングを用いてモデル等を構築していきますが、そうするとそもそも「プログラミングとはどういうものか」を知る必要が生じてしまい、理解のハードルが高くなります。

　一方、機械学習の原理をたどれば「数学」です。数学は普遍的な考察ツールであり、その理解は AI の本質的理解に直結するため、機械学習を数理的に理解することは他の文献や情報ソースを参照する際にも必ず役に立ちます。よって、ここからはなるべく分かりやすく、そもそも AI がどのようにデータを学習し、何を改善して、どのようにモデルの精度が高まっていくのかについて、そのメカニズムを数理的な考察を交えながら解説していきます。

学習＝パラメータの最適化

　まずは最も単純化されたモデルから考えるために、以下の一次関数を考えます。

$$y = ax + b$$

　ここで、x を**入力値**、y を**出力値**、a, b を**パラメータ**と呼びます。また、機械学習の分野では a を「**重み**」、b を「**バイアス**」と呼びます。
　この関数が意味することは、

「x になんらかの値を代入すると、パラメータ a, b に基づき y が算出される」

　ということです。つまり、y を学習モデルが算出した予測値だと考えると、入力データである x にパラメータ a が重みとして作用し、さ

らにバイアス b が加算され、予測値が算出される構造になっています。

　逆に言えば、パラメータ a,b によって予測値の結果は大きく変化することになるため、パラメータをいかに設定するかが重要だということです。**このパラメータを最適化させ、算出される予測値の精度向上を目指すことを「学習」と呼びます。**これが機械「学習」と呼ばれる所以です（図 5.3）。

　よって、機械学習モデルの精度はパラメータに大きく依存します。当然、そもそも機械学習モデルを一つの数理モデルとして捉えると、「どのような数理モデルをデザインするか」は本質的に重要であり、この例のような単純化した構造では捉えきれない現象が世の中ではほとんどだと考えられます。

図 5.3　推測と学習の違い

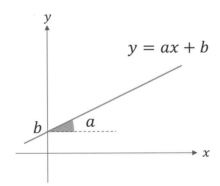

推測	学習
$y = a\textbf{\textit{x}} + b$	$y = a\textbf{\textit{x}} + \textbf{\textit{b}}$
● パラメータ a,b を設定 ● 入力値 x を入力すれば、予測結果として y が出力される	● パラメータ a,b を更新 ● 入力値 x、予測値 y 及び正解値を用いて、予測値 y と正解値の差を最小化する a,b を算出する

一方、数理モデルをデザインした上で、各種パラメータをどのように設定するかも極めて重要です。昨今注目の集まる深層学習は、「活性化関数として何を採用するか」「層の数をどうするか」等の論点もありますが、大量のデータを活用し、学習することでいかにして大量のパラメータを高速かつ高精度で最適化し、識別、分類等の出力結果の精度向上を実現するかが極めて重要なポイントです。

　本章のコアとなるので繰り返し強調しますが、**AI の「学習」とは、データを利用して各パラメータを最適化すること**を指します。

「教師あり学習」を通じて AI を理解する

　機械学習が「データを利用してパラメータを最適化し、予測精度を向上させる」ことを目的とするならば、機械学習も「データ利活用によるDX」に包含される取り組みだと、本書では整理します。また、その機械学習の精度はパラメータの学習に寄与するデータ量に依存するため、データの収集から活用に至るデータパイプラインの設計が非常に重要となります。この点は前章で解説した通りです。

　AI がどのように「学習」していくのか、ここから具体的にいくつかの代表的な機械学習モデルを取り上げながら解説します。

単回帰分析

　機械学習モデルの代表的なものとして、**回帰分析**[1] があります。まずはこのモデルを説明しながら、どのようにパラメータが学習されていくのかを解説します。

　非常に単純な例として、とある店舗のアイスクリームの売上を、その日の気温から予測したいと考えます。このとき、予測したい変数、つまり**目的変数**は「売上」であり、予測に用いる入力データ、つまり**説明変数**は「気温」です。ここで、今日の売上を予測しようとした場合、過去の日別または時間別の気温、売上データを x, y としてデータを集め、回帰モデルに学習させます。すると、理想的には学習回数ごとにその精度が高まる、つまりパラメータ a, b の値が最適化されます（次頁図 5.4）。a, b それぞれの右下に付いている数字は、パラメータを更新した回数を示していると考えてください。

1　回帰とは、もともと遺伝学者／統計学者／人類学者／博物学者であったフランシス・ゴルトン（イギリス、1822-1911）が「平均への回帰」という概念を提唱することで統計の分野で用いられるようになった。ゴルトン氏は他にも「相関」の概念の提唱や、中心極限定理を実証するために発明した「ゴルトンボード」で知られる。

図 5.4　回帰分析における学習の流れ

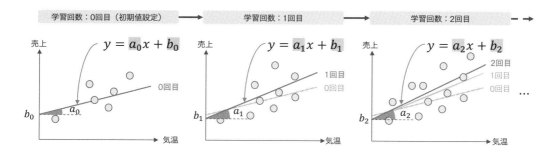

パラメータ最適化を実現する勾配降下法

　このパラメータ a, b の学習は、通常はデータが集まるごとに継続的に学習しながら最適化されていきます。このとき、パラメータを最適化させるアプローチとして、「**勾配降下法**[1]」という手法が採用されます。その様子を概念的な表現を交えて示したのが図 5.5 です。

　数式的な説明が書かれていますので、まずは各数式がどのような意味を持っているのかを解説します。図の左側には、直線で予測モデルが示すグラフが描かれています。$f(x) = w_0 + w_1 x$ は、その予測値を算出する数理モデルであり、$y = ax + b$ と表現していた数式を機械学習の分野でよく用いられる表現に書き改めています。a は w_1、b は w_0 に書き換えられています。

　それに対して "○" でプロットしているのは「実際のデータ」です。図から分かる通り、予測モデルが算出する予測値（直線）と実際のデー

1　勾配降下法にはいくつか種類がある。主な手法は以下の 3 つ。
- バッチ勾配降下法（最急降下法）：各パラメータ更新の際、すべての訓練データを利用して勾配を計算。データ量が少ない、夜間バッチで長い時間をかけて計算して良いといった場合は問題とならないが、データ量が多すぎたり高頻度でパラメータ更新する必要がある場合には採用しづらい。
- ミニバッチ勾配降下法：訓練データの一部をランダムに複数個利用して勾配を計算。例えば、10,000 件のデータセットを 2,000 件ずつのバッチサイズに分けると 5 個のサブセットができる。するとイテレーション数は 5 となり、学習を 5 回繰り返すことで訓練データを使い切ることになる。このとき、5 回のイテレートが完了することを 1 エポックと数える。
- 確率的勾配降下法：パラメータ更新ごとに利用するデータを確率的に（ランダムに）一つ選ぶことで計算量を削減して勾配を計算。

図 5.5　回帰分析：損失関数の導出

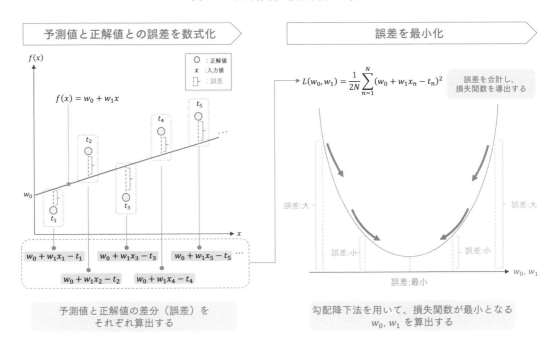

予測値と正解値との誤差を数式化

誤差を最小化

$f(x)$

○ : 正解値
x : 入力値
⊏⊐ : 誤差

$f(x) = w_0 + w_1 x$

t_5
t_4
t_2
w_0
t_3
t_1
x

$w_0 + w_1 x_1 - t_1$ 　$w_0 + w_1 x_3 - t_3$ 　$w_0 + w_1 x_5 - t_5$ …

$w_0 + w_1 x_2 - t_2$ 　$w_0 + w_1 x_4 - t_4$

予測値と正解値の差分（誤差）を
それぞれ算出する

$$L(w_0, w_1) = \frac{1}{2N} \sum_{n=1}^{N} (w_0 + w_1 x_n - t_n)^2$$

誤差を合計し、
損失関数を導出する

誤差:大　　　　　　　　　　　　　　誤差:大

誤差:小　　　　　　誤差:小

誤差:最小

w_0, w_1

勾配降下法を用いて、損失関数が最小となる
w_0, w_1 を算出する

タには**誤差**があります。パラメータの学習とは、この誤差の合計が最小
化されるパラメータを算出することです。このパラメータを最適化する
アプローチの一つが勾配降下法です[2]。

2　パラメータ算出の方法には、行列とベクトルを用いて回帰式を推定するアプローチもある。高度な話題と
　　なるが、詳しくは『多変量解析法入門』（永田靖、棟近雅彦著、サイエンス社、2001 年）に分かりやす
　　く解説されているので参照されたい。

最小二乗法による損失関数の導出

　回帰分析においてこの誤差を最小化するために、ここでは**最小二乗法**のアプローチを取ります[1]。このアプローチによって導出した下記の数式を**損失関数**と呼びます[2]。

$$L(w_0, w_1) = \frac{1}{2N} \sum_{n=1}^{N} (w_0 + w_1 x_n - t_n)^2$$

- $L(w_0, w_1)$：**損失関数**と呼ばれるもので、誤差の総和を示します。つまり、直線上の予測値と正解値の差分を計算し、その総和を算出しています。総和を計算するために、$\sum_{n=1}^{N}(w_0 + w_1 x_n - t_n)^2$ が等式の右辺にあります。

- x_n：n 番目のデータの入力値を表します。この数理モデルでは入力値の種類は「気温」なので、例えば「8 月 1 日の気温」を x_1、「8月 2 日の気温」を x_2、「8 月 3 日の気温」を x_3、といったように表します。

- t_n：n 番目のデータの正解値を表します。$w_0 + w_1 x_n - t_n$ のように t_n がマイナスされているのは、予測結果に対する正解値 t_n を引いた差分、即ち誤差を算出しており、その総和をシグマで計算して誤差の総和を算出するためです。

　やや数式の説明が続きましたが、ここからは損失関数を w_0, w_1 の関数と見なして以後の議論を進めます。**図 5.5**（前頁）の右側についてですが、グレー色の下に凸の曲線は**図 5.5** の左側で導出した損失関数 $L(w_0, w_1)$ を表しています。直線ではなく曲線になっているのは、右辺が 2 乗されているからだと考えてください。

1　他の主なアプローチの例としては「最尤推定法」を用いたものがあるが、正規分布や尤度関数といった数学的手法を前提とする高度な話題となるため、本書では取り扱わない。一方、尤度関数については付録②にて簡易的な解説をしているので参照されたい。
2　右辺がデータ数 N で割られているのは、各誤差の 2 乗の総和を算出したあと、その平均値を計算するため。1／2N のようにさらに 2 で割っているのは、次に行う勾配降下法適用の際に算出結果を扱いやすくするための処理。総和計算される各項を 2 乗しているのは、差分がマイナスになった項を 2 乗してプラスにするため。

この曲線で最小値を取るのは、図示している通り曲線の「底」にあたるところです。この最小値を取るときのパラメータ w_0, w_1 の値は一体どのような値かを知るために、この損失関数にデータをインプットしてパラメータを「**学習**」します。学習という表現をする理由は、これらのパラメータの最適解は最初から求められるわけではなく、一般的には計算を繰り返すことで精度が高まっていくからです。この際に採用される手法が勾配降下法であり、勾配降下法によって損失関数の最小値は計算を繰り返すことで収束していきます。

　本編では解説をここまでとし、より詳細な解説は巻末の付録①にて記載しています。

Column

機械学習と統計学

より専門的な範囲まで機械学習を学んでいると、「今読んでいるこの解説は、機械学習の話なのか？　それとも統計学の話なのか？」と混乱することがあります。それもそのはずで、機械学習のアプローチには「機械学習的なアプローチ」と「統計学的なアプローチ」が混在するからです。一言で言えば、機械学習は「データから予測する」ものであり、統計学は「データを説明する」ものです。

統計学がデータを説明するために有力な手法であるため、例えば機械学習モデルに学習させる訓練データの全体像を理解する際、前章の「データ理解」の節（p.146）で図 5.6 のような整理をしました。この中に「数値変数の分布」において各種統計量を算出しています。

図 5.6　構造化データ：データ理解（再掲）

		データ理解の観点
全体感の把握	総レコード数 総カラム数	● データ全体を観察、理解して前処理の方針を固めるために把握
全体感の把握	データ欠損	● 各カラムでどの程度データが欠損しているかを予め把握
変数の把握	数値変数の分布	● 各種統計量（平均、標準偏差、中央値、最小値、最大値など）や変数のスケール、非欠損のレコード数、複数変数間の相関等を把握してデータの分布を理解 ● 各種変数のスケールや変数ごとの欠損、外れ値の存在は機械学習モデルやデータ分析で精度向上や分析の正確性に影響を及ぼす ● よって、分布を確認し、データ活用の目的に沿って外れ値処理やスケール変換、次元削減等を検討
変数の把握	文字列データ（カテゴリカル変数）の分布	● 数値変数ではなく文字列 ● 平均や分散などは算出できないため、カテゴリに対応するそれぞれの文字列の出現頻度やその分布等を確認する ● 多くの機械学習では、文字列はそのまま適用できないため数値変数に変換する必要がある

そもそも機械学習モデルが学習したデータに問題がないということを何らかの根拠を持って示すことができなければ、機械学習モデルの妥当性について合意形成が難しくなるでしょう。その根拠が統計的な手法によって提示されるのであれば、機械学習と統計学は密接に関係することになります。図 5.7 に双方の共通点と相違点を簡単にまとめていますので、他の文献等に触れ、疑問が生じた際にご参照いただけると、何かしらのヒントになるかもしれません。

図 5.7　機械学習と統計学の違い

	機械学習	統計学
目的	● データから予測する	● データを説明する
共通点	● モデルの学習に用いる訓練データに対して、統計理論に基づく前処理を実施 ● モデルの精度向上のために、モデルの妥当性検証、パラメータ調整、推定を統計理論に基づくアプローチで実施	
相違点	● 予測モデル構築に至る全ての工程は、最終の予測精度を上げるための手段だと考える	● 解析結果及び結果に対する説明性を重視するため、すべての工程と手順が明確かつ再現可能であるべきと考える
	● よって、モデル自体の説明性は重視しない。	● よって、モデルの妥当性や推定したパラメータの正確性、未知パラメータの説明性等を重視
	● 未知データに対する予測精度を特に重視し、精度向上のために手段を柔軟に選択	● 未知データの予測精度については、上記の観点に対して劣後する

教師あり学習のパラメータ最適化プロセス

　ここまでの議論を整理します。回帰分析を何らかの予測モデルとして機能させたい場合、以下のステップを経ることでモデルは学習を行います。

1. 予測モデルが算出した予測値と、実際に得られた正解値の差に注目する。その誤差を合計した損失関数を最小二乗法を用いて導出する。
2. 誤差を最小化するためにパラメータを更新する。パラメータ更新には、勾配降下法のようなアプローチを取る
3. 新たなデータを一定量取得したら、そのデータを含めてパラメータを更新する。

　この一連のプロセスが、機械学習の「学習」で行われています。勾配降下法の具体的な計算では微分などの数学的操作を大学の教養過程で履修するレベルで行っているため、数理的考察に馴染みのない方にとっては難解かもしれませんが、本書では巻末の付録①で解説しています。

　さて、ここまでは回帰分析と呼ばれる手法を題材として解説してきましたが、この考え方、つまり「勾配降下法によってパラメータを最適化し、予測モデルの精度を向上させる」というアプローチは、教師あり学習の各種手法でしばしば採用されているアプローチです。例えば、教師あり学習の重回帰分析、ロジスティック回帰分析、ニューラルネットワーク／深層学習では、パラメータ更新の考え方には以下の共通点があります。

- 入力値とパラメータを用いて予測値を算出する。
- 損失関数を導出する
- 損失関数に勾配降下法を適用し、誤差を最小化するパラメータを算出する
- 算出したパラメータを予測モデルに適用し、予測モデルを更新する

　この流れを整理したのが図 5.8 です。

図 5.8　教師あり学習：パラメータ最適化のプロセス

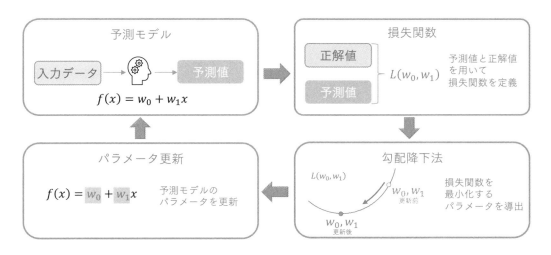

ただし、追って解説しますが、損失関数導出の際は回帰分析だと最小二乗法[1]、ロジスティック回帰だと**尤度関数**を用いるアプローチを、解説の便宜上本書では採用します[2]。以上を踏まえて、他の機械学習モデルについて見ていきましょう。

1　本書では厳密な理論にまで踏み込まないが、そもそも最小二乗法を用いる際は、対象とするデータについて「誤差に偏りがなく、誤差の平均値が0となること」「誤差は正規分布に従うこと」など、いくつかの前提条件があることに留意されたい。詳しくは統計学の専門書を参照されたい。
2　単回帰分析においても、ガウス分布を「尤度関数」にとれば損失関数は二乗誤差で表現出来るが、高度な話題となるため詳細は割愛。

教師あり学習：重回帰分析

重回帰分析では、入力値、即ち説明変数が 2 つ以上となります。説明変数が一つの回帰分析を**単回帰分析**、2 つ以上の説明変数を持つ回帰分析を重回帰分析と呼びます。図 5.9 では、説明変数を x_1, x_2 とし、各説明変数にかける重みを w_1, w_2、バイアスを w_0 として、予測モデルを以下のようにしています。

$$f(x) = w_0 + w_1 x_1 + w_2 x_2$$

例えば家を借りる際、その家の賃料は築年数、部屋の広さ、駅からの距離など複数の要因によって決まります。この点に着目し、築年数、平米数、駅からの距離といったデータを入力値として扱い、さらにパラメータを作用させることで家賃の予測値を算出する、といったことを重回帰分析では実現します。考え方自体は先述の回帰分析と同様で、あとはパラメータ最適化のために勾配降下法を用いて予測精度を高めていきます[1]（図 5.9）。

重回帰分析を行う際にはいくつか留意点がありますが、ここでは「**多重共線性**」について簡単に触れておきます。多重共線性とは、重回帰分析において説明変数の中に相関が高いデータが複数あることを指します。例えば上の例で、「駅からの距離（km）」と「徒歩でかかる時間（分）」というデータが仮に入力値として扱われていると、この 2 種類のデータは相関が高いことが容易に予想され、予測モデルの説明変数として同時に採用してしまうとモデルの予測力や信頼を損なう可能性があります。これは簡単な例なので気付きやすいですが、実際のビジネスでは膨大なデータ量となるため、軽視できない問題です。説明変数を考察する際には、ドメイン知識に習熟し、各データの意味を深く理解しておくことで、こうした問題を回避することが求められます。

1　単回帰分析と同様、重回帰分析においても、パラメータ算出の方法には行列とベクトルを用いて「回帰式」を推定するアプローチもある。これについても、詳しくは『多変量解析法入門』（永田靖、棟近雅彦著、サイエンス社、2001 年）に分かりやすく解説されているので参照されたい。

図 5.9　重回帰分析：損失関数の導出

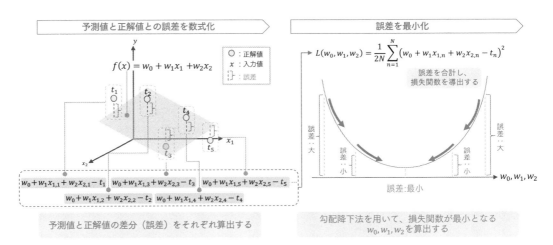

教師あり学習：ロジスティック回帰分析

次に**ロジスティック回帰分析**です。これには「**2値分類**」と「**多値分類**」の2種類のモデルがあります（図5.10）。

2値分類、多値分類の双方に共通して言えることは、「数理モデルに入力値をインプットして算出した値を、さらに何らかの関数にインプットして確率値に変換する」ということです。どういうことか、見ていきましょう。

2値分類

まずは2値分類について解説します。説明を簡単にするため、2値分類でも多値分類でも、入力値は x_1, x_2 の2つとしています。

図 5.10　ロジスティック回帰分析

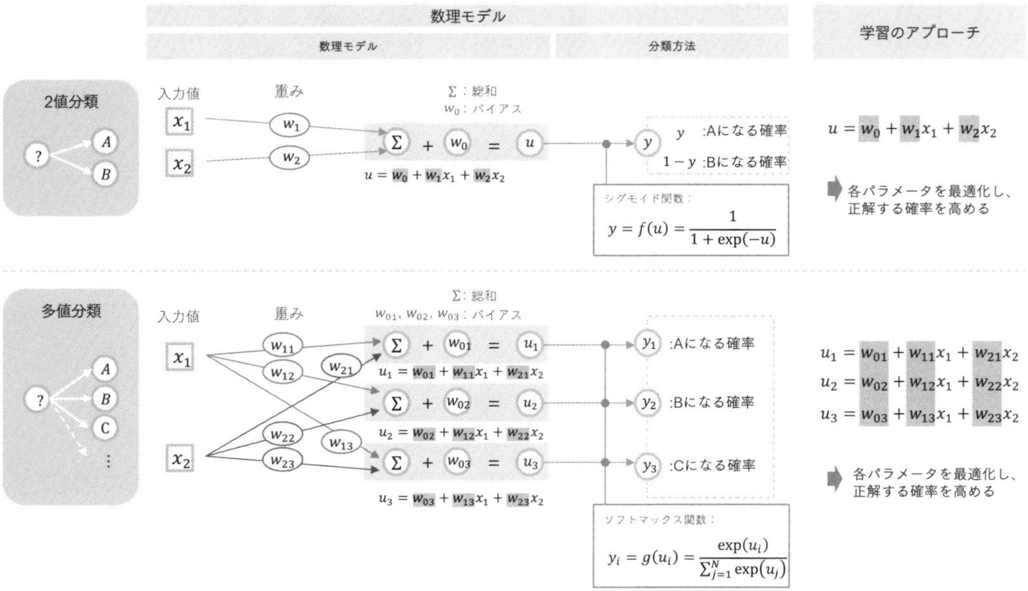

入力値 x_1, x_2 に重み w_1, w_2 をかけて総和を計算し、さらにバイアス w_0 を加えた値を u とします。数式で表すと下記の通りです。

$$u = w_0 + w_1 x_1 + w_2 x_2$$

次に、この値を**シグモイド関数**[1]に代入します。シグモイド関数とは、図中に示されている以下の数式です。

$$f(u) = \frac{1}{1 + \exp(-u)}$$

この数式には $\exp(-u)$ という表現が含まれています。これは e^{-u} と本来表記されますが、**ネイピア数** e[2]の指数部分が見やすいように書かれているものです。細かい話ですが、ネイピア数 e が採用されていることで、勾配降下法の適用などによって微分操作した後の数式の複雑化を回避できるという利点があります。

このシグモイド関数を図示すると図 5.11（次頁）のようになります。

この関数は、最小値 0、最大値 1 の関数であり、$u = 0$ のとき $f(0) = 0.5$ の値を取ります[3]。この性質を利用し、「どのような u の値でも 0 から 1 の間の値を取る」というシグモイド関数に、$u = w_0 + w_1 x_1 + w_2 x_2$ の値を代入して算出した値から、対象となるデータがどちらに分類されるかを確率的に判断することができます。「確率的に」とは、ここでは出力値が 0.5 以上だったら「あり」、0.5 未満だったら「なし」といったように判定するということです。例えば、以下のような活用方法が想起されます。

1　本節ではシグモイド関数を「活性化関数」に採用しているということ。活性化関数については後述。

2　指数関数 $y = f(x) = a^x (a > 1)$ において、$x = 0$ における微分係数 $f'(0)$ について

$$f'(0) = \lim_{h \to 0} \frac{f(0+h) - f(0)}{h} = \lim_{h \to 0} \frac{a^h - 1}{h} = 1$$

となるときの底 a の値がネイピア数 e と定義される。これはつまり、$y = f(x) = a^x (a > 1)$ について、$x = 0$ における接戦の傾き $f'(0)$ が 1 のときの底 a の値がネイピア数 e だということ。厳密かつ詳細な解説は数学の専門書を参照されたい。

3　$f(0) = \frac{1}{1 + \exp(0)} = \frac{1}{1+1} = \frac{1}{2}$

図 5.11　シグモイド関数

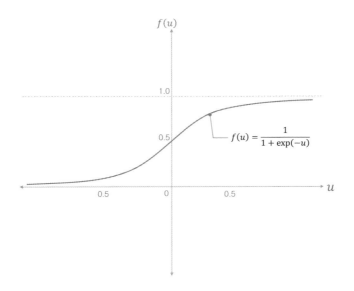

$$f(u) = \frac{1}{1 + \exp(-u)}$$

- 送信されてきたメールが「迷惑メール」「迷惑メールでないメール」のどちらに分類されるかを判定
- ある顧客が、特定の商品を「購入する」か「購入しないか」を判定

　このように、「Yes か No か」の2択を判断するのがロジスティック回帰分析の2値分類の特徴です。ロジスティック回帰は「回帰」という名称ですが実際は「分類」を行うモデルだということに留意してください。
　例として、ある顧客が、特定の商品を「購入する」か「購入しないか」を判別する場合、以下のように考察します。

- 特定の商品を購入するきっかけとなりうる行動データを取得し、$u = w_0 + w_1 x_1 + w_2 x_2$ における x の入力値とする。
  例えば、「x_1：1週間以内での当該商品ページの閲覧有無」、「x_2：直近1ヶ月以内での類似商品購入の有無」の2つを入力データとすれば、u の値が算出できる

- u の値を計算し、得られた値をシグモイド関数 $f(u)$ に代入して計算する。この $f(u)$ の値は「ある顧客が、特定の商品を購入する確率」を示すと考える。例えば、「値が 0.5 以上：購入する」、「値が 0,5 未満：購入しない」と考える

　厳密にはより詳細な考察が必要ですが、ここでは上記の粒度で押さえれば十分です。

　さらに、この数理モデルがデータを学習することによって、パラメータ w_0, w_1, w_2 が最適化されます。ここで注意しなければならないのは、ロジスティック回帰では確率値を算出しているため、パラメータ最適化の際に**尤度関数**というものを導出します。ここは高度な話題となってしまうため、以降の解説は巻末の付録②にて記載します。この尤度関数を用いたアプローチは多値分類でも同様であるため、付録②に記載した解説を参考としていただければ幸いです。

多値分類

　続いて、ロジスティック回帰の**多値分類**です。多値分類が 2 値分類と異なる点は、複数の数理モデルを設計しているところです。例えば、ある画像を認識した際、その画像に写っているものが「猫」「犬」「鳥」のいずれになるのかを確率的に算出したい場合、3 つの数理モデルを作ります。

$$猫：u_1 = w_{01} + w_{11}x_1 + w_{21}x_2$$
$$犬：u_2 = w_{02} + w_{12}x_1 + w_{22}x_2$$
$$鳥：u_3 = w_{03} + w_{13}x_1 + w_{23}x_2$$

　w の右下の数字が意味するところは、規則性に着目すれば推察可能かと思います。w_{01} というのは u_1 の数理モデルのバイアス、w_{11}, w_{21} というのは u_1 における 1 つ目、2 つ目のパラメータという意味です。

　この算出結果 u_1, u_2, u_3 を、以下の**ソフトマックス関数**と呼ばれる関数にインプットして、確率値を算出します。

$$g(u_i) = \frac{\exp(u_i)}{\sum_{j=1}^{N} \exp(u_j)} \quad (i = 1,2,3)$$

ソフトマックス関数の特徴は、若干の操作をしてみると分かります。例えば $i = 1,2,3$ のそれぞれの場合で、シグマ（Σ）を用いずに数式を書くと、以下の3つの数式が表れます。

$$y_1 = g(u_1) = \frac{\exp(u_1)}{\exp(u_1) + \exp(u_2) + \exp(u_3)}$$

$$y_2 = g(u_2) = \frac{\exp(u_2)}{\exp(u_1) + \exp(u_2) + \exp(u_3)}$$

$$y_3 = g(u_3) = \frac{\exp(u_3)}{\exp(u_1) + \exp(u_2) + \exp(u_3)}$$

すると、この3つの数式の両辺をすべて足すと、分子と分母が同じ値になるため、以下の通り計算結果は1となります。

$$y_1 + y_2 + y_3 = \frac{\exp(u_1) + \exp(u_2) + \exp(u_3)}{\exp(u_1) + \exp(u_2) + \exp(u_3)} = 1$$

これは機械学習モデルにおいて、「分類」を行う際に非常に便利な性質です。合計が1となるということは、y_1, y_2, y_3 を確率値とみなすことができるからです。例えば、猫、犬、鳥のいずれに分類されるかを確率的に算出するタスクで、$y_1 = 0.8$、$y_2 = 0.1$、$y_3 = 0.1$ という結果であれば、確率的に最も高いのは「猫」だということになります。これに対する正解データや他の学習データを収集してモデルのパラメータを学習させることで出力結果の精度を高めていきますが、多値分類でもアプローチは勾配降下法となります。その考え方については2値分類と同様、付録②に記載した解説を参照ください。

教師あり学習：深層学習／ニューラルネットワーク

　では、ここまでの考え方を総動員して、いよいよ**深層学習**について簡易的なモデルを用いて説明します。ここでは、深層学習の理解の入り口となる**ニューラルネットワーク**[1]を解説します。ニューラルネットワークは「**入力層**」「**中間層（隠れ層）**」「**出力層**」の３種類の層から構成される数理モデルです。この層がさらに増えていくと、深層学習と呼ばれるようになります。まずは簡易的なモデルを示した**図5.12**を用いながら、ニューラルネットワークについて解説していきます。

　まず、「入力層」「中間層（隠れ層）」「出力層」のような「層」を作る主な狙いは下記の通りです。

1.　入力データの変換を層の数だけ繰り返す
2.　出力層での出力結果と正解値との差分、すなわち誤差を計算する
3.　誤差が小さくなるよう、各層で入力データに作用している多数のパラメータを調整する
4.　上記1、2、3を繰り返す

図 5.12　ニューラルネットワーク

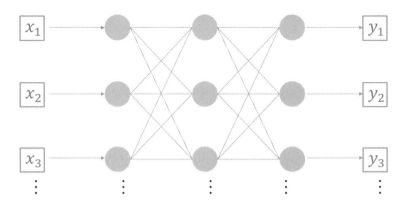

1　1980年代のデビッド・ラメルハート（David E. Rumelhart, 1942-2011）らが、パーセプトロンによる誤り訂正型学習の課題を克服する誤差逆伝播法を提案し、ニューラルネットワークに注目が集まった。なお、ニューラルネットワークの歴史的変遷や技術的解説については、近代科学社の『AI事典 第3版』の第3章「ニューラルネットワーク」の節で簡潔かつ明解に整理されているので参照されたい。

層が多いことはつまり、入力値に作用するパラメータが多いということであり、出力値を正解値に近づけるための細かい調整を大量に行えるということです。入力層のデータは、シグモイド関数によって変換されるだけでなく、変換前にパラメータ（重み）を作用させて値が変化しています。この値が変換されていく様子を示したのが図 5.13 です。入力値に作用させている重みは深層学習の「学習」を行う肝であり、最終的な予測値の精度を高めるために機能します。

　ところで、このシグモイド関数のことを「**活性化関数**」と呼びます。ニューラルネットワークや深層学習において、シグモイド関数のような活性化関数が果たす役割の一つに、**線形変換**された入力値を**非線形変換**することで、モデルの表現力を高めるというものがあります。この「線形」「非線形」という考え方は数理的な考え方で初見ではイメージしづらいですが、重要なので簡潔に説明します。

　線形とは簡単に言えば、「説明変数の値が増加すれば、それに比例し

図 5.13　非線形変換

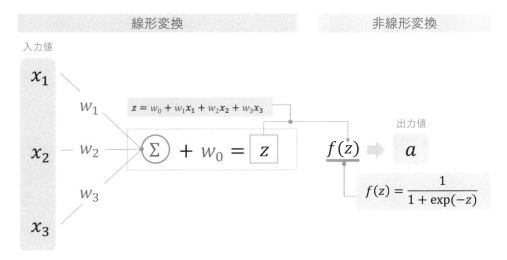

て目的変数も増加する（もしくは減少する）」という関係のことです。例えば、「駅までの距離が近いほど家賃が高い」とか、「気温が高いほど商品が売れる」といった関係です。これらの現象は、モデルとしては比較的"単純"だと言えるでしょう。

　一方、非線形とは簡単に言えば、「説明変数が増えたとしても、それに比例して目的変数が増える（もしくは減る）とは限らない」という関係のことです。世の中の事象として、例えば「駅に近いほうが家賃が高いが、近すぎると喧騒が気になるので住む人が少なくなって家賃が下がる」「気温が上がったほうが商品が売れるが、気温が上がりすぎるとそもそも来店者数が減るから商品の売上が減る」といったように、同じ説明変数であってもその増減が目的変数の増減に常に比例するとは限らないこともあります。これらの現象は先ほどの線形に関する例と比べると"複雑"なように見受けられます。

　このような複雑な現象をモデルで表現しようとすると、線形（直線的）なモデルよりも非線形（曲線的）なモデルのほうが精度高く表現できそうです（**図 5.14**）。深層学習が様々な分野で高い精度を発揮している

図 5.14　線形モデルと非線形モデル

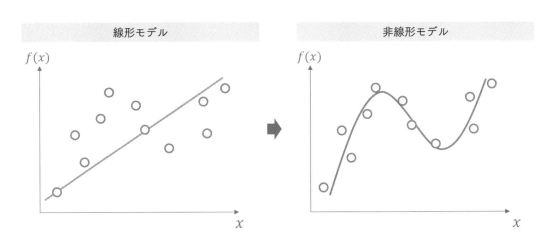

理由の一つが、まさにこの「入力値を非線形変換し、モデルの表現力を高める」ことに成功しているからです。

　さて、この「入力値を非線形変換」するために入力層から出力層の間に存在する層を「中間層（隠れ層）」と呼びます。非線形変換された値は次の層の入力値となり、この層の数だけ活性化関数を用いて非線形変換を繰り返します。

　出力層では、予測結果を確率値で算出します。ここでは、ロジスティック回帰の多値分類で考察した際と同様のアプローチ、つまりソフトマックス関数を採用します。

　ニューラルネットワークに関するここまでの考察を、具体例を用いながら整理したものが**図 5.15** です。具体例として、手書き数字の画像がどの数字に該当するかを分類するタスクを考えます。ここで入力データとなる手書き数字の画像は "0" を表しています。

図 5.15　教師あり学習：ニューラルネットワークの構造

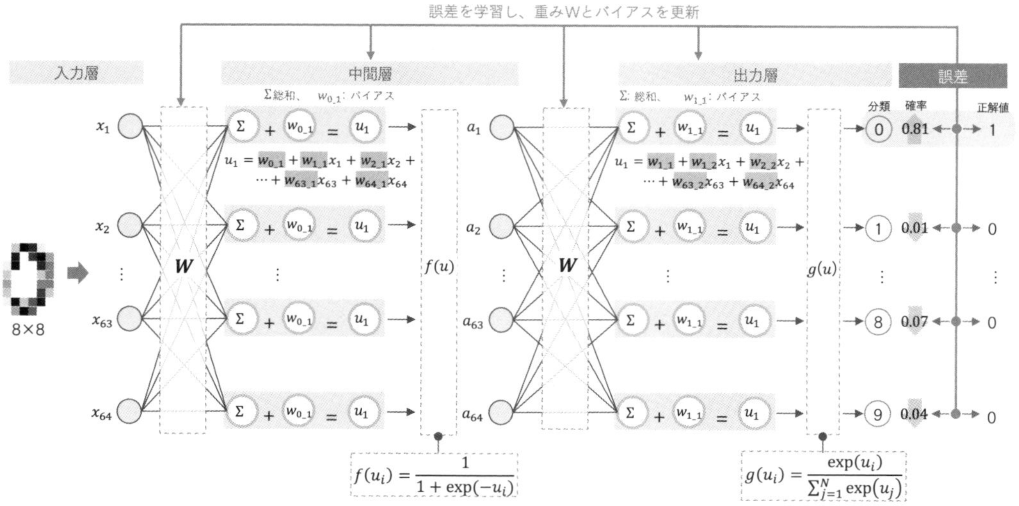

$$f(u_i) = \frac{1}{1 + \exp(-u_i)}$$

$$g(u_i) = \frac{\exp(u_i)}{\sum_{j=1}^{N} \exp(u_j)}$$

分類について、ソフトマックス関数が算出した数値を確率値と見なします。この手書き数字"0"をデータ化する際、前節で解説した画像データの前処理でも解説しましたが、ピクセルごとの色の濃淡が入力値として活用できます。この画像データが $8 \times 8 = 64$ ピクセルであり、各ピクセルが白黒のスケールであれば、色の濃淡を示す $0 \sim 255$ の範囲の数値データが 64 個、入力層にインプットされます。

　図のように、入力値にパラメータをかけてバイアスを加算（線形変換）し、シグモイド関数によって数値を $0 \sim 1$ の値に変換（非線形変換）後、その値を入力値としてさらにパラメータをかけてバイアスを加算（線形変換）します。この繰り返しによって入力値に対し様々なパラメータやバイアスが働いて予測値が変化します。当然、この計算プロセスは中間層の数が増えるほど多くなり、計算結果に影響を与えるパラメータやバイアスの数は急激に増加します。

　出力層では、$0 \sim 9$ のいずれになるかがソフトマックス関数によって確率値として算出されます。このとき、図 5.15 では 0 の確率値が 0.81 となっていますから、この予測結果は正しいことを示しています。

　ここで、この結果が正しかったことを受け、さらに予測精度が向上するようにパラメータを調整します。つまり、手書き数字の 0 を入力値とした際に、それが 0 だと予測する確率値が向上するよう学習し、パラメータが最適化されます。すると、0.81 の値がより大きくなり、その他 $1 \sim 9$ の確率値がさらに小さくなるような計算がされるように予測モデルが調整されます。その際に調整するのがパラメータ（重みとバイアス）です。このパラメータを、先述の回帰分析やロジスティック回帰分析と同様に勾配降下法を繰り返し、最適化を行います[1]。

　単回帰／重回帰分析とロジスティック回帰（2 値／多値分類）の解説

1　深層学習では、勾配降下法の中でも「誤差逆伝播法」という手法を主に用いる。発展的な内容だが、付録③「誤差逆伝播法」の節（p.300）で解説しているので参照されたい。

を踏まえて深層学習モデル（ここではニューラルネットワーク）の解説を行ったのは、上記の通り採用されている数理モデルや手法が共通しているからです。深層学習には、ここで紹介している内容よりもさらに高度で複雑なモデルが存在しますが、その根幹を支える手法や考え方は他の教師あり学習のモデルと共通しています。

「学習＝パラメータの最適化」の節（p.186）で、**AI の「学習」とは、データを利用して各パラメータを最適化すること**だと解説しました。ここまでお読みいただければ、その理由について納得いただけるのではないでしょうか。

教師あり学習：決定木

　ここまで、回帰分析（単回帰／重回帰）、ロジスティック回帰分析（2値分類／多値分類）、及び深層学習の基礎部分であるニューラルネットワークについて解説してきました。これらの一連の手法を解説した目的は、各手法の数理的理解を積み上げ、機械学習において非常に重要な要素である「勾配降下法によるパラメータの最適化」をはっきりと理解することです。

　一方、DXの実務では他にも頻度高く用いられる機械学習モデルが多数存在します。その中でも代表的な手法の一つが「**決定木**」です。この節では、決定木の解説をしつつ、実務でよく用いられる「アンサンブル学習」や、その中でも頻出の「**ランダムフォレスト**」、「**勾配ブースティング**」について解説します。いずれもデータサイエンティストが実務で活用している様子をよく見かける手法です。

決定木の概要／用途

　決定木とは、簡単に言えば「樹形図によってデータを分析する手法」です。与えられたデータをもとに条件を設定し、データを段階的に分類していきます。具体例を見たほうが理解しやすいでしょう。図 5.16 がその概念図です。

　決定木の主な構成要素は以下の通りです。

- **ルート**または**ルートノード**：分割される大元となるデータ全体
- **ノード**：分割された個々のデータのグループ
- **リーフノード**または**リーフ**：分割された末端のノード

　あるデータ全体（ルートノード）が何らかの条件（例えば年齢）に従って複数のグループ（ノード）に枝分かれし、各グループがさらに別の条件（例えば性別）により枝分かれしています。

　決定木はその目的に応じて「**分類木**」と「**回帰木**」に大別されます。それを示したのが図 5.17 です。このように、決定木を用いた分析では

図 5.16　決定木

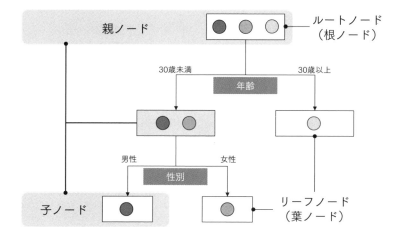

図 5.17　分類木と回帰木

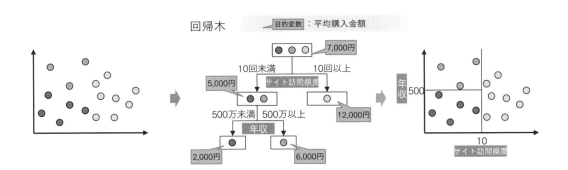

データを複数の領域に分割していきます。このとき、一度に3分割、4分割など3以上の領域に分割することを考えると、あらゆるパターンを考慮することになり計算が困難です。よって、普通は領域を2分割しながらデータを複数の領域に分けていきます。このアプローチを二分決定木とも呼びます。

　このうち、決定木の目的として、目的変数を「離散値の質的変数」にしてデータを2分割していく手法を分類木、目的変数を「連続値の量的変数」にして分割後の値のばらつきが小さくなるようにしていく手法を回帰木と呼びます。図5.17で示している通り、回帰木ではノードごとに何らかのデータに関する平均値を記載し、分類木ではノードごとにデータの個数／割合を記載します。

	分類木	回帰木
目的変数	離散値となる質的変数	連続値となる量的変数
分割方法	情報利得が最大となるように、ジニ不純度やエントロピー[1]を用いて分割	RSS（残差平方和）が最小になるように分割
予測結果の算出	分類されたデータの個数や割合を算出	分類されたデータの値の平均値を算出

回帰木／分類木の分割条件

　では、この分割とはどのような条件で実施するのでしょうか。これは**回帰木**と**分類木**で異なるため、それぞれ解説します。

　まず、**回帰木**の分割条件ですが、回帰という名が示す通り単回帰／重回帰分析で採用した「誤差関数の最小化」と同様の考え方で分割条件を算出します。なお、この解説では誤差関数という言葉ではなく、回帰木の議論で一般的に用いられている**残差平方和（RSS：Residual Sum of Squares、二乗和残差）**という言葉を用いて議論を進めます。言葉が異なるだけで、考え方は同じです。

　図 5.18 においては敢えて抽象的な表現を用いていますが、考え方は非常にシンプルなものです。もう少し具体的に説明すると下記の流れとなります。

1. 何らかの説明変数（年収、価格など）について適当な基準を定める
2. 定めた基準に従って、データを 2 つに分割する（それぞれノード A、ノード B と名付ける）。
3. ノード A、B それぞれに、基準を設定した説明変数（年収、価格など）について目的変数の平均値を算出する（それぞれ平均値 A、平均値 B と名付ける）。

1　コラム「エントロピー／ジニ不純度」（p.217）参照。

図 5.18　残差平方和

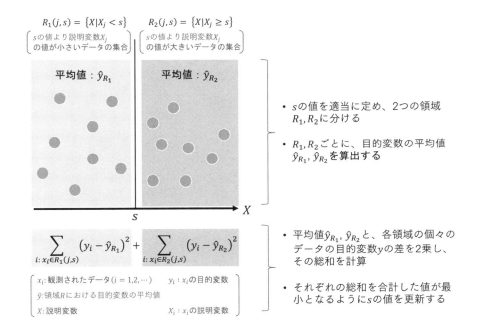

4.　ノード A において、各データから平均値 A を引いた値を合計する。ノード B についても同様に計算する（それぞれ合計値 A、合計値 B と名付ける）。

5.　合計値 A、合計値 B をさらに合計した値が最小となるように 1. で定めた基準を修正し、再度 1. から計算を行う。

　　以上の 1. ～ 5. の計算を行うことでノードが分割されます。さらに、分割されたノードごとに 1. ～ 5. の処理を繰り返します。ただし、分割しすぎると過学習を引き起こす恐れがあるため、どこまで分岐させるかについて条件を設定します[2]。

2　このように、モデルそのものの条件を定めるパラメータをハイパーパラメータと呼ぶ。また、このパラメータを改良することをハイパーパラメータチューニングと呼ぶ。

図 5.19　データの不純度

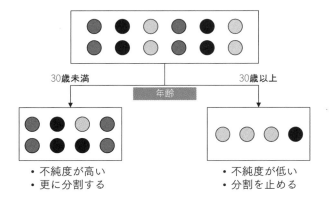

- 不純度が高い
- 更に分割する

- 不純度が低い
- 分割を止める

図 5.20　分割条件と情報利得

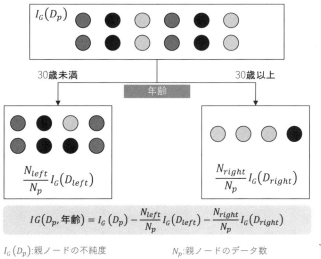

$$IG(D_p, 年齢) = I_G(D_p) - \frac{N_{left}}{N_p} I_G(D_{left}) - \frac{N_{right}}{N_p} I_G(D_{right})$$

$I_G(D_p)$:親ノードの不純度　　　　　N_p:親ノードのデータ数

$I_G(D_{left})$:左側の子ノードの不純度　　N_{left}:左側の子ノードのデータ数

$I_G(D_{right})$:右側の子ノードの不純度　N_{right}:右側の子ノードのデータ数

次に、**分類木**の分割方法です。分類木は「男性／女性」「買う／買わない」などの「ゼロかイチか」「Yes か No か」といった分類方法でノードを分割していくため、回帰木のような RSS の算出による分割ができません。そこで用いる指標が、データの「**不純度**」です。これは、データを2つのグループに分割した後、その分け方でデータがどのくらいうまく分けられているかを表現するものです（図 5.19）。

データを分割した際の不純度の指標、すなわち分割の条件としてよく採用されるのは「**ジニ不純度**」と「**エントロピー**」です。これを用いて**情報利得（IG）** を最大化します。情報利得（IG）が最大化されるということは、データがうまく分割されていることを表しています（図 5.20）。

エントロピー／ジニ不純度

エントロピーとジニ不純度について簡単に解説します。ここで、エントロピーは I_H 、ジニ不純度は I_G と表します。

エントロピーは以下の数式で表現されます。

$$I_H(t) = -\sum_{i=1}^{c} p(i|t) \log_2 p(i|t)$$

$$i = 1, 2, \cdots, c$$

ここで、$p(i|t)$ は特定の分岐先のノード t においてクラス i に所属しているデータ点の割合を表しています。ノード t に存在するデータ数全体を N_t とし、その中でクラス i に所属するデータ点の数を n_i と表すならば、$p(i|t) = \dfrac{n_i}{N_t}$ と表すことができます。ここで、クラス数は c 個あるものとします。つまり、一つのノードの中に存在するデータ点は c 通りのクラスのいずれかに所属するということです。

$p(i|t) = 1$、すなわちノード t のすべてのデータ点が同じクラスに所属する場合は log の性質上$\log_2 p(i|t) = 0$となるのでエントロピー$I_H(t)$の値も 0 になります。逆に、ノード t のすべてのデータ点が同じクラスに所属しない（もう片側のノードに所属する）場合は、$p(i|t) = 0$となるのでこの場合もエントロピー$I_H(t)$の値は 0 になります。また、エントロピー $I_H(t)$ の値が最大となるのはデータ点が一様に分布している、つまりノード内のデータ点が各クラスごとに均等に所属している場合です。例えば、 $N_t = 30$ のノードに $i = 1,2,3$ の 3 クラスのデータがそれぞれ $n_1 = 10, n_2 = 10, n_3 = 10$ といった状態になっている場合です。

　ジニ不純度については以下の数式で表現されます。

$$I_G(t) = \sum_{i=1}^{c} p(i|t)\left(1 - p(i|t)\right) = 1 - \sum_{i=1}^{c} p(i|t)^2$$
$$i = 1,2,\cdots,c$$

　ジニ不純度が最大となるのは分岐先の両グループにデータが一様に分布するときで、上記のエントロピーで考察した場合と同様です。

　ここまで、決定木について分類木／回帰木のそれぞれの考え方と分類基準について解説しました。決定木は視覚的かつ分かりやすいモデルである反面、数理的な側面を見落とした活用にならないよう、注意が必要です。実務で用いるなら少なくとも、ここまで解説してきた内容については習熟することを筆者としては強く推奨します。また、決定木モデルが算出した結果を評価する手法として**混同行列**がありますが、これは「機械学習モデルの評価方法」（p.270）にて解説していますので、そちらもぜひ参照してください。

アンサンブル学習

　決定木は解釈がしやすく扱いやすい反面、**汎化性能**[1] が低いというデメリットがあります。この弱点を克服する手法として実務でもしばしば用いられるものに「**アンサンブル学習**」があります。アンサンブル学習は、予測精度の低い複数の機械学習モデルを組み合わせて予測精度の高いモデルを生み出す手法です。

　アンサンブル学習を理解する準備として、「**バイアス**」と「**バリアンス**」について解説します（**図 5.21**）。教師あり学習の機械学習モデルの役割が「未知のデータを入力値としたときでも、精度の高い予測結果を出力すること」である以上、いくらモデルを訓練したとしても、バイアスとバリアンスの影響から逃れることはできません。これがどういうことか、解説します[2]。

図 5.21　バイアスとバリアンス

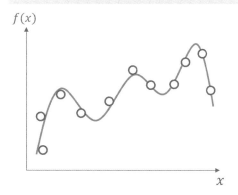

バイアスが低く、バリアンスが高い状態

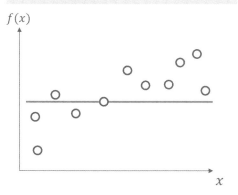

バイアスが高く、バリアンスが低い状態

1　本書「特徴量エンジニアリング」の節を参照されたい。
2　ここでは直感的な解説を行う。なお、数理的な証明については以下の Wikipedia のページで明解に解説されているため、参照されたい。https://ja.wikipedia.org/wiki/%E5%81%8F%E3%82%8A%E3%81%A8%E5%88%86%E6%95%A3

バイアスとは、「機械学習モデルが出力した予測の期待値」と「正解値」の差です。つまり、バイアスが高いとは「機械学習モデルの予測精度が低く、モデルが十分に学習できていない」状態を意味します。逆に、バイアスが低いとは「機械学習モデルの予測精度が高く、モデルが十分に学習できている」状態を意味します。

　次に、**バリアンス**とは「機械学習モデルの予測値が学習データ（訓練データ）の影響によってどの程度ばらつくのか」を表します。過学習した機械学習モデルは、訓練データに対しては高い精度を示しますが、未知のデータに対しての予測結果はバラつきが大きくなりがちです。この状態を「バリアンスが大きい」と言います。逆に、バリアンスが小さいとは、一連の未知のデータに対してそれぞれの予測結果のばらつきが小さいことを意味します。

　前頁の図 5.21 左のように、すべての訓練データに対して予測結果を当てはめにいくほど過学習したモデルは、バイアスは低くなったとしても、未知のデータに対しては予測値を大きく外し、結果としてバリアンスが大きくなる状況がよく見られます。

　逆に、図 5.21 右のように、どのような未知のデータに対しても一様な予測結果を算出すれば、バリアンスは 0 になりますが、予測誤差が大きくなる、すなわちバイアスが大きくなります。

　以上の考察から分かるように、バイアスとバリアンスはトレードオフの関係となります。バイアスを低くするとは予測精度を向上させることですが、これは機械学習モデルを過学習の状態にしてしまうため、バリアンスは結果的に大きくなります。逆に、バリアンスを小さくするとは未知のデータに対して「緩やか」に予測結果を算出するモデルの状態を維持することですが、これでは予測精度は低くならざるを得ません。

　この様子を図解する際は図 5.22 のような「的」を用いた例を多く見かけますので、本書でもそれにならって示します。なお、的の中心は「正

図 5.22　バイアスとバリアンスのトレードオフ

- 中心から外れている
（高バイアス）

- ばらつきが大きい
（高バリアンス）

- 中心から外れている
（高バイアス）

- ばらつきが小さい
（低バリアンス）

- 中心に近い
（低バイアス）

- ばらつきが大きい
（高バリアンス）

- 中心に近い
（低バイアス）

- ばらつきが小さい
（低バリアンス）

解値」を指すものと考えてください。

　"未知の"データに対して予測モデルが予測値を算出する以上、低バイアスと低バリアンスの双方を同時に達成するのが難しいことが、この図からも直感的に想像がつくでしょう。

アンサンブル学習の手法

　バイアスとバリアンスについて理解が深まったところで、再び決定木の話に戻ります。

　決定木は、一般にバリアンスが高まりやすい傾向があります。これは、ノードを分割する基準次第で予測結果が大きく変わるためであり、機械学習モデルで重要な汎化性能を高めづらい要因となります。

　アンサンブル学習では、バイアス／バリアンスのいずれかもしくは双方で精度が低い機械学習モデルを複数利用し、それぞれの出力結果を

用いてバイアス／バリアンスを共に抑えた高い予測精度／汎化性能を実現することを狙います。これにより、決定木の弱点を克服しながら精度の高い予測モデルの構築を実現します。

　アンサンブル学習の分野では、精度の低い個々の機械学習モデルを**弱学習器**と呼びます。弱学習器の予測結果を組み合わせて、多数決のようなアプローチで予測精度を向上させる方法がアンサンブル学習です。

「実行タスクの観点からの分類」の節（p.185）で解説した通り、機械学習モデルが実現するタスクは大きく識別、予測、実行の3つです。アンサンブル学習でもこれらのうちいずれかを実現しますが、ここでは識別、予測について理解のためにイメージを提示します。

図 5.23　アンサンブル学習：識別

正解	弱学習器による識別				結果
	A	B	C		
○	○	○	×	➡	○
×	×	×	○	➡	×
○	○	×	○	➡	○

図 5.24　アンサンブル学習：予測

正解	弱学習器による予測				結果
	A	B	C		
500	400	600	650	➡	550
800	750	850	890	➡	830
400	450	360	330	➡	380

識別、すなわち「Yes か No か」といった分類を実行する弱学習器を組み合わせる場合、分類結果を統合して多数決のように出力を決定します（図 5.23）。

　一方、予測、すなわち重回帰分析のような予測モデルの場合、各モデルが出力した予測値の平均値を出力として決定します（図 5.24）。

　アンサンブル学習には弱学習器を用いるため、高精度な予測モデルと比べると一つ一つの弱学習器に必要となる訓練データは少なくて済みます。また、質的／量的データが混在していても解析可能な場合が多く、データの前処理が比較的容易です。このような特徴から、アンサンブル学習は実務で採用しやすい一つのアプローチと言えます。

　しかし、当然ながらアンサンブル学習は万能なモデルではありません。次節からは、アンサンブル学習の具体的な手法である**「バギング」「ブースティング」**について触れながら、アンサンブル学習のメリットに踏み込みつつ、デメリットについても解説していきます[1]。

1　アンサンブル学習には、他にもスタッキングと呼ばれる手法がある。簡潔に説明すると、アルゴリズムを2段階に分けて予測値を出力する手法。第一段階ではランダムフォレストやロジスティック回帰など様々なアルゴリズムを学習器として準備し、それぞれで予測値を算出する。次の第二段階では、それらの予測値を集約したメタ的なモデルを構築して学習する。このアプローチは Kaggle などのコンテストでは活躍している様子が見受けられるが、その構築難易度や解釈の難しさなどから、実務で見かけたことは筆者自身はない。本書の趣旨に従い、詳細な説明は割愛する。

バギング

バギングとは、複数の弱学習器を作成し、それぞれから得られた予測値を集約する手法です（図 5.25）。

ここで「集約」という言葉を用いていますが、バギング (Bagging) とは**ブートストラップ (Bootstrap)** と**集約 (Aggregating)** から成り立つため、略してバギングと呼ばれています。よって、まずはブートストラップという手法について理解する必要があります。

ブートストラップとは、データセットの中から重複を許して複数のデータをランダムに抽出することです。これにより、新たなデータセットを複数作成することができます。複数作成されたデータセットは、弱学習器の学習データとして利用します。当然ですが、新たに作成されたデータセットのデータ量は、抽出元のデータセットの量より少なくなります。バギングがブートストラップに基づいているということは、このブートストラップによって学習データを選んでいることを意味しています。

また、ブートストラップではデータを「ランダムに抽出」することと、

図 5.25　アンサンブル学習：バギング

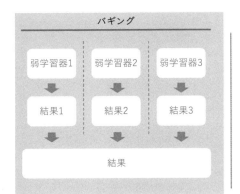
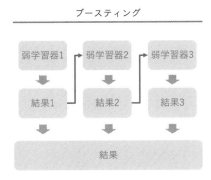

データの「重複を許す」ことが重要です。よって、複数のデータセットを作ったとしても、元のデータセットから一度も抽出されないデータが存在することもあり得ます。この一度も抽出されなかったデータは、学習済みモデルの汎化性能を検証する際のテストデータとして利用したりします。

　以上のように、バギングではブートストラップのアプローチで弱学習器、ここでは決定木の学習用データを準備します。決定木は扱いやすい一方、学習データの集め方次第で得られる結果が変化しやすく、バリアンス（分散）が大きくなりやすいという欠点があります。一方、バギングの主な目的は、バリアンスを小さくすることです。一般的に、複数の弱学習器で得られた予測結果を平均すると、分散は小さくなります[1]。これはアンサンブル学習でバギングを用いる際、弱学習器に決定木が採用される主な理由の一つです[2]。

バギングの代表的手法：ランダムフォレスト

　ここでは、具体的なバギングの手法として**ランダムフォレスト**について解説します。まず、ランダムフォレストを実務で採用する主な狙いを簡単に説明します。

　先述の通り、バギングではデータセットからランダムに複数のデータセットを重複を許して抽出して複数の弱学習器に学習させますが、この弱学習器が決定木の場合、各データセットの中身が似通っていればそれぞれの決定木の構造も似通ったものになることが懸念されます。つまり、それぞれの決定木が似た出力をしてしまい、集約した結果がバリアンスを下げるものにならない可能性があります。この点を克服するのがランダムフォレストの主な目的です。

1　標本平均の分散は$\frac{\sigma^2}{n}$（σ^2は母分散、nはサンプルサイズを表す）となる。統計的理解を求められる部分であるため、詳しくは統計学の専門書を参照されたい。
2　一方、デメリットとして、収集したデータの中で活用する説明変数がデータを分類する基準として適したものでなければ、各決定木モデルの精度そのものが疑わしくなるため、注意が必要となる。

ランダムフォレストでは、それぞれの決定木モデルごとに、データを分割する説明変数（特徴量）をランダムに指定します。これにより、各決定木モデルの間の関連性を低くします。その結果、各モデルの出力を集約した際、予測値のバリアンスの低下が期待されます。

　図5.26から分かる通り、そもそもバギングでは複数の弱学習器に対して並列で学習させることが可能であり、学習速度が速いといった利点もあります。ランダムフォレストも同様に並列処理が可能でモデル構築のスピードが速いというメリットがあります。一方で、バイアスを下げるという目的に対しては次節で解説するブースティングに劣るケースが多いようです。その理由は、バギングではそれぞれの弱学習器が並列処理で学習するのに対し、**ブースティング**ではそれぞれの学習器が「直列」で学習するからです。これがどういうことか、次節で見ていきましょう。

図 5.26　バギング：ランダムフォレスト

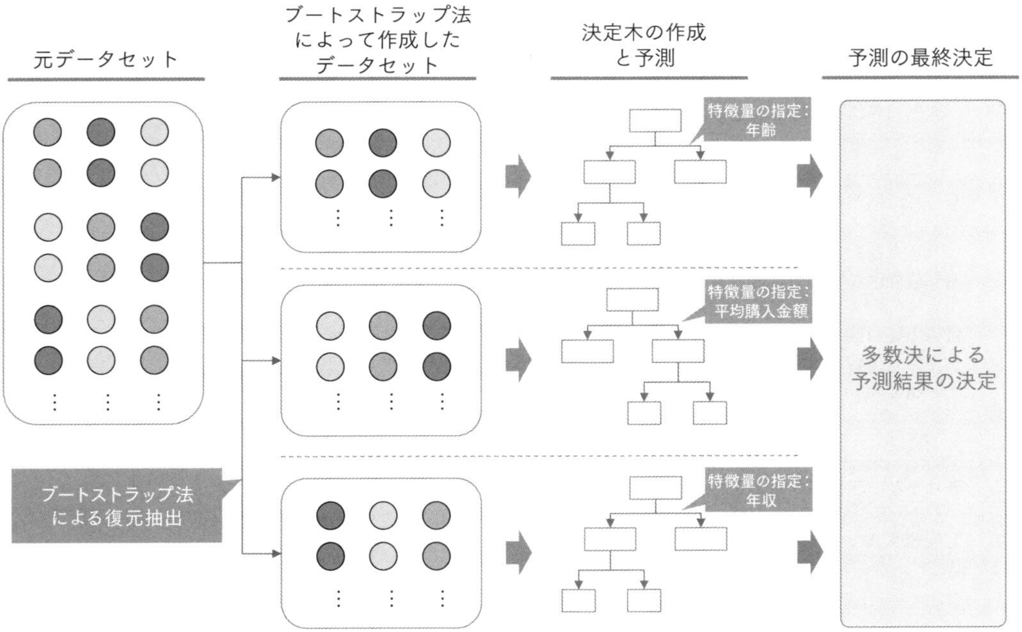

ブースティング

　先述の通り、**ブースティング**の主な特徴は弱学習器を「直列」でつなぐことです。その目的は、「前の弱学習器」の出力結果を「後の弱学習器」が学習するということを繰り返して最終的な出力結果の精度を高める、つまりバイアスを下げることです。このとき、前の弱学習器が間違えたデータに大きな重みを与えていた場合、その重みを修正して予測値の改良を重ねていきます（図5.27）。

　ブースティングアルゴリズムとして実務でよく用いられるものに**勾配ブースティング決定木（GBDT; Gradient Boosting Decision Tree）**[1]があります。ここからは、実務に頻出するこのアルゴリズムについて具体的に触れながら、ブースティングアルゴリズムについて解説していきます。

図 5.27　アンサンブル学習：ブースティング

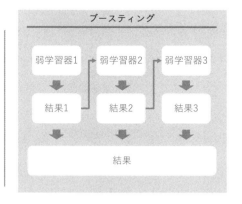

1　実務では、この勾配ブースティング決定木アルゴリズムをさらに改良した XGBoost や LightGBM と呼ばれるフレームワークがよく用いられている。LightGBM は決定木の分割方法として Leaf-wise と呼ばれる「分岐させる葉の優先順位をつけながらデータを分割する」手法を採用している。これは、XGBoost で採用されている Level-wise（木を階層ごとに分岐するという手法）に対する改良策であり、訓練速度の高速化を実現している。

ブースティングの代表的手法：
勾配ブースティング決定木 (GBDT)

勾配ブースティング決定木 (GBDT; Gradient Boosting Decision Tree) は、勾配降下法、ブースティング、決定木の各手法を組み合わせたアルゴリズムです。この手法は、勾配降下法の基本的なアイデアである「予測誤差を小さくする」というアプローチに基づいていることが大きな特徴です。

このブースティングアルゴリズムにおける予測誤差は、勾配降下法によって前の弱学習器の予測誤差を後の弱学習器で小さくすることで精度を高めるために算出されます。つまり、このアプローチでは誤差（バイアス）が小さくなるようにアルゴリズムが働くということです。この点がバギングと異なる主なポイントです[1]。

GBDT では、その名が示す通り勾配降下法を使って予測結果の精度を高めていきます。本書では「回帰木」を前提とした GBDT について解説します。解説の便宜上、下記のようなデータセットがあるとして解説を進めます。ここでは、新製品のテレビの値段を予測するモデルを考えていきましょう。

n	サイズ	画質	発売年度	販売価格(千円)
1	65	液晶	2021	200
2	55	有機 EL	2020	210
3	50	有機 EL	2021	150
4	55	液晶	2021	140
5	45	有機 EL	2020	120

1　先述の通り、バギングの主な目的はバリアンスを小さくすることである。

表の通り、予測したい目的変数を販売価格、分割条件として説明変数にテレビの「サイズ」「画質」「発売年度」の3種類のデータが与えられています。

　勾配降下法では、まずは損失関数を定めます。ここでは損失関数を下記の通り定義します。

$$L\bigl(y_i, f_m(x)\bigr) = \frac{1}{2}\bigl(y_i - f_m(x)\bigr)^2$$

　ここで、y_i は i 番目のテレビの目的変数、$f_m(x)$ は GBDT のアルゴリズムによって導出した予測値です。m は学習を繰り返した回数を表しており、最初はまだ学習がされていないため $m = 0$、すなわち $f_0(x)$ からスタートします。この予測値が、目的変数に近づくことで損失関数 $L\bigl(y_i, f_m(x)\bigr)$ が小さくなります。目的変数は、ここでは先述の通り販売価格です。

　まず、最初の予測値ですが、まだモデルの学習を行っていないため予測値の算出ができません。よって、何らかの適当な数値を予測値として用いる必要があります。一般的には、最初は目的変数全体の平均値を使っているところをしばしば見受けます。初期値を $f_0(x)$ とすると、以下の通り算出されます。

$$f_0(x) = \frac{\sum_{i=1}^{5} y_i}{5} = \frac{200 + 210 + 150 + 140 + 120}{5} = 164$$

　この値を予測値として、各目的変数との差分を算出します。この差分を、勾配ブースティング関連の文献では「**残差**」と呼ぶことが多いので、本書でも残差という言葉で解説を進めます。

n	サイズ	販売価格(千円)	残差
1	65	200	200-164=36
2	55	210	210-164=46
3	50	150	150-164=-14
4	55	140	140-164=-24
5	45	120	120-164=-44

　次に、決定木のアプローチに沿い、データを分割します。ここではルートノードを説明変数の「サイズ」を用いて「55インチ未満かどうか」で分割したとします。すると、3、5番目のテレビと1、2、4番目のテレビが同じリーフに属することになります。解説の便宜上、前者と後者のリーフをそれぞれリーフ1、リーフ2と呼ぶこととします（図5.28）。

n	サイズ	販売価格(千円)	残差	リーフ
1	65	200	200-164=36	2
2	55	210	210-164=46	2
3	50	150	150-164=-14	1
4	55	140	140-164=-24	2
5	45	120	120-164=-44	1

　このとき、この分割方法が適切だと言えるためには、各リーフのテレビの目的変数である販売価格と、販売価格の予測値の差分が最小でなければなりません。これをリーフ1で考えると、以下の数式を満たすこととなります。リーフ1の1回目の学習における残差は $\gamma_{1,1}$ と表現するものとします。

図 5.28　データの分割

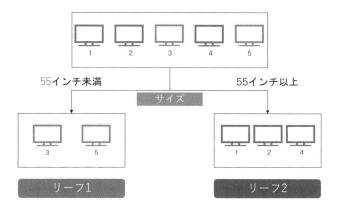

55インチ未満　　　　　　　　　　　　55インチ以上

サイズ

リーフ1　　　　　　　　　　　　　　リーフ2

$$\gamma_{1,1} = \underset{\gamma}{\mathrm{argmin}} \left[\frac{1}{2}(y_3 - f_0(x) - \gamma)^2 + \frac{1}{2}(y_5 - f_0(x) - \gamma)^2 \right]$$

$\underset{\gamma}{\mathrm{argmin}}[\cdot]$：パラメータ γ の値を変化させて [ ] 内を最小値にするよう
　　　　指示する関数。[ ] 内は先述の損失関数 L

$\gamma_{1,1}$：リーフ 1 について、1 回目の学習後の残差。γ の右下に記され
　　　ている数字のうち、左側がリーフの番号、右側が学習回数を表す
　　　ものとする

γ：$\gamma_{1,1}$ の値を最小にするパラメータ

$\underset{\gamma}{\mathrm{argmin}}[\cdot]$ の中身の y，$f_0(x)$，γ に具体的な数値を代入して計算する
と、

$$\gamma_{1,1} = \underset{\gamma}{\mathrm{argmin}} \left[\frac{1}{2}(-14 - \gamma)^2 + \frac{1}{2}(-44 - \gamma)^2 \right]$$

となります。これが最小になるとはつまり勾配がゼロになる、言い換
えれば微分した結果がゼロとなるということです。

$$\frac{d}{d\gamma}\left(\frac{1}{2}(-14-\gamma)^2 + \frac{1}{2}(-44-\gamma)^2\right) = -58 - 2\gamma = 0 \quad ^{1}$$

$$\therefore \gamma_{1,1} = -29$$

　求めた残差を用いて、予測値を更新します。予測値の初期値 $f_0(x)$ は、先述の通り表の 5 つのテレビの価格の平均値 164 を用いました。この予測値が、上記の計算の結果、リーフ 1 では 29 だけズレているということが分かりました。よって、その分だけ予測値を更新します。

$$f_1(x) = f_0(x) + \eta \cdot \gamma_{1,1} = 164 + 0.1 \times (-29) = 161.1$$

　η は**学習率**と呼ばれるもので、$\gamma_{1,1}$ によって予測値が大幅に更新されて「最適解を通り過ぎてしまう」ことを防ぐために用いられる手法です。ここでは例として、$\eta = 0.1$ としています。これにより、1 回目の学習によって更新された予測値 $f_1(x)$ が算出されました。一方、この例ではリーフがもう一つあるため、同様に計算する必要があります。リーフ 2 の 1 回目の学習における残差は $\gamma_{2,1}$ と表現するものとします。

$$\gamma_{2,1} = \underset{\gamma}{\mathrm{argmin}}\left[\frac{1}{2}(y_1 - f_0(x) - \gamma)^2 + \frac{1}{2}(y_2 - f_0(x) - \gamma)^2 + \frac{1}{2}(y_4 - f_0(x) - \gamma)^2\right]$$

$$\frac{d}{d\gamma}\left(\frac{1}{2}(36-\gamma)^2 + \frac{1}{2}(46-\gamma)^2 + \frac{1}{2}(-24-\gamma)^2\right) = 58 - 3\gamma = 0$$

$$\therefore \gamma_{2,1} = 19.3$$

$$f_1(x) = f_0(x) + \eta \cdot \gamma_{1,2} = 164 + 0.1 \times 19.3 = 165.9$$

1　省略した計算（微分操作）は下記の通り。

$$\frac{d}{d\gamma}\frac{1}{2}(-11.1-\gamma)^2 = 2 \times \frac{1}{2}(-11.1-\gamma) = -11.1 - \gamma$$

$$\frac{d}{d\gamma}\frac{1}{2}(-41.1-\gamma)^2 = 2 \times \frac{1}{2}(-41.1-\gamma) = -41.1 - \gamma$$

以上の計算によって、リーフ 1、2 の残差が更新されたため、再度残差を計算します。

n	サイズ	販売価格(千円)	残差(更新 1 回目)	リーフ
1	65	200	200-165.9 = 34.1	2
2	55	210	210-165.9 = 44.1	2
3	50	150	150-161.1 = -11.1	1
4	55	140	140-165.9 = -25.9	2
5	45	120	120-161.1 = -41.1	1

　この結果を用いて、2 回目の学習を行います。リーフ 1、2 のそれぞれの予測値の算出結果は下記の通りです。まず、$\gamma_{1,2}$ について計算します。

$$\gamma_{1,2} = \underset{\gamma}{\operatorname{argmin}}\left[\frac{1}{2}(y_3 - f_1(x) - \gamma)^2 + \frac{1}{2}(y_5 - f_1(x) - \gamma)^2\right]$$

$$\frac{d}{d\gamma}\left(\frac{1}{2}(-11.1 - \gamma)^2 + \frac{1}{2}(-41.1 - \gamma)^2\right) = -52.2 - 2\gamma = 0$$

$$\therefore \gamma_{1,2} = -26.1$$

　続いて、$\gamma_{2,2}$ について計算します。

$$\gamma_{2,2} = \underset{\gamma}{\operatorname{argmin}}\left[\frac{1}{2}(y_1 - f_1(x) - \gamma)^2 + \frac{1}{2}(y_2 - f_1(x) - \gamma)^2 + \frac{1}{2}(y_4 - f_1(x) - \gamma)^2\right]$$

$$\frac{d}{d\gamma}\left(\frac{1}{2}(34.1 - \gamma)^2 + \frac{1}{2}(44.1 - \gamma)^2 + \frac{1}{2}(-25.9 - \gamma)^2\right) = 52.3 - 3\gamma = 0$$

$$\therefore \gamma_{2,2} = 17.4$$

　以上の計算結果を踏まえ、予測値を更新して $f_2(x)$ を算出します。

$$リーフ1 : f_2(x) = f_0(x) + \eta \cdot \gamma_{1,1} + \eta \cdot \gamma_{1,2} = 158.5$$
$$リーフ2 : f_2(x) = f_0(x) + \eta \cdot \gamma_{2,1} + \eta \cdot \gamma_{2,2} = 167.7$$

n	サイズ	販売価格(千円)	残差（更新2回目）	リーフ
1	65	200	200-167.7=32.3	2
2	55	210	210-167.7=42.3	2
3	50	150	150-158.5=-8.5	1
4	55	140	140-167.7=-27.7	2
5	45	120	120-158.5=-38.5	1

　この結果を用いれば、未知のデータに対して予測を行うことが可能となります。例えば、目的変数としている販売価格（千円）について不明なテレビがあり、そのテレビのサイズが 60 インチであれば、リーフ 2 に属するため販売価格は 167.7 千円だと予測結果が算出されます。また、予測値の更新を繰り返すことで未知のデータに対する予測精度の向上が期待できます。

　リーフ 1 の予測値の更新の様子を図 5.29 に示します。ここまでの解説を踏まえてこれを見れば、冒頭で述べた「『前の弱学習器』の出力結果を『後の弱学習器』が学習するということを繰り返して最終的な出力結果の精度を高める」ということの意味が理解できるかと思います。

　GBDT はこのように決定木モデルを直列につないで、前の学習器の誤差を活用しながら精度を高めますが、直列の構造であるため学習速度が遅いという欠点があります。また、誤差を小さくすることを得意とする反面、過学習に陥りやすい傾向があります。

　バギング、ブースティングなどのアンサンブル学習に限らず機械学習モデル全体に言えることですが、機械学習モデルを実務で活用する際に、そのモデルがどのような原理で動くのかを理解しておくことは非常に有

図 5.29　予測値の更新

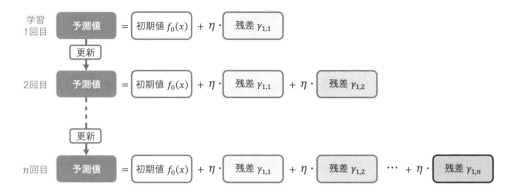

意義です。モデルの仕組みがある程度理解できていれば、そのモデルの
長所や短所、使用上の注意点等について、自ら意識できるだけでなく他
者にも根拠と納得感のある説明が可能となるでしょう。実務においては
「自分だけが分かっていればいい」という進め方は往々にして通用せず、
関係者への明確な説明が常に求められます。

　一方、上記のような考察をイチから順に説明することは大きな労力を
伴います。DX の実務に関わるからには、コミュニケーションコストの
削減や成果の拡大のためにも、このような機械学習モデルの原理につい
て理解を深めることに個人としてもチームとしても注力すべきでしょう。

Column

Feature Importance

　実務では、勾配ブースティング決定木の発展型である **XGBoost** や
LightGBM が利用されているところをしばしば見受けます。その理由
には計算速度の速さもある一方、「まずは説明変数全体のうち、どの説
明変数が目的変数の予測に大きく寄与しているのかを見たい」というモ
チベーションがあります。例えば決定木を前提とした場合、XGBoost
や LightGBM のフレームワークを使用すると、分割条件として寄与度の

高さ（情報利得の大きさ）が説明変数ごとに定量的に出力されます[1]。これはフレームワークに標準的に備わっている機能であり、データがあればすぐに試すことができます。ここで算出される寄与度の高さ（特徴量の重要度）を **Feature Importance** といいます（図 5.30）。

　当然ながら、モデルを適用するドメインへの知識や説明変数の性質に関する理解が浅いまま Feature Importance の数値を鵜呑みにしてしまうことは危険です。しかし一方で、膨大な説明変数の中で「どの説明変数を扱うことが得策なのか」について、まずは"当たりをつけてみる"ことは、時間的制約から逃れられない実務上では有効なアプローチと言えるでしょう。

図 5.30　Feature Importance

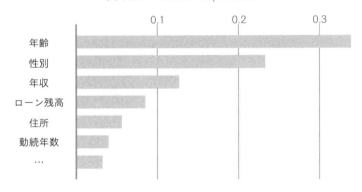

　上記は決定木の解説のついでに触れた程度の話ですが、このような「実務を通じて知る手法」「実務で体感したからこそ重要だと気づく進め方」は、DX のような新しい領域では少なくないのではないでしょうか。周到に企画／準備したうえで実施の判断をすることも大切ですが、まずは現場でやってみるといった"行動量"も、DX の実務では重要だと筆者は思います。

1　決定木関連のフレームワークには Feature Importance を算出する機能が備わっている。Feature Importance の合計値は 1 になるよう出力される。

画像認識／自然言語処理で用いる 深層学習モデル

　前節「教師あり学習：深層学習／ニューラルネットワーク」では、深層学習モデルの基礎となる部分を解説しました。その際、勾配降下法の効果について考察しやすいよう、基本的かつシンプルな構造を持つニューラルネットワークをもとに説明しました[2]。一方、深層学習モデルは日々進化を続けており、新たな技術が次々と誕生し続けています。DX の実務に携わるからには、このような最新の技術についても大枠でも良いので理解しておくことが望ましいでしょう。

　本節では本書 Part 4 の「非構造化データの前処理」の節（p.155）で扱った画像データ及びテキストデータを対象とした深層学習モデルについて、筆者が少なくとも理解しておくべきと考える技術に焦点を当てて解説していきます。この領域は技術革新が著しく、かつ高度な数理的理解が要求されるため、本書ではあくまで要所に絞った解説をします。また、本パートでは各テーマについて推薦書籍を注釈で適宜紹介していきますので、幅広いテーマへの気付きを得る契機となれば幸いです。

2　前節で紹介したモデルは「全結合型ニューラルネットワーク」と呼ばれるものであり、図 5.12 中の○で表現したすべてのノードが互いに結合したものである。

画像認識のタスク

　まずは**画像認識**についてです。画像認識の技術は、スマートフォンでの顔認証や写真のオートフォーカス、写真内のモノ／動物の検出など幅広い用途で用いられ、日々の私達の生活を支えている重要な技術です。画像認識が実現する主なタスクは下記の通りです。

- **画像分類**：与えられた画像の被写体を識別して分類する
- **物体検出**：画像中のどの部分に何が写っているのかを検出。**バウンディングボックス検出**と**キーポイント検出**がある[1]。
  - **バウンディングボックス検出**は、画像内に存在する物体を四角形の枠で検出する。主に画像内の位置検出とクラス分類を行う。
  - **キーポイント検出**は、検出対象の物体に対して複数の座標点（キーポイント）を検出し、物体の全体像を捉えるもの。**姿勢推定（Pose Estimate）**とも呼ばれる。
- **セグメンテーション**：特定の対象物が画像内のどこに位置するのかを推定する[2]。主要な手法を図 5.31 に示す。

図 5.31　画像認識：セグメンテーション

セマンティックセグメンテーション

- 画像内に写っているあらゆる物体（空や雲、道路など）について、画像内の全ての画素にラベルを付与

インスタンスセグメンテーション

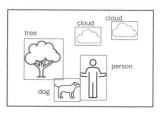

- 人/動物/走行車両など画像内に写っている物体の種類や位置を識別し、それぞれにタグ/IDなどを付与

パノプティックセグメンテーション

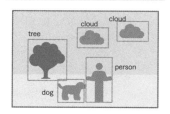

- セマンティックセグメンテーションとインスタンスセグメンテーションの双方のアプローチを統合
- 画像中の全ての画素にラベルを付与しつつ、物体にタグ/IDなどを付与

1　物体検出においては、近年は end-to-end の深層学習モデルが注目されている。例えば画像認識の一分野である OCR では、画像データからテキストを検出し、形態素解析によって文字を分解して文字認識を行うという一連のタスクがそれぞれ行われるが、end-to-end のアプローチでは一つの深層学習モデルで画像認識から文字認識まで行ってしまう。

2　近年は検出とインスタンスセグメンテーションを同時に実現する Mask R-CNN が注目されている。

画像認識に用いられる深層学習モデル

　画像認識で実行できる代表的なタスクを概観しましたが、これらのタスクはデータを大量に利用することで実現されます。そして、このデータが「画像」であるため、深層学習モデルが威力を発揮することになります。それがどういうことなのか、ここでは画像認識の分野で予測モデルの中心となっている**畳み込みニューラルネットワーク（CNN；Convolutional Neural Network）**の基本構造に触れながら解説します（図 5.32）。

　画像認識を実現するには、そもそも入力データとなる画像データの構造を前提とする必要があります。画像データは縦×横の 2 次元の広がりの中に、微小な四角形（画素）が集まってできています。さらに、色を表す**チャンネル**と呼ばれる「奥行き」を示す次元が存在し、カラー

図 5.32　畳み込みニューラルネットワーク

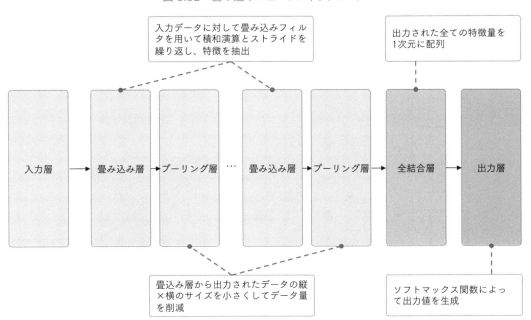

入力データに対して畳み込みフィルタを用いて積和演算とストライドを繰り返し、特徴を抽出

出力された全ての特徴量を1次元に配列

畳込み層から出力されたデータの縦×横のサイズを小さくしてデータ量を削減

ソフトマックス関数によって出力値を生成

入力層 → 畳み込み層 → プーリング層 … 畳み込み層 → プーリング層 → 全結合層 → 出力層

画像であれば RGB（Red ／ Green ／ Blue）の 3 つのチャンネルがあります。つまり、入力値としての画像データは 3 次元のデータとなります。

　一方、CNN で画像分類などのタスクを行う場合、分類結果の出力はソフトマックス関数を用いて確率値で表します。すると、3 次元データのままではソフトマックス関数の入力データとして扱うことはできず、1 次元のデータに変換する必要があります。このとき、何の工夫もなく 3 次元の情報量のデータを 1 次元のデータに変換してしまうと、画像認識のタスク実行において重要な特徴量を捨ててしまう可能性があります。例えば画像データ内でピクセル同士の近さ／遠さといった特徴量は、3 次元のデータを 1 次元にしてしまうことで失われてしまいます。このような画像データの「形状」を保持しながら学習が可能となるよう、CNN では**「畳み込み層」「プーリング層」**と呼ばれる層が組み込まれています。これが CNN の大きな特徴であり、その名称の由来でもあります。

図 5.33　CNN：画像の特徴を統合する

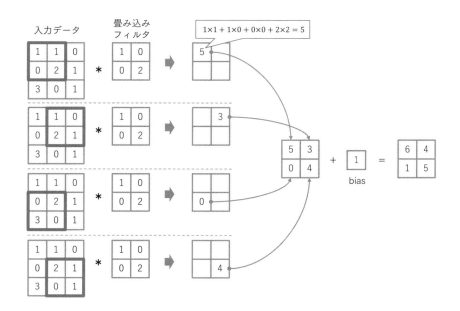

CNN では、畳み込み層とプーリング層への画像データの入出力を繰り返して画像の特徴を統合していきます。まず、畳み込み層では入力データに対して畳み込みフィルタと呼ばれるものを用いて**「積和演算」**と**「ストライド」**を繰り返し、演算結果から特徴を抽出します。さらにバイアスを加えた値が出力値となります（図5.33）。

　ここで、画像データはチャンネル方向も含めた3次元のデータです。よって、3次元のデータに対して**畳み込みフィルタ**を適用し、積和演算とストライドを繰り返します。図5.34 では、畳み込みフィルタは入力値と揃えて、奥行き（チャンネル数）は3となっています。算出結果は統合され、1枚の特徴マップが出力されます。この図では「縦2×横2×チャンネル数3」で1セットの畳み込みフィルタが用いられており、**特徴マップ**は畳み込みフィルタのセットの数だけ作成されるため、1枚の特徴マップが出力されています。

図5.34　CNN：3次元のデータから1枚の特徴マップを出力

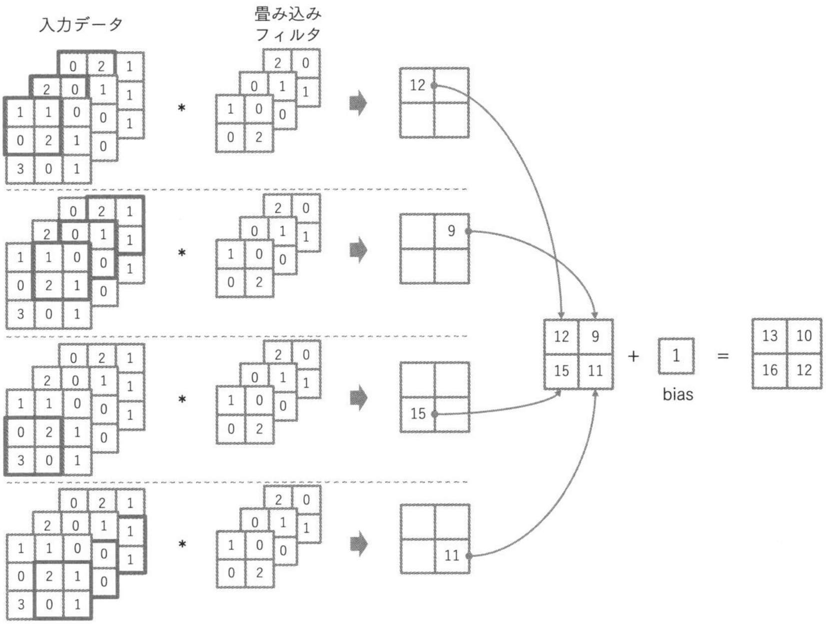

続くプーリング層では、畳み込み層から出力されたデータの縦×横の
サイズを小さくします。つまり、データ量を削減します。その際、重要
な特徴量を残し、不要または重要でない特徴量を削除するために、**Max
Pooling** と呼ばれる手法を適用します。どのような処理を行うのかは、
図 5.35 を見れば理解いただけると思います。

　全結合層では、出力された特徴量すべてを 1 次元に配列します（図
5.36）。その理由は、CNN の出力層で利用されるソフトマックス関数
が分類等のタスクを実行するには、ソフトマックス関数の設計に合わせ
てデータ量を調整しつつ、データを 1 次元の配列にする必要があるか
らです。

　このように、画像データが持つ特徴量をうまく残しつつ情報量を減ら
していくことが、CNN の基本戦略と言えます。この基本戦略をより精
度高く、かつ高速に遂行するために、様々な技術が生まれています。す
べての技術に触れることは紙面上難しいですが、特に以下の 3 つの技術
は、画像認識領域における深層学習の精度を飛躍的に向上させているの
で、簡単にご紹介します[1]。

図 5.35　CNN：プーリング層

9	10	18	10
12	24	13	12
13	19	22	19
15	6	15	16

24	18
19	22

1　参考文献として、『ゼロから作る Deep Learning――Python で学ぶディープラーニングの理論と実装』（斎
　藤康毅著、オライリー・ジャパン、2016 年）を参照されたい。

図 5.36　CNN：全結合層

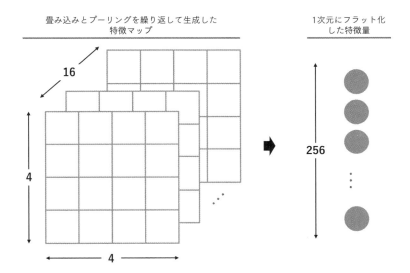

畳み込みとプーリングを繰り返して生成した
特徴マップ

1次元にフラット化
した特徴量

16

4

4

256

- **ReLU（Rectified Linear Unit）**：畳み込みフィルタを通して出力
  された値がさらに入力される活性化関数。ReLU に入力される値が
  正であれば、そのままの値が出力値となるが、負の値が入力される
  と出力値は 0 に変換される。これは、畳み込みフィルタによって
  特徴が捉えられなかった（0 以下の値となった）部分が以降のフィ
  ルタで特徴量とならないようにする働きとなる。

- **バッチ正規化**：訓練データとして用いる画像データ全体からミニ
  バッチ（ランダムに抽出された複数の画像データ）を作る。さらに、
  ミニバッチにおける平均が 0、標準偏差が 1 となるように正規化し
  て、データの分布の偏り等の影響を排除する。この正規化された訓
  練データによって学習速度が向上する。

● **残差接続（スキップ接続）**[1]：誤差逆伝播時に上層の誤差を、1つあるいは複数の層をスキップし、下層（入力に近い層）にそのまま伝える。誤差逆伝播時、どこかの層で出力が0となってしまうと勾配に関する情報が消えてしまう問題（**勾配消失問題**）を解消する。

1　詳細は以下の論文を参照されたい。https://www.cv-foundation.org/openaccess/content_cvpr_2016/papers/He_Deep_Residual_Learning_CVPR_2016_paper.pdf

AlexNet ／ ResNet

　画像認識の分野では次々と新たな深層学習モデルが創出され続けています。それらの新たなモデルの誕生の契機は、ILSVRC（ImageNet Large Scale Visual Recognition Challange）という 2010 年から 2017 年まで行われた画像分類の技術を競うコンペティションでした。そこで成果を出すことで、モデルの性能が評価されました。

　ILSVRC の歴史において CNN は様々な技術が実装されて進化してきましたが、その中核的技術を理解するうえで特に外せないのは、2012 年に優勝した **AlexNet**、そして 2015 年に優勝した **ResNet** でしょう。

　AlexNet では、様々な技術を駆使した深層学習モデルによって画像識別を実現しています。GPU を駆使した並列計算、画像データを反転、回転等によって“水増し”するデータオーグメンテーション、活性化関数として ReLU を使用するなど、昨今の CNN の基本構造となる深層学習モデルを提唱しました。それだけでなく、ドロップアウトと呼ばれる手法によって過学習を防ぐことにも成功しています。ドロップアウトとは、ニューラルネットワーク上のニューロンをランダムに消去しながら訓練データを学習することで、過学習を防ぐ方法です。

　2015 年に優勝した ResNet は、152 の層を持つ CNN です。一般に、層数を増加させることは勾配爆発、もしくは勾配消失を起こしやすくするため、152 層すべての層で入出力を繰り返すと、ほぼ確実に勾配消失か勾配爆発のいずれかが起こります。ResNet が革新的だったのは、この問題をスキップ接続によって回避したことです。前年の 2014 年に優勝した GoogLeNet は 22 層だったため、この層数の増加は驚異的と言えるでしょう。ResNet は誤認識率が 3.5% という驚異的な数値を出し、人間の認識率を上回ったと言われています。

自然言語処理のタスク

ここからは、自然言語処理をめぐる深層学習モデルについて、まずはモデルが実現するタスクを簡単に概観し、続いて自然言語処理における代表的な深層学習モデルの **Word2Vec**、**再帰型ニューラルネットワーク**（RNN：Recurrent Neural Network）について概説します。繰り返しですが、本書では筆者が少なくとも理解しておくべきと考える技術に焦点を当てて解説していきます。各テーマについて推薦書籍を適宜紹介していきますので、ぜひ、専門書にもチャレンジしてください。特に自然言語処理の分野では、Transformer や BERT（Bidirectional Encoder Representations from Transformers）といった「次世代のAI」として世界的に注目を集め、我々の生活を大きく変化させ得る技術が急速に発展しています。

自然言語処理の各タスクを実施するには、テキストデータの前処理が必要です。具体的には形態素解析と単語の分散表現で、これらは前節「非構造化データの前処理」（p.155）で解説した通りです。それらの前処理を実施したうえで、自然言語処理では以下のようなタスクを実現します。

- **機械翻訳**：英文和訳、和文英訳など、ある文法規則に従う自然言語を別の文法規則に従う自然言語に翻訳する。
- **文書要約**：入力データとしての文書について、その要旨を簡潔に意味の通る内容に要約する。単一文書要約と複数文書要約がある。
- **対話システム**：音声を認識し、その意図に対する解釈を踏まえて適切な応答を行う。Apple 社が開発した Siri などが有名。

自然言語処理に用いられる深層学習モデル： Word2Vec／RNN

　続いて、具体的な技術について解説していきます。まずは **Word2Vec** についてです。ここで採用される予測モデルは全結合のシンプルな構造のニューラルネットワークです。Word2Vec が実現するタスクとは、簡単に言えば「特定の位置に出現する単語が何か、推論によって推測すること」です。この推論に用いる情報は、その位置の前後にある単語です（図 5.37）。

　このアプローチは、「分布仮説」と呼ばれる考え方に基づきます。分布仮説とは、「ある単語の意味は、その単語そのものからというよりもむしろ文脈、言い換えれば前後の単語によって決まるという考え方」です。例えば、"Apple" という単語が「りんご」を指すのか、それとも会社名を指すのかは文脈、つまり前後の単語によって決まるということです。これは私達の日常的な感覚とも合致するものでしょう。

　さらに、Word2Vec では「推測」、すなわち確率的に単語を推定します。

図 5.37　Word2Vec での推論

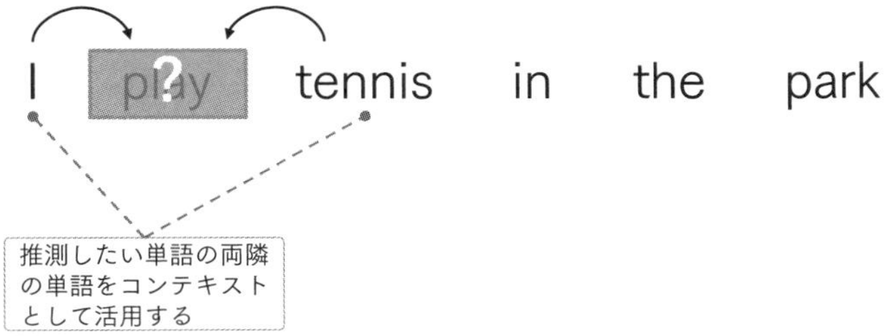

I　play　tennis　in　the　park

推測したい単語の両隣
の単語をコンテキスト
として活用する

入力データを与えられた予測モデル[1]は、入力層、中間層、出力層のみのシンプルな構成のニューラルネットワークを通じて、単語の出現確率を出力します。確率値の算出にはソフトマックス関数が採用されます。

具体例として、ここでは **Continuous Bag-of-Words（CBOW）** と呼ばれるモデル[2]について簡単に触れます（図 5.38）。

入力値、すなわち単語を推測するためのコンテキストは「前後の単語」を用いることとし、2つの入力層で構成しています。また、入力値については One-hot エンコーディングで単語をベクトル化し、コンテキス

図 5.38　CBOW

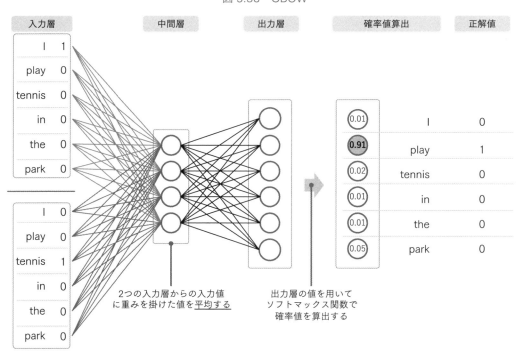

1　モデルには CBOW モデルと skip-gram モデルの 2 種類がある。複数のコンテキスト（単語）からターゲットとなる単語を推測する CBOW モデルに対し、Skip-gram モデルではターゲットとなる単語から周囲の複数のコンテキスト（単語）を推測する。
2　各単語は既に紹介した One-hot エンコーディングによって 0,1 の値で表現される。

トとして扱えるようにします。

　続いて中間層です。入力値に対して重みをかけて中間層の値を得るところは既に解説したニューラルネットワークと同じですが、この中間層では、2つの入力層から得た値を「平均」します。

　中間層の値に重みをかけて、出力層の値を得ます。この値がソフトマックス関数の入力値となり、確率値が算出されます。あとは、誤差逆伝播法で誤差を修正します。 非常に簡易的な解説ですが、これがCBOWモデルの全体像です[3]。

　上記のCBOWモデルの解説から分かる通り、入力データとなるコンテキストは、中間層にあるニューロンで変換後の値が平均されてしまいます。つまり、各コンテキスト情報が特定したい単語の前にあるのか、後ろにあるのかという「順序」の情報がなくなってしまいます。文章とは前から後ろに向かって単語が連なることで意味を形成するものである以上、単語の前後関係は非常に重要な情報と言えます。この前後関係、言い換えれば「時系列」のデータをうまく扱うことができる深層学習モデルが、**再帰型ニューラルネットワーク（RNN：Recurrent Neural Network）** です。

　RNNでは、過去の入力値を記憶しながら次のデータを入力し、予測結果を出力します。その際、次々と入力されるデータを保持するためのループ構造を持っていて、このループでつながれたネットワークを再帰セルと呼びます。再帰セルは、過去の入力データと出力データを保持[4]しながら新たな入力データを受け取りますが、この様子はしばしば図5.39（次頁）のように時間軸方向に展開した形で説明されます。

　しかし、これは簡単なことではありません。RNNではこの図の通り時間軸方向にニューラルネットワークが展開されますが、勾配計算の際

3　詳細は『ゼロから作るDeep Learning 2──自然言語処理編』（斎藤康毅著、オライリー・ジャパン、2018年）をぜひ参照されたい。
4　過去の入出力データに関する情報を再帰セルが記憶した状態を内部状態と呼ぶ。

には**誤差逆伝播法**を用います[1]。そのため、時系列データの量が増えるほど誤差逆伝播による計算リソースが膨大となるだけでなく、勾配消失／爆発が起きる可能性が高まってしまいます。これは、層の数が多いことによって勾配消失／爆発が起きる状態と同じといって良いでしょう。

このような課題に対し、CNN ではスキップ接続などによって問題を解消していました。一方、RNN では **LSTM（Long Short Term Memory）** と呼ばれるアーキテクチャを採用するケースが多いです[2]。LSTM では、再帰セルに情報の伝わり方を調整する「ゲート」と呼ばれる仕組みを設けます。これによって前の情報の一定割合を切り捨て（**忘却ゲート**）、新しい情報を一定割合で入力し（**入力ゲート**）、一定割合の

図 5.39　再帰型ニューラルネットワーク（RNN）

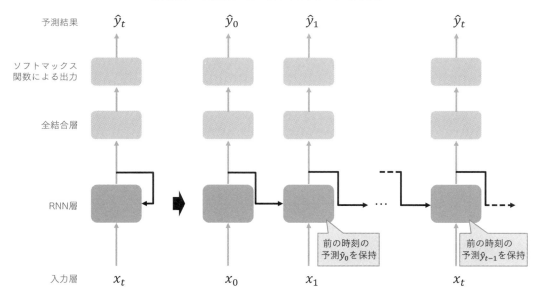

1　RNN は時間軸方向に展開したニューラルネットワークであることを鑑み、Backpropagation Through Time と呼ぶ。

2　ゲート付き RNN としては、他に GRU（Gated Recurrent Unit）が有名である。なお、RNN についての詳細は『ゼロから作る Deep Learning 2──自然言語処理編』（斎藤康毅著、オライリー・ジャパン、2018 年）を参照されたい。

情報を出力する（**出力ゲート**）という 3 つの仕組みで調整を行います。このような手法を用いて、RNN では勾配消失／爆発問題に対処しています。

Column

Transformer ／ BERT

　本パートの最後に、直近世界的にも注目されている深層学習モデル関連の技術について簡単に触れます。まずは、自然言語処理の分野で革命的な精度向上を実現した **Transformer** です。Transformer には多くの特徴がありますが、その要となるのは "**Self-Attention**" です。

　先ほど紹介した RNN は、その構造から分かる通り「前の状態」を受け取らないと計算ができないため、並列計算による高速演算ができないという問題があります。つまり、直列的な計算となるため GPU の恩恵を受けることが難しく、LSTM の構造では長い文章の処理においてどうしても計算効率が下がります。

　一方、Transformer は RNN や CNN を用いず、Self-Attention をベースとした構造となっています。Self-Attention 層と呼ばれる層では、入力されたデータ内での単語同士の関係性について、類似度や重要度を計算します[3]。この構造では並列計算が可能であり、計算速度が圧倒的に向上した結果、大幅な精度改善を実現しました。

　次に、Transformer を基礎として生まれた次世代の自然言語処理技術である **BERT** です。BERT は Transformer と同様、Google が開発した自然言語処理技術であり、Bidirectional Encoder Representations from Transformers の略称です。この名称に含まれる "Bidirectional" が意味する通り、BERT は長いテキストを " 双方向 "、つまり単語の前後から

3　Query, Key,Value と呼ばれる 3 つのベクトルを用いて計算が行われる。詳細は以下の論文『Attention Is All You Need』を参照されたい。https://proceedings.neurips.cc/paper/2017/file/3f5ee243547dee91fbd053c1c4a845aa-Paper.pdf

理解するといった、まるで人間が文章を読んでいるときのような振る舞いをします。BERT は Google 検索エンジンにも導入されています。

BERT には様々な特徴がありますが、中でも注目すべきは「**Masked Language Model**」と「**Next Sentence Prediction**」の 2 つの事前学習手法です[1]。

- Masked Language Model：文章中のいくつかの単語をマスク（隠す）して、前後の文章を両方向から解析して「穴埋め問題」を解くかのように予測する。具体的には、入力した文章の 15％ の単語を別の単語に置き換えて、その置き換えられる前の単語が何であったかを予測する。選択された単語は、80％ の確率で [MASK] に置き換えられ、10％ の確率でランダムな別の単語、さらに 10％ の確率でそのままの単語になる。

- Next Sentence Prediction：文同士の関係性を予測する。選択された 2 つの文章 A,B について、50％ の確率で B は実際に A に続く文章、50％ の確率でランダムな文章が選択され、A → B という文章の流れが正解か、不正解かを予測し、学習する。

Transformer は画像認識分野にも貢献しており、昨今では ViT（Vision Transformer）[2] が注目を集め、CNN に置き換わる可能性がある技術として注目されています。Transformer は次世代の技術を支える新たな中核的技術ですので、BERT ／ ViT 等の昨今のトレンドとなっている技術も含め、論文や専門書等に触れてみることを筆者としては強く推奨します[3]。

1　詳細は以下の論文を参照されたい。https://arxiv.org/pdf/1810.04805.pdf
2　Transformer の Self-Attention の構造を画像認識タスクに応用したもの。画像データを小さなパッチに分割、ベクトル化して Transformer と同様の処理を実現している。
3　Transformer、BERT は難解だが、分かりやすく明解に書かれた書籍としてはシーアンドアール研究所が出版している『作ってわかる！自然言語処理 AI』（坂本 俊之氏 著）を参照されたい。

教師なし学習：クラスタリング

　ここまで、教師あり学習の例としてさまざまなモデルを挙げながら、各種アルゴリズムがどのように駆動しているのか、数学的な観点も交えながら解説してきました。一方、機械学習には「**教師なし学習**」もあるので、その中の代表的手法である**クラスタリング**について解説しておきます。話を簡単にするため、2次元のデータを扱って解説します（図5.40）。

　とあるECサイトに訪問しているユーザーを"○"で表現し、横軸 x_1 が直近1ヶ月のECサイト訪問回数、縦軸 x_2 が直近1ヶ月で閲覧した商品カテゴリ数（本、家具、家電、日用品など）とします。このとき、ユーザーAがどのクラスタにグルーピングされるかを観察してみます。

図 5.40　「教師なし学習」の代表的アルゴリズムの概説：クラスタリング

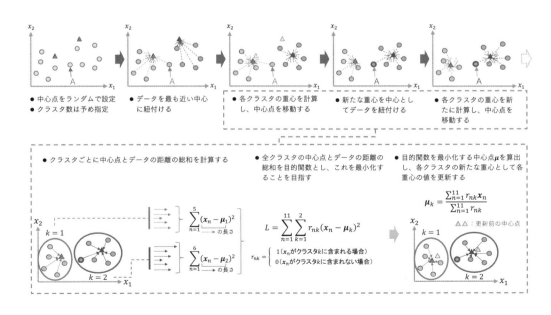

クラスタリングのプロセスは、大まかに左から右の順番に流れていきます。最初に以下の2点を設定します。

- クラスタの数：何個のクラスタにサンプルをグルーピングするかを設定
- クラスタの中心点：設定したクラスタ数と同数の点をランダムに設定

　その後、全サンプルについて「どの中心点に近いか」を計算し、グルーピングしますが、ここで各クラスタの重心を計算して再度「**中心点**」を設定し直します。そして、各サンプルがどの新たな中心点に近いかを再度計算します。サンプルによっては当初とは違うクラスタにグルーピングされることもあります。図解の中でその様子をユーザーＡについて示しています。この計算が何度行われても、全サンプルの所属するクラスタが変わらなくなるまで計算します。ここでの計算手法は教師あり学習で示した勾配降下法とは異なりますが、微分操作によって最小化される値（ここでは中心点）を計算するという考え方は共通していると言えそうです。

　ここまで、機械学習モデルの「学習」にフォーカスし、いくつかのモデルについて解説しました。機械学習で用いられる手法は他にもたくさん存在しますが、いずれのモデルを採用するにしても、ビジネスで機械学習モデルを活用する際に重要なのは、そのモデルがどのような原理で動いているのか、ある程度理解しておくことが望ましいということです。基本的かつ根本的な原理を押さえておけば、実際のビジネスに応用できるかどうかを根拠立てて考察することが一定程度可能になるでしょう。

　次の節は、いよいよ本書の総仕上げです。データ利活用技術、AIに関する理解を踏まえ、機械学習システムをビジネスに実装するための方法を整理していきます。

機械学習システムへの実装

　前節では AI の全体像における「データサイエンス」の部分について解説してきました。データサイエンスが生み出す機械学習モデルが実際にサービスとして駆動するには AI を動かす仕組み、すなわち「機械学習システム[1]」が必要です（図 5.41）。

　機械学習システムについての解説を進める前にそもそもの注意点ですが、**ビジネス課題を解決するための施策として「本当に機械学習システムを実装すべきかどうか」を考えることは非常に重要**です。図 5.42（次頁）は機械学習の分野で有名な論文[2]から引用した図ですが、機械学習を実現するには実に多くの取り組みが必要です。機械学習に求められる各種技術とシステム基盤は、論文でも言及されている通り、広大かつ複雑です。

図 5.41　AI の全体像（再掲）

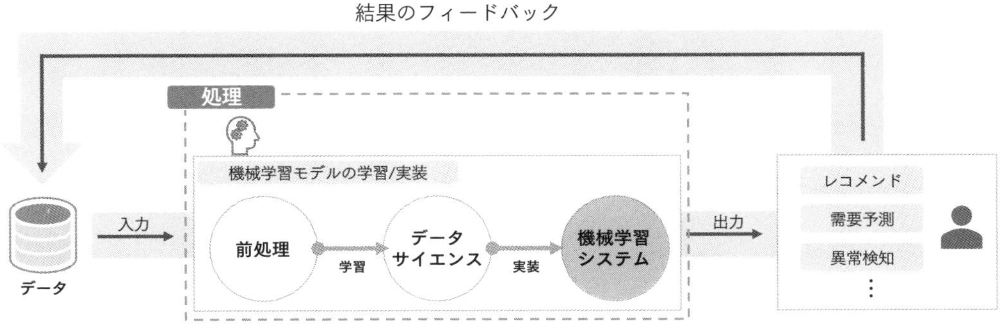

結果のフィードバック

1　世界初の機械学習システムはアメリカの計算機科学者アーサー・リー・サミュエル（Arthur Lee Samuel、1901-1990）が IBM 社在籍時に発明した Samuel Checkers-playing Program である。https://www.ibm.com/ibm/history/ibm100/us/en/icons/ibm700series/impacts/

2　https://proceedings.neurips.cc/paper/2015/file/86df7dcfd896fcaf2674f757a2463eba-Paper.pdf

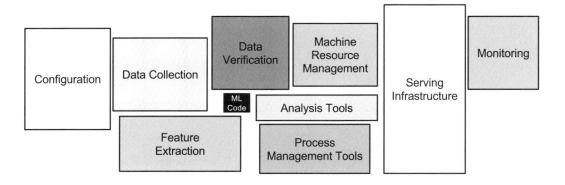

図 5.42　機械学習を取り巻く技術分野 [1]

1　図表における各箱の概要はおおよそ下記の通り。
　　Configuration：機械学習システムの開発／実装における各種設定
　　Data Collection：データ収集
　　Feature Extraction：機械学習モデルに使用する特徴量の選択
　　Data Verification：異常値や欠損値、想定外の形式のデータ等がないかの検証
　　ML Code：機械学習モデルのコード
　　Machine Resource Management：機械学習モデルの学習や機械学習システム運用等のための各種リソース管理
　　Analysis Tools：各種分析ツール
　　Process Management Tools：機械学習システムのワークフロー管理等を行う各種ツール
　　Serving Infrastructure：予測モデルをサービングするために必要な各種インフラ
　　Monitoring：予測モデルの精度や機械学習システム運用時のエラー等の監視

機械学習システム構築／運用の難しさ

　例えば、ルールベースのレコメンデーション機能を実装している EC サイトの売上をさらに向上させるために、機械学習を活用してレコメンド機能を強化しようと考えたとします。しかし、機械学習を実装するには、一般的には下記のような取り組みが必要です。

機械学習システムの企画／開発／運用の観点	概要
問題の枠組み／全体像の定義	現状把握と課題の定義 課題解決の方針策定　など
システム企画／設計	バッチ処理、ストリーミング処理などの学習方法の選択や予測結果のサービング方法の選択、予測結果を返す手段としての API サーバ構築など、機械学習に必要なシステムや機能の全体像及び詳細の企画／設計
機械学習のために必要なデータの検討	機械学習が学習するデータとして、ユーザーの基本属性データや Web 上での行動データ、商品などのコンテンツのデータ（説明文、価格、商品レビュー等）など、どのデータが必要かを検討し、各種データの収集方法、格納されるデータの形式等を設計
データの前処理実施	本書の各論パートで示したような前処理を実施し、各種データを機械学習モデルが学習可能な形式に変換
モデルの学習、評価	機械学習モデルを学習用データで訓練して精度を高め、テストデータを用いて評価

実装のためのテスト	関数やモジュールなどのプログラム単位で処理が適切に行われているか（ユニットテスト／単体テスト）、関数やモジュールなどをつないで想定通りの動作や機能を示しているか（結合テスト）、機械学習システム全体（ここでは EC システムに実装された AI レコメンドシステム）がユーザーの利用によって正しい結果を問題なく示しているか（総合テスト）を確認
監視／モニタリング	推論結果が一定時間内にユーザーに提示されているか、推論処理が正常に行われているか、AI モデルの精度が落ちていないかなど、各システムからログデータを収集して機械学習システムが正常に作動しているかを監視

　上記はあくまで一例ですが、機械学習システムの実装と効果創出は、組織的にも担当者にとっても非常に根気と体力の求められる取り組みと言えます。

　AI による価値創出の実現に向けて各社が PoC を盛んに推進していますが、『DX 白書 2021』においても、国内約 500 社への調査結果から、全社的に AI を利活用しているのは 1.9%、一部の部署で導入しているのは 18.6% にとどまり、残りの約 80％は過去の PoC 実施経験の有無も含め、調査時点では AI の利活用が実務に実装されていないとされています[1]。AI が実務に定着せず、継続的に効果が創出される状態に至らない要因としては、先述の通り AI 実装に求められる技術、組織に極めて高いレベルが求められるからではないでしょうか。

1　『DX 白書 2021』第 4 部第 2 章 データ利活用技術（2）AI 技術、図表 42-47 を参照。https://www.ipa.go.jp/ikc/publish/dx_hakusho.html

機械学習システムの実装／運用の概観

さて、そのような状況を乗り越え、機械学習システムをビジネスに実装した状況を考えてみましょう。図 5.43 に機械学習システムの全体像を示します。厳密にはもっと複雑な構造を持っているケースがほとんどですが、便宜上、理解すべき要所に絞って整理しています。機械学習システムの表現方法には統一的なものは無く、説明の目的等によって様々です。本節では、まずは機械学習システムの大枠を理解して実務推進の勘所を掴める内容を目指したいと思います[2]。

　図の①〜③では、データ収集・処理のプロセスが走ります。詳細な内容は既に Part 4 で解説していますのでここでは割愛します。

　ここでのデータパイプラインの主な目的は、機械学習用のデータマートを構築することです。データ収集から処理に至るプロセスを実行タイミングを定めて自動化したい場合は、そのためのワークフロー管理を

図 5.43　機械学習システムの実装

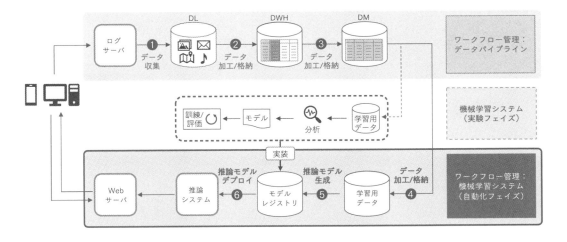

2　多角的な理解のためには様々な解説書や Web ソースを読むことを強く推奨する。一方、機械学習システム関連の技術書や Web ソースは当然ながら技術者向けに書かれている場合が多く、いきなり読むには相当な苦労を強いられるため、本書で勘所をつかむことを目指したい。

設計、実装します。①～③に対応する処理としては、例えば以下のようなものが考えられます。

① Web サービスの利用ログデータを定期的にバッチ収集
② データレイクに格納された Web ログデータを加工してデータウェアハウスに自動的かつ定期的に格納
③ データウェアハウスから機械学習用のデータマートを構築するためのデータ加工処理を自動的かつ定期的に実行

　これらを定期的かつ自動的に実行する方法としては、一連の処理を指定するプログラムを GitHub[1] などのソースコード管理システムにソースコードとして格納し、ワークフロー管理ツールがソースコードを定期的に読み込んで実行するといった運用が考えられます。

1　Git とは、プログラムのソースコードなどのバージョンを管理するシステム。GitHub は、開発者の Git 利用を支援するための Web サービス。

機械学習システム運用における典型的な課題

　機械学習システムの概観を提示しましたが、このような状態を構築することは非常に難易度が高く、高度な開発／運用体制が求められます。これから機械学習を始めるというステージにある場合、まずは手動で運用するレベルの取り組みから始めることを筆者としては強く推奨します。

　一方、AIの活用を社内で進化させていった先に、どのような課題が待ち受けているのかについては、初期的なフェーズであっても、先々を見据え、ある程度知っておくことは非常に有益だと思います。ここでは、機械学習システムの開発と運用で典型的に生じる課題について以下の図5.44のように整理しています。取り組みを進めるうえで、課題の発生前に対処し、効率的な実務推進を目指したいところです。

図 5.44　機械学習システムにおける課題の所在

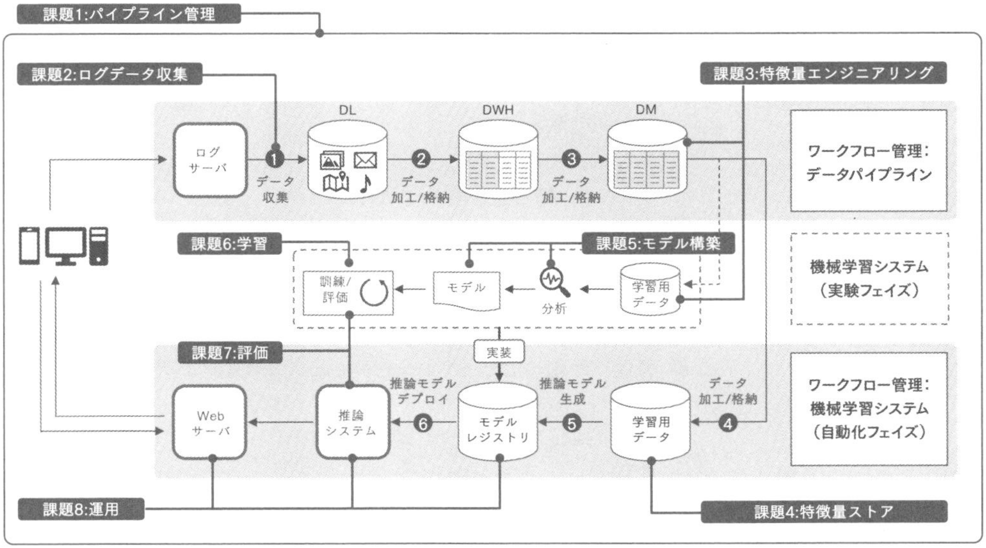

課題の所在	概要
パイプライン管理	・ 設計／開発思想の違うソフトウェアエンジニア／データサイエンティスト等が一同に介して作業するため、様々な問題が生じる
ログデータ収集	・ 事業側での動きや時間経過に伴ってログの形式が変わり、後工程に問題が生じる
特徴量エンジニアリング	・ 顧客特性等のドメイン知識が弱く、良い特徴量が作れない ・ 担当者が各々で特徴量を作成／作業し、特徴量生成のプロセスや意図が記録されずブラックボックス化する ・ データ形式ごとの変換処理、データの全体像や問題の有無を把握するための統計的解釈など、幅広い能力が必要
特徴量ストア	・ 訓練時と本番運用で前処理のパイプラインが異なり、モデルに利用する特徴量が起因して問題が生じる ・ データ追加／変更等が多く、バージョン管理も不十分なため運用／活用が進まない
モデル構築	・ 学習データの準備だけで工数がかかり、モデル構築になかなか進まない ・ ソースコード／モデル／データのバージョン管理がされておらず、担当者が属人的に行っている ・ データの分布が過去と現在では変わってしまい、学習速度や予測精度に影響が生じる
学習	・ 教師データの準備に相当な工数を要する ・ 訓練に使用したデータセットや生成プロセス、モデルのハイパーパラメータやバッチサイズ、学習率、エポック数、検証方法などの各種記録／バージョン管理ができていない ・ 学習データの妥当性を十分に検証できていない ・ 過学習への対応方針が場当たり的になっている

評価	・ 予測性能劣化時の対応方針が不揃いで、モニタリング体制が整備されていない
	・ 予測性能劣化時の要因特定の観点やプロセスが定まっておらず、場当たり的／属人的になっている
	・ 閾値の設定に合理的／納得感のある根拠がない
運用	・ パイプラインのバグ／データ処理のエラー／データドリフト／モデルの監視／予測リクエストや予測値等の保存と評価など、多岐にわたる対応が必要

　なお、ここではあくまで課題の一部を提示しており、実際の開発では実に多岐にわたる課題が発生します。また、技術の発展が目覚ましく、様々なソリューションが日々生まれている分野です。普段から技術に触れない方にとっては非常にとっつきづらく、イメージしづらいところですが、AIの実務を発展させていくミッションをお持ちであれば、まずは典型的な課題を理解し、ある程度の土地勘を持つことは非常に有効だと筆者は思います。

機械学習モデルのサービングパターン

　機械学習システムにおいて、サービングとは機械学習モデルを「提供」してシステムで駆動させることを指します。このサービングのパターンはいくつかあるので、一部紹介します。

　図 5.45 の左側は、バッチ処理によってモデルの学習を行い、予測結果を予めデータベースに格納しておく方法です。例えば、顧客 ID ごとにレコメンドする商品を予め決めておいて Web サイト訪問時に即座に表示可能としたり、需要予測を踏まえて定期的に商品のプライシングを見直すなど、リアルタイム性が求められない予測結果を活用する際に用いることが可能なパターンです。よって、比較的運用しやすいパターンですが、バッチ処理に必要となるデータ量が増えるほど学習にかかる時間やマシンコストが増大し、例えば定刻までに学習を完了できないといった事態が起こることもあり、注意が必要です。

　一方、図の右側は、バッチ処理によってモデルの学習を行うことは左側と共通ですが、予測実行と予測結果を返す処理はリアルタイムに行うパターンです。このパターンは、API サーバを間に挟むことで Web アプリケーションと推論システムが疎結合となり、双方の開発の際にプログラミング言語を揃える必要がなく、複数の機械学習モデルを用意したA／B テストの実施も行いやすいといったメリットがあります。ただ、左の図と比べて必要となる開発事項が増えるため、開発の規模や難易度は上がります。

　他にもサービングパターンは様々ですが、いずれにせよ重要なのは、実現したい価値に沿ってパターンを構築することです。一般的に、機械学習システムの予測結果の活用にリアルタイム性を求めるほど開発／運用難易度は高まりますが、リアルタイムだから良い、ということは必ずしもありません。重要なのは、実現したい価値に沿った設計になっていて、その価値を実現することで何らかの課題を解決できることです。そのためであれば、程度の問題はあれど、システム構成がシンプルだろう

と複雑だろうと、典型的な構成だろうと最先端の技術を使っていようと、
関係ないと言っても過言ではありません。

図 5.45　機械学習モデルのサービングパターン

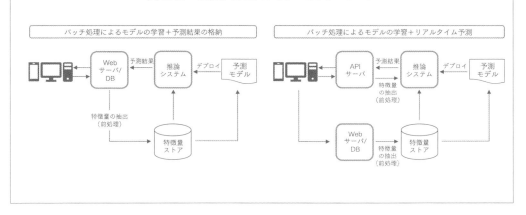

特徴量エンジニアリング

　次に、収集したデータを用いて機械学習モデルを訓練し、サービスにデプロイするまでの流れです。図 5.43（p.259）の④のステップでは、機械学習用のデータマートを作成したら、データサイエンティストがデータマート内のデータから様々な**特徴量**を作成し、機械学習モデルの学習データとします。昨今、**特徴量エンジニアリング**と呼ばれ、盛んに取り組みが行われている分野です。特徴量というデータの呼び方は、機械学習のために加工されたデータを指すときによく用いられます。

　特徴量エンジニアリングの目的は、機械学習モデルが学習するデータの質と量を高め、**訓練誤差**[1]を小さくし、**汎化性能**[2]を向上させることです。例えば、ユーザーがサービスを利用している時刻を示すデータから「サービス利用している曜日」のデータを作成したり、購買履歴データから「商品別の日別売上データ」や「メーカー別売上データ」、「ユーザー別売上データ」を作成したりと、特徴量は無数に作り出すことが可能です。具体的な各種手法は Part 4 の構造化、非構造化データの前処理の解説で触れましたが、それらを用いて様々なアプローチで特徴量を作成します。ここはデータサイエンティストの腕の見せ所と言えるでしょう。

　また、特徴量の中には機械学習モデルがリアルタイムに推論結果を返し、施策を実行するために必要なデータもあるでしょう。そのような特徴量の元となるデータは随時取得できるストリーミング処理のデータパイプライン設計が前提となります。その場合、特徴量を集約したデータマートの構築までを担うデータエンジニア、データマートを活用するデータサイエンティスト、さらには機械学習システムによってビジネス課題を解決する責任を持つプロダクト責任者が常に連携しながら開発実装を推進することになるでしょう。

1　訓練データに対する予測誤差。訓練誤差を導出するには、そもそも訓練誤算を定義し、かつ算出する損失関数を定義する必要がある。損失関数を誤差関数とも呼ぶ。損失関数については本書「最小二乗法による損失関数の導出」の節（p.192）で解説した通り。
2　「汎化性能が高い」とは、汎化誤差が小さいことを意味する。汎化誤差が小さいとは、「未知のデータに対する予測精度が高い」ことを意味する。

機械学習の実験フェイズ

図 5.43 では、④のステップの手前でプロセスが 2 つに分岐していま
す。データパイプラインと機械学習システム（自動化フェイズ）の間に
あるのが、「実験フェイズ」です。特徴量を用いて機械学習モデルを作
成する際には、何度も試行錯誤を繰り返すことになるため、そのための
実験環境が不可欠です。実験の結果、十分な精度を満たし、本番システ
ムに実装しても問題ないと判断されて初めて本番環境にデプロイされま
す。よって、まずはこの実験フェイズについて要点を解説します。

モデルの訓練と評価、汎化性能の検証

実験フェイズでは、データを分析して得られた示唆等を活用して機械
学習モデルを様々なパターンで作成し、学習用データを用いてモデルの
訓練と**評価**を行います。

この訓練と評価には、当然ながら大量のデータが必要です。また、訓
練に用いる特徴量によって機械学習モデルが示す予測の精度が変わる
可能性があります。この訓練と評価にはいくつかの方法があるので、図
5.46（次頁）に整理します（詳細は後述）。

どの機械学習モデルを用いるか決定したら、そのモデルにデータを学
習させます。この学習を訓練と呼び、この訓練のステップにおいて算出
される予測結果と正解値との差を訓練誤差と呼びます。このときに用い
られる正解値のデータは検証データ、テストデータと呼ばれ、予め正解
値として準備していたデータです。これらのデータを用いて訓練誤差が
十分に小さくなるまで訓練を行います。具体的には、「『教師あり学習』
を通じて AI を理解する」の節（p.189）で解説した勾配降下法等を用
いて予測値と正解値の差が小さくなるようにパラメータを最適化します。

このときに重要なのは**汎化性能**です。汎化性能とは、実際の実務で生
じる未知のデータに対する予測結果の精度を指します。

訓練のステップでは、機械学習モデルはあくまでも準備されていた

正解データに対してパラメータが最適化されるので、高い精度を示したとしても、未知のデータに対して高い精度の予測結果を出せるかはこの時点では判断できません。この点、学習用のデータに対して過剰にモデルが適合してしまい、汎化性能が低い状態（未知のデータに対して予測結果の精度が低い状態）となっていることを**過学習**と呼びます。また、学習済みモデルをいきなり実務で運用すると、予測結果が実際の結果と著しく乖離する場合、思わぬ問題が生じ損害につながる可能性があります。

　よって、汎化性能を評価するために予めデータを**学習データ、検証データ、テストデータ**の3つに分ける方法を採用します。学習結果に対して、テストデータの前にまずは検証データを適用する主な理由は、データを学習データ、テストデータにいきなり分けてテストしてしまうと、データの「分け方」がテストデータに対するモデルの予測精度に影響を与えてしまうことがあるからです。学習データとテストデータの間に検証

図 5.46　機械学習モデルの訓練・評価（汎化性能検証）

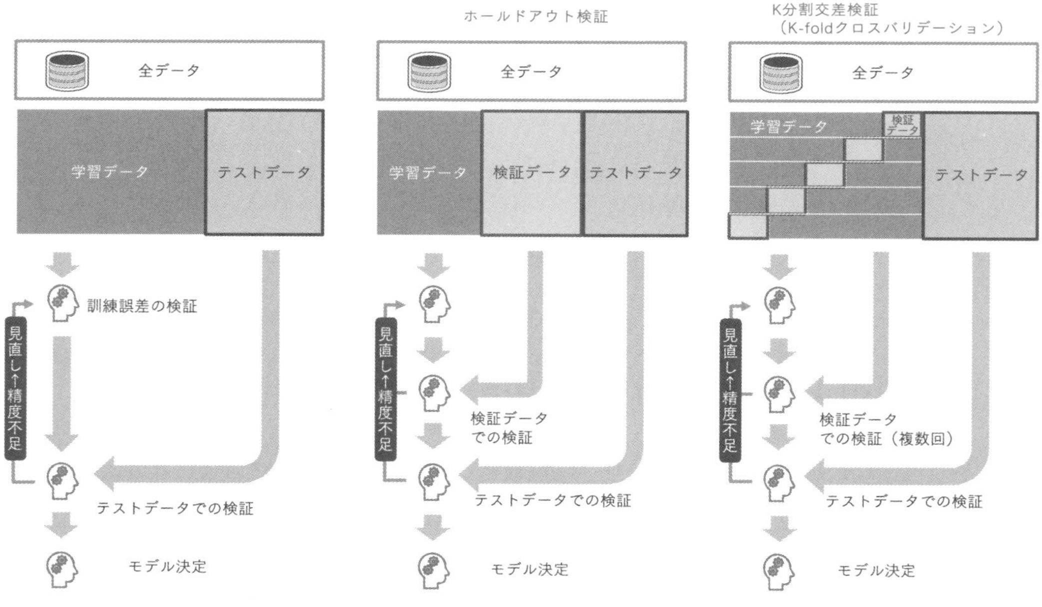

データを確保しておくことで汎化性能に対して妥当な評価を行えるようにします。

　学習データ、検証データ、テストデータの分割方法としてよく採用される方法には、図 5.46 で示している**ホールドアウト検証、K 分割交差検証（K-fold クロスバリデーション）**[1] があります。いずれの方法も、目的は「最終的に適用するテストデータによるモデル推論結果が、妥当性あるものだと主張すること」です。

検証方法	概要
ホールドアウト検証	・ 学習データとテストデータ、または学習データ、検証データ、テストデータに分割する際、すべてのデータセットを任意の割合で分割して検証を実施する。 ・ 例えば、以下のような比率が採用されるが、分割したデータに偏りがあれば正確な検証が難しくなる。 テストデータ＝8：2 学習データ：検証データ：テストデータ＝8：1：1
K 分割交差検証（K-fold クロスバリデーション）[2]	・ すべてのデータが検証データとして利用されるように学習データと検証データを複数個に分割して検証を実施する。 ・ 一般には 10 パターン程度の学習データ、検証データの組み合わせを作成し、それぞれでモデルを作成し、性能評価を行う。 ・ それぞれでの予測結果と検証データの誤差を検証し、その誤差の平均を用いて性能評価を行う

1　過学習への他の対策の例として、「正則化」と「ドロップアウト」がある。いずれも有名かつ実務で頻出の手法であり、以下に簡潔な説明を記載する。
・ 正則化：正則化には L1 正則化（Lasso 回帰）と L2 正則化（Ridge 回帰）がある。L1 正則化は、特定の説明変数への重み（パラメータ）を 0 にして不要な説明変数の影響を除外する手法。L2 正則化は、説明変数への重み（パラメータ）を小さくするが 0 にすることなく説明変数の影響度を下げる手法。
・ ドロップアウト：ニューラルネットワークの学習において、層の中のランダムに選定された幾つかのノードを無視して学習を行う手法。これにより、いくつかのパラメータの過学習が抑制される。
　これらの手法は機械学習関連の専門書にはおおよそ解説がされているため、詳細は専門書を参照されたい。
2　時系列データを学習データと検証データを分ける際、時系列的に古いデータを学習データとしてモデルを訓練し、時系列的に新しいデータを検証データとして用いて検証しなければならないことに留意されたい。

機械学習モデルの評価方法

　さて、ここまでモデル評価の「方法」について解説してきましたが、具体的に評価の際にはどのような「指標」を用いるのでしょうか。この点も重要であるため、解説していきます。

　そもそも、「実行タスクの観点からの分類」の節（p.185）で整理したように、機械学習モデルが行うタスクは大きく「識別」「予測」「実行」に分類されます。このうち、「実行」のタスクが「識別」「予測」のいずれかのタスクの結果を受けたものである点を鑑みると、「識別」と「予測」についてそれぞれの精度を評価する方法が重要です。

　本パートの前半で、予測を行うモデルで回帰分析、識別を行うモデルでロジスティック回帰を解説しました。よって、便宜上この2つのモデルそれぞれの精度を評価するという観点から解説していきます。細かいところまでは立ち入りませんが、まずは以下のような評価手法があるということを認識いただければ十分です。

回帰モデルの場合

まず、回帰分析についてですが、回帰モデルの性能は予測結果と正解との差がどれだけ小さいかを評価すればよいと考えられます。ここでは3つほど手法を例示します。

評価指標	概要	算出式
R^2	決定係数。数理モデルの当てはまりの良さを示す指標。数理モデルがまったく予測できてないなら0、すべて予測できているなら1。1に近いほどよい。	$$R^2 = 1 - \frac{\sum_{i=1}^{n}(x_i - t_i)^2}{\sum_{i=1}^{n}(x_i - \overline{x_i})^2}$$ x_i：正解値　t_i：予測値　$\overline{x_i}$：正解値全体の平均値
RMSE[1] (Root Mean Squared Error)	平方平均二乗誤差。予測値と正解値の「誤差の二乗」を合計し、平均値を算出して、さらに平方根を取ったもの。小さいほどよい。	$$RMSE = \sqrt{\frac{1}{n}\sum_{i=1}^{n}(x_i - t_i)^2}$$ x_i：正解値　t_i：予測値
MAE[2] (Mean Absolute Error)	平均絶対誤差。予測値と正解値の「誤差の絶対値」を合計し、平均値を算出。小さいほどよい。	$$MAE = \frac{1}{n}\sum_{i=1}^{n}|x_i - t_i|$$ x_i：正解値　t_i：予測値

1　RMSEでは「誤差の二乗」を計算するため、大きな誤差（外れ値）が存在する場合は値が大きくなる。そのため、大きな誤差となるデータを少なくしたい場合に用いられる。
2　MAEでは「誤差の絶対値」を計算するため、データ全体で誤差を小さくしたい場合に用いられる。

分類モデルの場合

次に、分類モデル（ロジスティック回帰分析）についてですが若干複雑なので図も交えて解説します（図5.47）。

例えばECサイトに訪問した顧客が商品を買うかどうかについて、ロジスティック回帰分析によって「買う／買わない」という分類を行ったことに対し、結果として「買った／買わなかった」というデータが取得できたとします。このとき、以下の4つの観点で考察する必要があります。

尺度	概要
T：True	買う／買わないのいずれかについて予想した結果が当たる
F：False	買う／買わないのいずれかについて予想した結果が外れる
P：Positive	購買すると予想した
N：Negative	購買しないと予想した

図 5.47　機械学習モデルの性能評価：混同行列

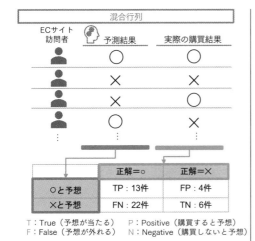

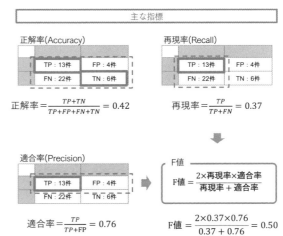

この観点でＴ／Ｆ／Ｐ／Ｎの頭文字を組み合わせたマトリックスを作成します。このマトリックスを**混同行列**と呼び、分類モデルの精度を評価する際に用います。すると、TP、FP、FN、TNという４つの指標が作られます。この４つの指標を用いて、以下のような計算をしてモデルの性能を評価します。

評価指数	概要
正解率	$正解率（Accuracy）= \dfrac{TP + TN}{TP + FP + FN + TN}$
再現率	$再現率（Recall）= \dfrac{TP}{TP + FN}$
適合率	$適合率（Precision）= \dfrac{TP}{TP + FP}$
F値	$F値 = \dfrac{2 \times 再現率 \times 適合率}{再現率 + 適合率}$

　再現率は、「実際に買った顧客を、分類モデルが「買う」と予測できていた割合」を指します。極端に言えば、全員「買う」と予測していれば再現率は最大になります。一方、**適合率**は、「分類モデルが「買う」と分類した顧客が、どのくらい実際に買ったか」を指します。つまり、「買う」と予測した顧客が実際に買った割合が高いほど、適合率は高まります。極端に言えば、確実に「買う」と考えられる人だけ「買う」と予測すれば、適合率は最大化します。

　以上を鑑みると、再現率と適合率がトレードオフの関係にあることが分かります。その点を示したのが図 5.48（次頁）です。

　このように再現率と適合率を同時に高めることは難しい一方、双方の指標は精度評価の観点から重要です。その点を考慮し、**F値**と呼ばれる指標が用いられることもあります。F値とは表の中の計算式で示して

いる通り、再現率と適合率の調和平均を取ったものです。

　また、実際のプロジェクトでは **ROC 曲線**と呼ばれるグラフを用いて視覚的に精度評価のための議論をしばしば行います。これは、曲線の下の部分の面積（**AUC：Area Under the Curve**）が大きいほどモデルの精度が高いことを示しています（図 5.49）。

図 5.48　再現率と適合率のトレードオフ

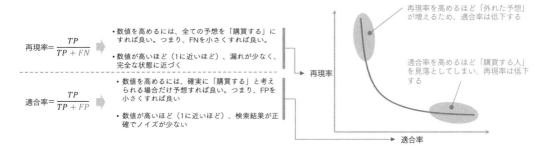

図 5.49　機械学習モデルの性能評価：ROC 曲線

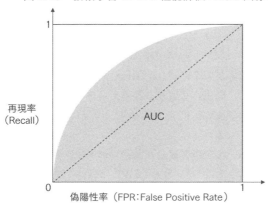

- 偽陽性率（FPR） $= \dfrac{FP}{TN + FP}$
- Recall = FPRのとき、偽陽性率は $\frac{1}{2}$
- Recall＞FPRであれば、予測結果の精度が高いと言える

機械学習モデルのシステム実装

　実験フェイズで十分な精度を満たした機械学習モデルは、⑥のステップで推論モデルとして本番環境にデプロイします。ただし、テスト環境から本番環境に移行すると機械学習モデルの動作そのものに問題が生じたり、機械学習モデルを含むシステム全体の動作に問題が生じたりすることがあるため、予め以下のようなテストが必要です。

テストの種類	概要
ユニットテスト	プログラムの処理単位の小さなブロック（関数やモジュールなど）で、プログラムに処理したいデータを入れて、正しい結果が戻ってくるかどうか誤りがないかを確認する手法。単体テストともいう。
結合テスト	ユニットテストが完了した関数やモジュール等をつないで、データのやり取りや連携した動作ができているかどうかをテストする。
総合テスト	できあがったシステムに対して実際の運用と同じ状況でプログラムを動かして問題ないかを確認する。ユーザーがデータを入力して正しい結果となるか、他のシステムとの連携がうまくいくかどうかなど、すべての処理を網羅的にテストする。
負荷テスト	システムに同時アクセスしてわざと高負荷の状況を作り、どこまで耐えられるかをテストする。

機械学習システムのテストの難しさ

　ここで示した各種テストは、従来型のシステム開発の際に用いられるテスト方法に沿って解説しています。そもそも機械学習システムはITシステムの一部として駆動するので、この枠組みの中で考察されるのが一般的だと考えられますが、注意すべき点がいくつかあります。

　まず、システム以前に AI モデルそのものの精度を適合率や再現率といった指標で評価しておかないと、システムに組み込んだとしてもビジネスで成果を創出するかどうか判断できないため、従来型のシステムテストの枠組みとは別に考察をしておく必要があります。この点は前節で解説した通りです。

　次に、ここが従来型のシステムテストと大きく異なる点ですが、AIシステムはその特性上、「こういった手順で進めていけば基準を満たす精度を発揮する」という、言わば"トップダウン"的なプロセスを採用できません。なぜなら、得られたデータを学習し、そのデータを学習することで未知のデータに対する精度が高まっていく、言わば"ボトムアップ"的なアプローチを取らざるを得ないからです。

　従来型の Web システム開発のテストでは、システムが満たすべき要件を踏まえ、テスト項目を設定し、その基準を満たせばよいという考察プロセスを採用できます。一方、AI システムではそもそも基準を上回る精度を発揮できるかどうかは、やってみなければ分からないという側面がどうしても影響してしまいます。この点も、AI システムを開発／運用する難しさでしょう。

機械学習システムの自動化

　さて、実装した機械学習モデルが精度としても動作としても問題なく動き始めたとします。ここまでの議論で、図 5.43 の⑤の解説を省略していたことには理由があります。⑤のステップが含まれる「自動化フェイズ」では、機械学習モデルは本番環境でも未知のデータに対応しながら自動で学習を続け、進化し続けることが望ましいでしょう。であれば、本番環境に実装された機械学習モデルは、毎回エンジニアが手動で学習のためのエンジニアリングを行うよりも、自動的にモデルが訓練されながらタスクを実行していく状態が望ましいでしょう。そうでなければ学習データ準備、モデル訓練、評価、推論システムへのデプロイといった一連の流れを毎回手動で実施する必要が生じます。

　学習のプロセス（学習パイプライン）が自動化されていれば、何らかの基準をトリガーとして自動で再度学習の指示と実行が可能です。例えばモデルの学習がバッチ処理で行われ、再学習後のモデルの精度評価を行い、精度が改善されていれば再び本番環境にデプロイするといったことが可能です。また、精度低下や精度が不安定になりだしたことを検知する監視システムがアラートを通知し、そのアラートをトリガーとして学習を実行するといったことも可能です。

　ただし、この学習パイプラインが自動化された状態や、本番環境の機械学習モデルが自動更新されるような状態は非常に高度で、グローバルで日々取り組みが続く専門性が高い領域です。本書ではこれ以上立ち入りませんが、一例として Google が公開している資料[1] では "ML Ops" というものを定義しています。これは、IT システムや iOS ／ Android アプリ開発等で昨今盛んに導入されている Dev Ops、つまり開発（Development）と運用（Operations）を担う開発担当者と運用担当者が連携・協力してシステム開発を素早く高頻度にビルド、テストすることを繰り返す環境／プロジェクト推進／組織／カルチャーに

1　https://cloud.google.com/architecture/mlops-continuous-delivery-and-automation-pipelines-in-machine-learning

関する考え方や手法を、機械学習の開発と運用に当てはめたものだと言えます。ただし、一般に ML Ops という言葉はまだ新しい概念であり、この概念が具体的に何を指すのか、どの程度の内容を包含するのかについて標準的な定義は定まっていないと言えるでしょう。

　以上、データパイプライン、データサイエンス、機械学習システムに関する解説を通じて、データ利活用施策が創出されるまでの技術的な流れを要所に絞って解説しました。データ利活用を目指した戦略立案から施策遂行に至るまで、本書で解説した内容を大枠として活用いただければ、大枠を捉えつつある程度詳細かつ重要なポイントを見失わないまま取り組みを進められるはずです。また、本書内でご紹介した参考文献等も都度参照しながら実務に取り組めば、さらに理解が深まると思います。**データ利活用に習熟する上で、実践に勝るものはありません。**

Part 5 のまとめ

● 現代の技術水準では、AI は「特化型」であり、「弱い」AI である。
AI の実装には、データの前処理、データサイエンス、機械学習
システムが主に関わる。

● データサイエンスにおいて、機械学習の「学習」とは、パラメー
タの最適化を指す。パラメータ最適化によって、入力データに
対して算出される予測値の精度が向上する。パラメータ最適化は、
例えば損失関数を定義し、勾配降下法によってパラメータを更新
し、予測モデルが更新されることで実現する。これは、教師あり
学習における回帰分析、ロジスティック回帰分析、深層学習のい
ずれにおいても共通するアプローチである。

● 機械学習システムにおいては、例えばモデル訓練に用いる専用の
データマートを構築し、様々な特徴量を準備する。この特徴量を
用いて予測モデルを訓練し、各種指標で定量的に評価しながら汎
化性能を高め、施策の目的に沿ったサービング方法を適用し、実
務で運用する。

Part 6

[各論③]
人材要件

- 本パートでは、ここまでの解説を踏まえて DX の実務に求められ
  る「プロダクト責任者」「データサイエンス担当」「データパイ
  プライン担当」の３者について、それぞれの役割や求められる
  スキルについて整理します。
- DX の実務を進める事業や組織、それぞれが置かれている状況に
  よって求められる人材は変化しますが、考察のきっかけとして
  本パートで提示する人材要件の考え方や具体的なスキル一覧を
  ご参考にしてください。

本書では、Pre-DX フェイズ及び DX フェイズという考え方のもと、データ利活用のビジョン構築段階から実際の実務推進に至るロードマップについて、幅広く解説してきました。最後に、「この一連の膨大な実務を推進するには、どのようなスキルを持った人材が必要なのか？」という点を整理して、本書の締めくくりとしたいと思います。

　本書の総論で、データ利活用を推進するうえで図 6.1 のような体制を敷く必要があると解説しました。こうした体制を築くためにどのような人材が必要なのでしょうか。

　そもそも人材要件を定める上では、**職能的観点**、**職務的観点**の 2 つの観点で考察するのがよいでしょう。

分類	概要
職能的観点	純粋なスキルセット（数理統計、プログラミング、システム構築力、課題解決力など）を整理する観点。一般的な「人材マーケット上での市場価値」を示す指標となるため、例えば給与テーブル定義などにも影響することになる
職務的観点	自社・自部門特有の事業戦略・業務・カルチャーなどへの適合性を整理する観点。会社や各部門ごとの状況による影響を受けやすく、職務遂行中に内容自体が変化する可能性がある

　DX 人材の要件は、厳密に考えると企業ごとにどのようなミッションを持たせるかが異なるため、統一的な基準や要件を定めることは難しいでしょう。この観点は「職務的観点」を指しています。

　一方で、一般的な採用市場における「職能的観点」では、本書の解説を踏まえ、以下に整理するスキルは重要だと筆者は考えます。本書の内容を振り返る一助としてもご参照ください。ここでは、「プロダクト責任者」「データサイエンス担当」「データパイプライン担当」の 3 つの役割について記載します。

図 6.1　データ活用施策の開発／推進体制（再掲）

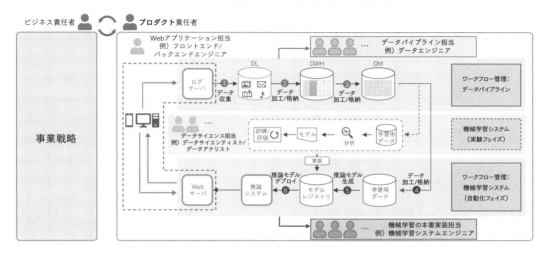

プロダクト責任者

　プロダクト責任者について考える上で有名なフレームワークとして「The Product Management Triangle」があります（図6.2）。いわゆるプロダクトマネージャーを志す方、プロダクトマネージャーとして活躍している方々なら必ずと言ってよいほど認知、活用されている枠組みかと思います。出典は英語ですが、ぜひ一度お読みいただきたい内容です。

　このフレームワークの考え方や実務での活かし方などは組織や個人によって様々かと思いますが、重要なのは、プロダクトを中心として顧客、開発、ビジネスが「つながっている」状態を描いていることだと考えます。つまり、**プロダクトに対してオーナーシップを持つ担当者は、顧客／開発／ビジネスの3者をつなぐ"ハブ"の役割を担うことが重要**だと、この図は提唱していると筆者は考えます。

図 6.2　The Product Management Triangle

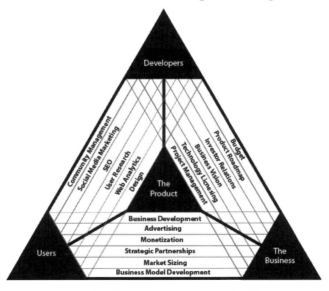

出所：https://productlogic.org/2014/06/22/the-product-management-triangle/

3者をつなぐ"ハブ"という観点に立脚してプロダクト責任者の要件の大枠を提示するならば、以下のような整理ができるかと思います。

- 顧客の観点から顧客課題／ニーズを発見、明示化するだけでなく、それを事業、プロダクトの戦略／企画／施策に落とし込む。

- 課題解決による事業への貢献度を見極めたうえでプロダクト戦略やデータ／AI活用施策を立案し、戦略推進のために各事業部門と開発部門との橋渡し役を担い、主導する。

- 各種施策の成果をKGI／KPIに接続させ、顧客価値と事業成果の向上にコミットする。

　このような大枠のもと、例えば、より詳細な要件としては下記のような内容が考えられますが、組織の成熟度やデータ利活用の推進度合いによって必要な要件は変わるのが通常であるため、あくまで参考程度としていただければと思います。

要件	詳細
戦略策定と実行[1]	・ 経営／事業戦略の策定、あるいはそれに基づくプロダクト戦略の策定について、プロダクトのビジョン策定や顧客体験の設計、現状の業務フローの把握、課題整理、施策立案に至るまで、事業責任者と共に包括的にリードする ・ プロダクト開発に関わるエンジニア/データサイエンティストに戦略を共有し、戦略と技術を接続させ、組織一体となって戦略を推進する ・ 事業目標達成に向けたKGI／KPIの設計及びモニタリングを事業責任者と共に推進する

1　なお、この点はプロダクトが影響する規模（チーム単位、事業単位、複数事業横断、など）が大きくなるほど、また、取り扱うプロダクト数が増えるほど難易度は大幅に上昇することに留意。

課題発見／解決	• 解決インパクトの大きい顧客課題を発見し、社内外に向けてその重要性を伝え、関係者を巻き込んで施策を実行する • データ／AI を活用した課題解決策を、そのインパクトや実現可能性を多角的に検証した上で決定し、各ステークホルダーを巻き込んで実行する • 課題解決策の考案において、自身のアイデアや社内外でアクセス可能な資源／成功事例の活用だけでなく、常に最新の技術トレンドを国内外から収集し、自社の事業ドメインに当てはめて施策を案出する • 知財リスク確認や特許出願など、施策推進においては常にリスクに留意し、専門家と連携した実務推進を行う
マネジメント	• プロダクト開発を中心とした施策実行を円滑に進めるチームビルディング、外部ベンダー等の社外協力者の活用など、ステークホルダーを巻き込んだマネジメントを行う • プロダクト開発を中心とした施策実行において、その全体像や目的を明確化し、各メンバーに常に発信して組織全体の活動成果を最大化させる。特に、開発メンバーと密に連携しながら開発進捗をモニタリングし、ビジネス成果につながる施策創出にコミットする • 社内メンバーのスキルアップのために、学習や勉強会等の機会を積極的に提供し、チームのレベルアップへの投資に努める
論理思考	• 事業戦略／プロダクト戦略等の経営／事業の根幹に関わる戦略策定について、経営層やメンバーに対して適切にレポート／協議するために、主張内容に十分な根拠を備えつつ明確な意思を持った資料を作成する • 実行計画の策定や都度発生する課題解決策を考案する際に、状況に応じて論理的かつ妥当性のある判断を行い、適切なアクションをとる

データサイエンス担当

　データサイエンス担当のスキル要件としては、現在（2021年12月時点）では例えば一般社団法人データサイエンティスト協会 スキル定義委員会が提唱している2021年度版「データサイエンティスト スキルチェックリスト ver.4」[1]に詳細かつ網羅的なスキル一覧が整理されています。この中で「データサイエンス力」として定義されている項目は282項目あります。各項目に記載されている用語について一つずつ調べて理解していけば、データサイエンス担当に求められるスキルについて相当程度の範囲を把握できることと思います。

　一方、データサイエンスの領域は日々技術的にも事業／組織運営的にも進化を続けている領域ですので、この点については様々な見解があると思います。よって、ここではあくまで一例として、データサイエンスをビジネスで活かす際に求められる観点を以下の5つの大枠で整理します。

- ドメイン知識など、業界特有の知識や課題への習熟
- データ解析／AIモデル構築の前提となる統計理解と実務応用
- データ解析／AIモデル構築に必要な技術理解と実務遂行
- データ解析やAIモデルの訓練／テスト等に必要なデータを加工処理し、準備するための技術理解と実務応用
- データ解析結果やAIモデルの精度を評価するための知識／理解と実務応用

　以上の要件について、やや詳細に踏み込んだ内容を下記に示します。この点は様々な情報ソース、文献も参考としながら、所属する企業、組織が直面している状況や方向性を鑑みて、どの程度のレベルを求めるべきかを熟議することを筆者としては推奨します。

1　https://www.datascientist.or.jp/news/release20211119/

要件	詳細
統計理解／実務応用	・ 記述統計[1]、推測統計[2]、ベイズ統計[3] について概要／詳細を理解し、実務に活用する
解析技術理解／実務応用	・ 各種解析技術（教師あり学習／教師なし学習／強化学習／深層学習）に対する深い理解を踏まえた数理モデルのデザインを行う[4] ・ Transformer や BERT など最新の技術に関する理解を持ち、実務に活用する
データ加工処理	・ 大規模データ／リアルタイムデータ、非構造化データなどのデータに対し、解析処理のために適切なデータ加工を行う。必要に応じて、専門家と連携するなどして適切な方針を採用／実行する ・ 特に、動画／画像／テキスト／音声など解析[5] に際して高い専門性が求められるデータに対しても、専門家と連携するなどして適切な方針を採用／実行する
解析結果／AI モデルの評価と実務応用	・ モデル設計／シミュレーションにおける前提条件や考察観点を理解しながら各種分析を行う ・ ビジネス課題を明確に理解した上で、AI モデルの評価やハイパーパラメーターチューニングなどを行う

1 　例えば、度数分布表、ヒストグラム、平均、標準偏差などの基本統計量の概念への理解を持つ
2 　例えば、散布図や相関係数を用いた変数間の関係把握、標本調査、確率分布、区間推定、仮説検定等への理解を持つ
3 　例えば、事前分布、事後分布の理解や、各種解析にベイズ理論を組み合わせたモデル考察への理解を持つ
4 　例えば、深層学習実装におけるモデル選択（CNN/RNN など）、層の数、ニューロン数、活性化関数、学習率、学習回数などを設計／改良できる
5 　特徴抽出、ノイズ削除、自然言語処理の適用など

データパイプライン担当

データパイプライン担当のスキル要件を考察する際に参考となる考え方として、DAMA International（データマネジメント協会）が発行、提唱している『DAMA-DMBOK: Data Management Body Of Knowledge (Second Edition)』に掲載されているフレームワークがあります（図6.3）。

このフレームワークではデータマネジメントに求められる11種類の要件が網羅的かつ詳細に定義されています。データパイプライン設計とはまさに事業／サービスに必要なデータを「マネジメント」するための仕組みの構築であり、この観点は極めて重要です。『DAMA-DMBOK』は非常に重厚な書籍ではありますが、筆者としては一読を強く推奨します。

一方、データパイプライン担当の要件としては、特に各論で重点的に

図 6.3　データマネジメントの知識領域

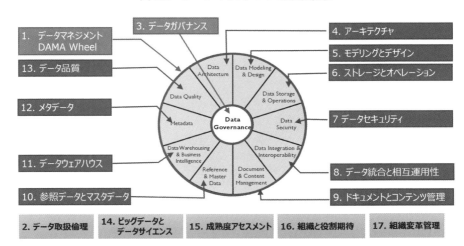

出所：データマネジメント協会日本支部ウェブサイト　https://www.dama-japan.org

解説した以下の観点から実務を推進できるかどうかを重視すべきと筆者
は考えます。

- ドメイン知識など、業界特有の知識や課題への習熟
- 各種データを収集／蓄積するためのシステム設計及び環境構築
- 収集／蓄積したデータを事業／サービスで活用するための各種デー
  タ処理
- 上記を踏まえ、各種データ活用施策に接続されたデータパイプライ
  ン（DL ／ DWH ／ DM など）の構築と運用

　つまり、データパイプライン担当の主要な役割としては、データ・
AI を活用する施策の原資となるデータを収集／処理／活用するための
データパイプラインやデータ処理基盤などデータ関連システムを開発し、
運用することがまずは重要だと筆者は考えます。一方、変化の著しいク
ラウドサービスの最新技術調査、個人情報などの情報セキュリティに関
する対応、データ品質や権限設定等に関する知見の有無なども考えられ
ますが、特に組織立ち上げ時期の小さなチームがこのような要件をすべ
て担うことは非常に困難でしょう。データサイエンス担当の要件を考察
した際と同様、所属する企業、組織が直面している状況や方向性を鑑み
て、どの程度のレベルを求めるべきかを熟議することを筆者としては推
奨します。業務スコープの調整や役割分担でカバーしながら、徐々に理
想形に向けた体制拡大を行いたいところです。

要件	詳細
システム設計	・ 各種データ処理[1]に必要な技術を考慮したシステム設計を提案する ・ データベース／分散処理技術／クラウドなどに関連する技術や各種オープンソース／有償製品の特徴やメリット／デメリットへの理解をもとに、システム設計に関する必要な意思決定を行う[2]

1　ビッグデータ、リアルタイムデータ、非構造化データ、処理内容が複雑なデータを想定
2　また、クリティカルな意思決定には非エンジニア、経営層等との対話による合意形成を行うスキルも必要
　となる

	• 業務フローを踏まえた各種起案（機能要件／非機能要件／ER 図／テーブル定義書など）をリード、作成する
環境構築	• 各種データ処理[3]の実現が可能なシステム環境を構築するために、関係者をまとめてプロジェクトを推進する • 既存／新規問わず、事業推進に必要なシステム環境を構築するために、関係者をまとめてプロジェクトを推進する[4]
データパイプライン運用	• 各種データの処理に求められる要件（匿名化、リバランシング、スケーリングなど）の観点を欠かすことのないように、自動運用やスケーラビリティを見据えたデータパイプラインの企画／設計を行う • バッチ処理／ストリーミング処理、その他必要となる各種データ処理[5]に関する運用手順書を作成し、開発を推進する • セキュリティの責任者もしくはセキュリティ専門家と連携し、データシステム群に対するセキュリティ方針を策定する • データを取り扱う上で必須となる各種セキュリティ対応においては、想定されるセキュリティ攻撃[6]を防ぐために社内責任者や外部の専門家の協力を得ながらセキュリティ方針を策定する

3　ビッグデータ、リアルタイムデータ、非構造化データ、処理内容が複雑なデータを想定
4　データベース／分散処理技術／クラウドなどに関連する技術や各種オープンソース／有償製品の特徴やメリット／デメリットへの理解を前提
5　異常検知／フェイルオーバー／バックアップ／リカバリー等の実施においての処理方針を定義
6　SQL インジェクション、バッファオーバーフロー攻撃など

Part 6 のまとめ

● プロダクト責任者は、顧客視点で課題／ニーズを発見し、プロダクト戦略／企画／施策を実行する。また、事業部や開発部の橋渡し役となり、プロダクトによる目標達成を目指して事業活動を円滑に推進する。目標達成に向けては KPI を起点に常に PDCA を組織的に推進する。

● データサイエンス担当は、ビジネスで目指す成果創出に向けて、数理統計的な理解をもとにデータ解析や予測モデル構築を行う。また、モデル訓練に必要な各種データについて、構造化データや非構造化データ等の種別を問わず特徴量の作成を行い、モデル精度の改善に活かす。

● データパイプライン担当は、各種データを収集／蓄積するためのシステム設計及び環境を構築し、施策実現のために必要となるデータ処理を行う。また、ビジネスの変化に伴い収集されるデータの形式や種類が変化するため、データ基盤を常に改善強化して実務からの要求に応えられるようにする。

Appendix

付録

付録①：勾配降下法

　本編で勾配降下法の解説をせずに「付録」に位置づけた理由は、計算プロセスにおいて大学初等レベルの数学的操作が必要だからです。あまりにも難易度の高い解説を行うと本筋を見失ってしまうため、本編では取り上げませんでしたが、この付録で改めて勾配降下法について解説します。本編で解説している通り、この考え方は深層学習でもコアとなる部分です。

　まず、損失関数

$$L(w_0, w_1) = \frac{1}{2N} \sum_{n=1}^{N} (w_0 + w_1 x_n - t_n)^2$$

についてですが、この関数は w_0, w_1 のパラメータ、即ち 2 つの変数を持った関数（2 変数関数）です。この 2 つの変数をそれぞれどのように調整すれば、この関数の算出結果が最小化されるのかがポイントです。当然、最初はこの w_0, w_1 の変数がどのような値を取るべきか見当もつかないため、学習を始める際には「初期値」が適当に設定されます。

　この損失関数を表現したのが図 i の左側の曲線です。厳密には、2 変数関数は曲面となり、3 次元的な表現（空間的な表現）となるのですが、本書では分かり易さのために敢えて 2 次元的な表現（平面的な表現）で表しています。
　この損失関数が最小化するとはつまり、図の曲線（本来は曲面）の「底」になる際の w_0, w_1 を求めるということです。一方、その w_0, w_1 の値は先述の通り見当もつかないのですが、その際、w_0, w_1 の値を最適化する足がかりとなるのが「微分」です。

　$L(w_0, w_1)$ を微分すると、図の曲線（本来は曲面）に接する接線の「傾き」が算出されます。図のように、この接線の傾きが大きい（右上に向かって大きく傾斜がある）ならば、w_0, w_1 の値は「左にずらす」とよいと考えられます。また、この損失関数を微分する際には、w_0, w_1 の

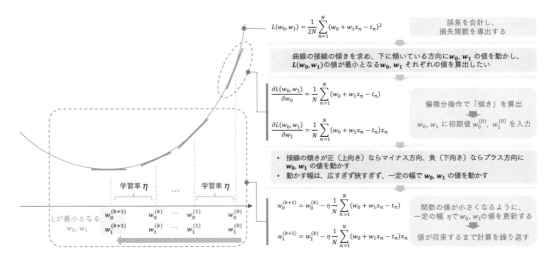

図 i　回帰分析：勾配降下法

　それぞれで「偏微分」することで、w_0, w_1 を個別に最適化することが可能となります。偏微分とは、簡単に言えば複数あるパラメータのうち一つのパラメータに注目して、そのパラメータに関して微分操作をすることです。偏微分とはどういうものかを解説してしまうとかなりの紙面を割いてしまうことになるので、図の中で計算結果だけ示しておきます。

　ここで、
$w^{(0)}$：パラメータ w_0, w_1 の初期値
$w^{(1)}$：$w^{(0)}$ を 1 回更新して算出した新たなパラメータ

とすると、偏微分等の操作によって以下のようなパラメータの更新式が成立します。

$$w_0^{(1)} = w_0^{(0)} - \eta \frac{1}{N} \sum_{n=1}^{N} (w_0 + w_1 x_n - t_n)$$

$$w_1^{(1)} = w_1^{(0)} - \eta \frac{1}{N} \sum_{n=1}^{N} (w_0 + w_1 x_n - t_n) x_n$$

η（イータ）は「**学習率**」と呼ばれるもので、図で言うとパラメータが右から左に進むときの「進み幅」を示していると考えてください。これが大きすぎると進み幅が大きすぎて、最小値となるパラメータ w の値を飛び越えてしまう（曲線の底の部分を通過し、左側に向かって登っていく）可能性があります。逆に小さすぎると学習を繰り返しても左に進む幅が小さすぎて、なかなか最小値となるパラメータ w の値にたどり着かないことになります。

この更新式を一般化すると、各パラメータは以下の更新式によって変化します。

$$w^{(k+1)} = w^{(k)} - \eta \frac{\partial L(w^{(k)})}{\partial w}$$

$w^{(k+1)}$：$k + 1$ 回目の更新を行ったパラメータ w の値
$w^{(k)}$：k 回目の更新を行ったパラメータ w の値

右辺の $\frac{\partial L(w^{(k)})}{\partial w}$ は損失関数 L を w で偏微分したものです。この計算を繰り返し、パラメータ w_0, w_1 が一定の値に収束（更新してもほとんど値が変化しなくなる）すれば、パラメータの最適化が完了したことになります。

付録②：尤度関数

　ロジスティック回帰においても、データを学習することでパラメータを最適化する際、勾配降下法を採用することが可能です。ただし、回帰モデルのように損失関数を最小二乗法によって導出するのではなく、尤度関数を導出してパラメータ最適化を行います。ここでは2値分類のもとで考えてみましょう。

　Webサイトに訪問したユーザーが、特定の商品を購入するかどうかを判別するモデルを考えます。t_n は正解値を表し、1は正解、0は不正解とします。

　ユーザーが5人訪問し、正解、不正解がそれぞれ

$$(t_1, t_2, t_3, t_4, t_5) = (1,0,0,1,0)$$

だったとします。さらに、各ユーザーが直近1ヶ月に開封したメール数を x_1、直近1ヶ月で閲覧した類似商品数を x_2 として、下図の表が作成されたとします。

n	t_n	x_1	x_2
1	1	2	4
2	0	3	1
3	0	1	2
4	1	2	5
5	0	4	1

　このとき、数理モデルに x_1, x_2 の各値を代入して $u_n = w_0 + w_1 x_1 + w_2 x_2$ の値をそれぞれ算出し、シグモイド関数にインプットすることで、$n = 1,2,3,4,5$ それぞれにおいて商品を購入する確率値が算出されます。その様子が次の図ii（次頁）の左側です。

| 数理モデルの例 | | 確率値の算出 | 尤度関数の導出/パラメータ最適化の方針 |

	商品購入	メール開封数	類似商品閲覧数		
n	t_n	x_1	x_2	$u_n = w_0 + w_1 x_1 + w_2 x_2$	$y = f(u) = \dfrac{1}{1 + \exp(-u)}$
1	1	2	4	$u_1 = w_0 + 2w_1 + 4w_2$	$y_1 = f(u_1)$
2	0	3	1	$u_2 = w_0 + 3w_1 + 1w_2$	$y_2 = f(u_2)$
3	0	1	2	$u_3 = w_0 + 1w_1 + 2w_2$	$y_3 = f(u_3)$
4	1	2	5	$u_4 = w_0 + 2w_1 + 5w_2$	$y_4 = f(u_4)$
5	0	4	1	$u_5 = w_0 + 4w_1 + 1w_2$	$y_5 = f(u_5)$

$$L(w_0, w_1, w_2) = \prod_{n=1}^{5} y_n^{t_n} (1 - y_n)^{1-t_n}$$

$$= y_1 y_4 (1 - y_2)(1 - y_3)(1 - y_5)$$

y_1, y_4の値が大きいほど積算結果は大きくなる　　y_2, y_3, y_5の値が小さいほど積算結果は大きくなる

積算結果が最大化されるようにパラメータw_0, w_1, w_2を最適化（勾配降下法）

　ただし、この時点ではパラメータがどのような値になるか分からず、算出結果はパラメータ w_0, w_1, w_2 付きの値になっています。このパラメータを最適化するにはどのように考えればよいかと言うと、$n = 1,2,3,4,5$ のいずれにおいても「確率が最大となる」ようにします。具体的には、

- $n = 1,4$ のときに正解（商品購入）となればよいから、y_1, y_4 の値はできる限り "1" に近づけばよい
- $n = 2,3,5$ のときに不正解（商品非購入）となればよいから、y_2, y_3, y_5 の値はできる限り "0" に近づけばよい

ということです。このすべてを可能な限り同時に満たす w_0, w_1, w_2 を求めます。

　ここで、y_1, y_2, y_3, y_4, y_5 のすべてをかけ合わせてみると、

$$L(w_0, w_1, w_2) = \prod_{n=1}^{5} y_n^{t_n} (1 - y_n)^{1-t_n}$$

という形の関数が定義できます。このように（互いに独立した）確率的事象をかけ合わせて導出した関数（同時確率）を尤度関数と呼びま

す[1]。Π（パイ）の記号は、事象（今回は 5 回）をすべてかけ算（総乗）するという意味を持ちます。

　ここで、$(t_1, t_2, t_3, t_4, t_5) = (1,0,0,1,0)$ の値を代入して計算すると、

$$\prod_{n=1}^{5} y_n^{t_n}(1-y_n)^{1-t_n}$$

$$= y_1^1(1-y_1)^0 \cdot y_2^0(1-y_2)^1 \cdot y_3^0(1-y_3)^1 \cdot y_4^1(1-y_4)^0 \cdot y_5^0(1-y_5)^1$$

$$= y_1 y_4 (1-y_2)(1-y_3)(1-y_5)$$

　となります。この値が最大になるように、パラメータ w_0, w_1, w_2 の最適化を勾配降下法を用いて実行します。

1　厳密な定義は割愛。

付録③：誤差逆伝播法

　ニューラルネットワーク、深層学習がどのようにパラメータを最適化しているかを理解するには、数理的な理解が不可欠です。数理的理解が深まれば、なぜ深層学習が他の機械学習モデルとは一線を画した成果を生み、盛んに研究が進んでいるのかが理解できると思います。

「教師あり学習：深層学習／ニューラルネットワーク」の節で解説した通り、深層学習では多数のパラメータが設定され、各層で大量の出力値が生成されています。その結果、各パラメータは前の層のパラメータや出力値と複雑に絡み合っているため、層が多くなるほどパラメータ一つの最適化だけでも非常に困難な作業となります。その様子を示すために、非常に簡易的なモデルではありますが、入力層の入力値が2つ、出力層の出力値が2つのニューラルネットワークを可視化した図iiiを用いて、パラメータ最適化がどのように進むのかを解説していきます。

　中間層で行われていることはロジスティック回帰の2値分類で行われていたシグモイド関数による計算であり、出力層で行われていることは、ロジスティック回帰の多値分類で行われていたソフトマックス関数による計算です。そして、出力結果を2パターン設計し、正解値 t_1, t_2 との差分、すなわち誤差を計算します。この誤差を2乗して和を取り、1／2を乗じることで導出したものを損失関数 C と置いています。こ

図iii　ニューラルネットワークの数理的構造

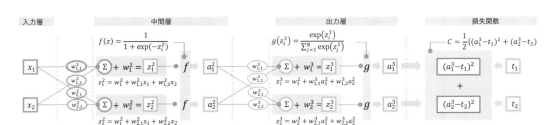

の損失関数を最小二乗法のアプローチで計算する点は、回帰分析の場合と同様の考え方です。あとは、勾配降下法によってパラメータ（重み、バイアス）を最適化させていきます。

　しかし、ここで重大な問題があります。回帰分析、ロジスティック回帰分析のパラメータ最適化の手法として採用される勾配降下法では、付録①で解説している通り、偏微分という数学的な手法が採用されます。一方、パラメータには様々な変数、関数が関係しているため、偏微分操作をするには「合成関数の微分」という数学的手法を用います。これは機械学習の分野では「**連鎖律**」とも呼ばれます。

　ここで偏微分や連鎖律の数学的な解説は割愛しますが、理解しておきたいことは、入力層、中間層、出力層の3層の簡易なモデルで、入力層と中間層の間に設定する1個のパラメータの偏微分計算を実行するだけでも、連鎖律に従い、図ivに記載された偏微分操作をする必要があるということです。全パラメータでこの計算をするには膨大な計算リソースが必要となります。

図iv　偏微分計算に伴う膨大な計算量

$$\frac{\partial C}{\partial w_{1,1}^2} = \underbrace{\frac{\partial C}{\partial a_1^3}\frac{\partial a_1^3}{\partial z_1^3}\frac{\partial z_1^3}{\partial a_1^2}\frac{\partial a_1^2}{\partial z_1^2}\frac{\partial z_1^2}{\partial w_{1,1}^2}}_{\square \text{部分が対応}} + \underbrace{\frac{\partial C}{\partial a_2^3}\frac{\partial a_2^3}{\partial z_2^3}\frac{\partial z_2^3}{\partial a_1^2}\frac{\partial a_1^2}{\partial z_1^2}\frac{\partial z_1^2}{\partial w_{1,1}^2}}_{\square \text{部分が対応}}$$

損失関数Cの導出までにシグモイド関数f、ソフトマックス関数gが関わっており、算出された様々な値に$w_{1,1}^2$が関わっていることになる

よって、勾配降下法のアプローチで微分によって勾配を算出しようとすると、連鎖律を用いた偏微分計算が発生し、計算量が膨大となってしまう

一方、誤差の最適化のアプローチとしては勾配降下法が適切であるため、なんとかして計算負荷を極力下げた方法で勾配降下法を採用したいという背景から生まれたのが「誤差逆伝播法」です。解説の便宜上、以降も入力層の入力値は x_1, x_2 の2つのみとします。たった2個の入力値などあり得ないでしょうが、理解のため、便宜的にこのように設定して解説を進めます。

誤差逆伝播法は、勾配降下法で適用されている「偏微分」の操作を回避することに成功しています。それを理解するには、図vの通り、まずはデルタ（δ）と呼ばれる変数を定義します。このデルタを「**ユニットの誤差**」と呼びます。

$$\frac{\partial C}{\partial z_1^2} = \delta_1^2$$

このデルタ（δ）という文字は深層学習の誤差逆伝播法の解説でしばしば採用されているので、踏襲しています。δの右肩にある2という数字は2層目（このモデルでは中間層）ということを示しており、

図v　深層学習：ユニットの誤差

入力層　　中間層　　出力層　　損失関数

$$f(z) = \frac{1}{1 + \exp(-z_i^2)}$$

$$g(z_i^3) = \frac{\exp(z_i^3)}{\sum_{j=1}^{N} \exp(z_j^3)}$$

$$C = \frac{1}{2}\{(a_1^3 - t_1)^2 + (a_2^3 - t_2)^2\}$$

x_1 $\quad w_{1,1}^2$ $\quad w_{1,2}^2$ $\quad \Sigma + w_1^2 = z_1^2$ $\quad f$ $\quad a_1^2$ $\quad w_{1,1}^3$ $\quad w_{1,2}^3$ $\quad \Sigma + w_1^3 = z_1^3$ $\quad g$ $\quad a_1^3$ $\quad (a_1^3 - t_1)^2$ $\quad t_1$

$z_1^2 = w_1^2 + w_{1,1}^2 x_1 + w_{1,2}^2 x_2$

$z_1^3 = w_1^3 + w_{1,1}^3 a_1^2 + w_{1,2}^3 a_2^2$

x_2 $\quad w_{2,1}^2$ $\quad w_{2,2}^2$ $\quad \Sigma + w_2^2 = z_2^2$ $\quad f$ $\quad a_2^2$ $\quad w_{2,1}^3$ $\quad w_{2,2}^3$ $\quad \Sigma + w_2^3 = z_2^3$ $\quad g$ $\quad a_2^3$ $\quad (a_2^3 - t_2)^2$ $\quad t_2$

$z_2^2 = w_2^2 + w_{2,1}^2 x_1 + w_{2,2}^2 x_2$

$z_2^3 = w_2^3 + w_{2,1}^3 a_1^2 + w_{2,2}^3 a_2^2$

勾配降下法によるパラメータ最適化
複雑な微分計算を回避

$$\frac{\partial C}{\partial w_{1,1}^2} = \frac{\partial C}{\partial a_1^3}\frac{\partial a_1^3}{\partial z_1^3}\frac{\partial z_1^3}{\partial a_1^2}\frac{\partial a_1^2}{\partial z_1^2}\frac{\partial z_1^2}{\partial w_{1,1}^2} + \frac{\partial C}{\partial a_2^3}\frac{\partial a_2^3}{\partial z_2^3}\frac{\partial z_2^3}{\partial a_1^2}\frac{\partial a_1^2}{\partial z_1^2}\frac{\partial z_1^2}{\partial w_{1,1}^2}$$

誤差逆伝播法
計算プロセス　　補足

$$\frac{\partial C}{\partial w_{1,1}^2} = \frac{\partial C}{\partial z_1^2}\frac{\partial z_1^2}{\partial w_{1,1}^2} = \delta_1^2 x_1$$

$\frac{\partial C}{\partial z_1^2} \coloneqq \delta_1^2$ と定義する。また、$\frac{\partial z_1^2}{\partial w_{1,1}^2} = x_1$

損失関数Cの導出までにシグモイド関数f、ソフトマックス関数gが関わっており、算出された様々な値に$w_{1,1}^2$が関わっていることになる

よって、勾配降下法のアプローチで微分によって勾配を算出しようとすると、連鎖律を用いた偏微分計算が発生し、計算量が膨大となってしまう

$\frac{\partial C}{\partial z_1^2} = \delta_1^2$ とおくことによって、入力値に$w_{1,1}^2$などのパラメータを乗じたz_1^2が損失関数に与える変化率を定義する

上記の定義の与え方から、δ_1^2を「ユニットの誤差」とも呼ぶ

δ の右下にある 1 という数字は同列に並ぶ数字のうち 1 番目（図 v では一番上）ということを示しています。z_1^2の右上、右下の数字や$w_{1,1}^2$の右上、右下の数字の意味も同様です。この考え方に基づくと、$\dfrac{\partial C}{\partial w_{1,1}^2}$ の計算式は

$$\frac{\partial C}{\partial w_{1,1}^2} = \frac{\partial C}{\partial z_1^2}\frac{\partial z_1^2}{\partial w_{1,1}^2} = \delta_1^2 x_1$$

というように、図の左側に示している連鎖律を用いた偏微分計算と比べて非常なシンプルな形に変換できます。

さて、この δ について具体的に計算を進めていくのですが、出力層と中間層で計算の複雑さが異なるので、説明の便宜上まずは出力層で解説していきます。計算の概要は図viの通りです。

まず、δ_1^3 について計算すると

図vi　深層学習：誤差の算出

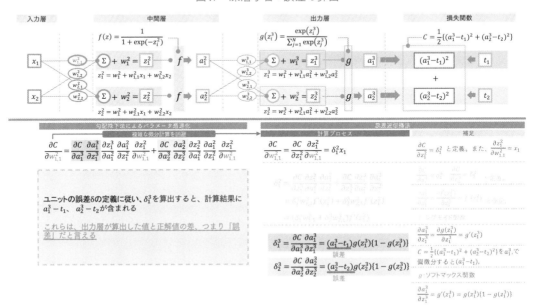

$$\delta_1^3 = \frac{\partial C}{\partial z_1^3} = \frac{\partial C}{\partial a_1^3} \frac{\partial a_1^3}{\partial z_1^3}$$

となります。この計算式において、z_1^3 は a_1^3 と関連しているため、連鎖律の考え方を適用しています。

$\frac{\partial C}{\partial a_1^3}$ の偏微分は簡単に計算可能ですが、ここで特に注目すべきは、この計算結果が「出力値と正解値の差分」、すなわち誤差となっていることです。

$$\frac{\partial C}{\partial a_1^3} = \frac{\partial \frac{1}{2}\{(a_1^3 - t_1)^2 + (a_2^3 - t_2)^2\}}{\partial a_1^3} = (a_1^3 - t_1)$$

次に、$\frac{\partial a_1^3}{\partial z_1^3}$ は a_1^3 の導出にソフトマックス関数 $g(z_1^3)$ が作用していますが、$g(z_1^3)$ はパラメータ等を含めた計算結果であるため、偏微分を行う際は合成関数を微分する処理として扱い、ソフトマックス関数の性質から以下のように等式変形ができます。この等式変形によって、微分操作が不要となっていることがポイントです。

$$\frac{\partial a_1^3}{\partial z_1^3} = g'(z_1^3) = g(z_1^3)\{1 - g(z_1^3)\}$$

ここまでの計算結果を統合して、δ は以下の通り整理されます。δ_2^3 も同様に計算されます。

$$\delta_1^3 = \frac{\partial C}{\partial z_1^3} = \frac{\partial C}{\partial a_1^3} \frac{\partial a_1^3}{\partial z_1^3} = (a_1^3 - t_1)g(z_1^3)\{1 - g(z_1^3)\}$$

次に、同様の考え方で中間層のデルタ（δ）を計算します。出力層と異なるのは、δ に関わる変数が多くなることで計算が複雑化している点です。

数式の解説は図viiに譲りますが、ここが深層学習におけるパラメータ最適化プロセスの最も重要な部分です。先程、δ_1^3 を計算している過程で、損失関数 C を偏微分することで出力値と正解値の差分、すなわち誤差

図vii　深層学習：勾配降下法と誤差逆伝播法

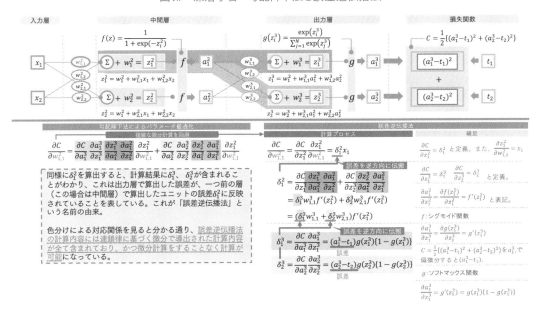

　が算出されることを示しました。**この誤差が、ユニットの誤差を通じて出力層から中間層に向かって「逆方向に伝播」されている様子が伺えると思います。これが、誤差逆伝播法という名前の由来です。**

　ここまでの計算結果を元に、$w_{1,1}^2$ を更新します。更新する際の考え方は勾配降下法と同様です。ここでさらに注目すべき点は、複雑だった偏微分計算を一切することなく、図の右下側で計算した結果を単純にかけ合わせて統合することで $\dfrac{\partial C}{\partial w_{1,1}^2}$ の値が計算できてしまうことです（次頁図viii）。この単純化した計算プロセスを用いて、他のパラメータも同時に並列計算して更新し、膨大なパラメータ数を持つ深層学習モデルでも高速にパラメータの最適化が実現されます。これは近年の計算機そのものの性能向上も寄与していますが、誤差逆伝播法という最適化手法があってこその成果です。

図viii 深層学習：パラメータの更新

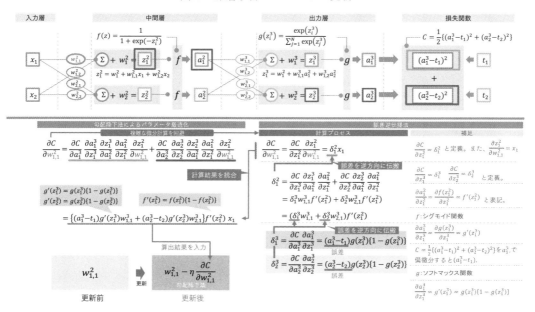

　ここまで、誤差逆伝播法について、考えやすいように単純化したモデルを図解しながら解説しました。このモデルは、入力値の増加とそれに伴うパラメータの増加、層の増加等によって計算が複雑化しますが、根本的な考え方は至ってシンプルで、「出力結果と正解の差分（＝誤差）を最小化するように、勾配降下法によってパラメータを最適化することを繰り返す」ということに尽きます。このモデルの中で、データの読み込み（入力）から各種計算がどのように行われていくのかを図解すると図ixのようになります。

図ix　深層学習：パラメータ更新プロセス

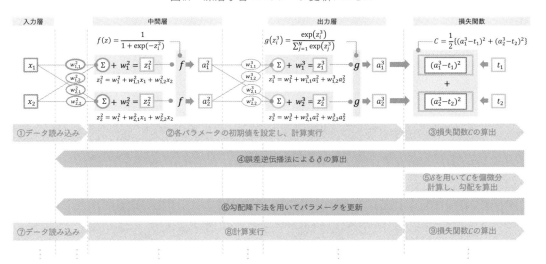

付録④：DXの理解を深めるための参考文献

　本書では「戦略と技術の接続」を目指し、DXの実現に向けた戦略的考察に加えて技術的な解説に多くの紙面を割いていますが、特に後者の技術面については本書の内容だけでは解説が不十分であったり、そもそも解説の対象外としてしまっている事項があります。この点、技術的理解をどこまで広く深く求めるかは、読者の方々の置かれた状況や興味の程度次第でしょう。

　ここでは、本書の内容から発展し、DX実現に求められる技術的観点について、さらに広く深い理解を得られる情報源や参考書として筆者が推奨するテーマ、文献等を以下に提示します。

デジタルトランスフォーメーションの全体像に対する理解のための文献

　現在、書店やインターネットにはDX関連の書籍や記事が多数あります。多くの実務家や専門家による情報公開は国内全体のDX推進に不可欠な活動であり、これからDXに本格的に関わる方々はこれらの情報を大いに活用すべきです。

　一方、この領域にこれから挑戦する方々からすると、その膨大な情報量を前にして「何をどこまで知ればよいか見当がつかない」状況に陥りやすいと思われます。このような場合、まず最優先すべきは「全体像を理解すること」です。全体像の理解は、簡潔な表現や分かりやすい解説を重視した入門書から着手することを推奨しますが、本書がその役割をある程度担っていると筆者としては考えています。一方、さらに広く深い全体像を求めるのであれば、本書中でも紹介した以下の文献を参照されることをお勧めします。

- 『DX白書2021——日米比較調査にみるDXの戦略、人材、技術』（独立行政法人情報処理推進機構、2021年）

- 『データマネジメント知識体系ガイド 第二版』（DAMA International 著、DAMA 日本支部、Metafind コンサルティング株式会社訳、日経 BP、2018 年）
- 『シン・ニホン——AI ×データ時代における日本の再生と人材育成』（安宅和人著、NewsPicks パブリッシング、2020 年）
- 『ソフトウェア・ファースト——あらゆるビジネスを一変させる最強戦略』（及川卓也著、日経 BP、2019 年）

データ利活用に必要な技術を理解するための文献

　本書で紹介したデータ利活用技術に関する解説はあくまで要点を絞ったものであり、筆者としてはさらに深い内容に習熟することを強く推奨します。とはいえ、あまりにも専門性が高い文献に手を出してしまうと実務活用どころか時間の浪費にすらなりかねません。過去の筆者がまさにこのような状況でした。重厚長大な文献に果敢に挑んだ後、平易な解説が書かれた関連書籍を読んで「そういうことだったのか」と膝を打ち、初めから平易な書籍を読むべきだった、と嘆いた回数は少なくありません。ここでは、データ利活用に関連する技術、例えばシステム設計やデータモデリング、データ基盤構築、マイクロサービス／コンテナ等に関連する内容について非常に分かりやすく解説されている書籍を一部ご紹介します。

- 『はじめよう！要件定義——ビギナーからベテランまで』（羽生章洋著、技術評論社、2015 年）
- 『はじめよう！システム設計——要件定義のその後に』（羽生章洋著、技術評論社、2018 年）
- 『イラスト図解式 この一冊で全部わかる Web 技術の基本』（小林恭平、坂本陽著、佐々木拓郎監修、SB クリエイティブ、2017 年）
- 『［増補改訂］ビッグデータを支える技術——ラップトップ 1 台で学ぶデータ基盤のしくみ』（西田圭介著、技術評論社、2021 年）
- 『システム開発・刷新のためのデータモデル大全』（渡辺幸三著、日本実業出版社、2020 年）
- 『開発テクニックの新潮流　マイクロサービス / コンテナ大全』

（日経クロステック編、日経 BP、2021 年）
- 『仕組みと使い方がわかる Docker & Kubernetes のきほんのきほん』（小笠原種高著、マイナビ出版、2021 年）

AI の考察に必要な観点を理解するための文献

　本書で解説したように、AI を理解するにはある程度の数理的考察が求められます。加えて、AI がどのように進化してきたか、その歴史的な変遷について理解しておくことは、AI そのものが抱えている課題の理解に大いに役立つと思います。AI の課題を理解しておくことは、AI を実務に活用するうえで不可欠な知識だと筆者は考えます。

　上記の内容は高度なテーマが多いですが、幸いにも、昨今は非常に分かりやすい書籍が充実しています。ここでは、AI に関する全体像や歴史的変遷、AI を理解するために必要な数理的解説書の中で非常に分かりやすく書かれている書籍を一部ご紹介します。

- 『AI 白書　2020』（独立行政法人情報処理推進機構 AI 白書編集委員会編、2020 年）
- 『AI 事典 第 3 版』（中島秀之、浅田稔、橋田浩一、松原仁、山川宏、栗原聡、松尾豊編、近代科学社、2019 年）
- 『図解即戦力　機械学習 & ディープラーニングのしくみと技術がこれ 1 冊でしっかりわかる教科書』（山口達輝、松田洋之著、技術評論社、2019 年）
- 『プログラミングのための確率統計』（平岡和幸、堀玄著、オーム社、2009 年）
- 『プログラミングのための線形代数』（平岡和幸、堀玄著、オーム社、2004 年）
- 『これなら分かる最適化数学——基礎原理から計算手法まで』（金谷健一著、共立出版、2005 年）
- 『多変量解析法入門』（永田靖、棟近雅彦著、サイエンス社、2001 年）
- 『[改訂新版] IT エンジニアのための機械学習理論入門』（中井悦司著、技術評論社、2021 年）

- 『R による統計的学習入門』（G.James、D.Witten、T.Hastie、R.Tibshirani 著、落海浩、首藤信通訳、朝倉書店、2018 年）
- 『ゼロから作る Deep Learning——Python で学ぶディープラーニングの理論と実装』（斎藤康毅著、オライリー・ジャパン、2016 年）
- 『ゼロから作る Deep Learning 2——自然言語処理編』（斎藤康毅著、オライリー・ジャパン、2018 年）

機械学習システムを理解するための書籍

　そもそも、システム開発の理解には実際に手を動かしてプログラムを書くなどの取り組みが不可欠です。機械学習システムを実際に構築するには幅広い技術的理解だけでなく、開発そのものの経験が極めて重要です。この点、技術者でない方々にとってこのような取り組みを実務と並行して行うことは極めて困難でしょう。

　一方、機械学習システムに関する全体像についてある程度理解しておくことは、AI 活用を実務で実現する上で必須だと筆者は考えます。ここでは、機械学習システムの企画から開発、運用に至るまで網羅的かつ非常に分かりやすく書かれている書籍を一部ご紹介します。書籍内にはプログラミングに関する記述も記載されていますので、余力のある方はチャレンジしてみてはいかがでしょうか。

- 『機械学習デザインパターン——データ準備、モデル構築、MLOps の実践上の問題と解決』（Valliappa Lakshmanan、Sara Robinson、Michael Munn 著、鷲崎弘宜、竹内広宜、名取直毅、吉岡信和訳、オライリー・ジャパン、2021 年）
- 『仕事ではじめる機械学習 第 2 版』（有賀康顕、中山心太、西林孝著、オライリー・ジャパン、2021 年）

おわりに

　ここまで、日本社会で現在強く求められている DX について、データ利活用に焦点を当てつつ、重要なポイントを可能な限り提示しました。また、かなりの大風呂敷を広げた内容であるため、全てを詳細に説明することは難しく、各技術の専門家の方々からすると説明不十分だと思われる点は多々あるかと思います。筆者自身としては、書籍としてのまとまりや読みやすさ、そして何よりも「これから DX の実務に立ち向かう方々」に寄り添って内容を熟慮した次第です。

　最近、「DX は "魔法の杖" ではない」という表現をよく見かけ、耳にします。DX に向けた取り組みがすべてうまくいくはずはなく、いくらかの失敗は付き物でしょう。しかし、それらの取り組みをよく観察してみると、その "杖" そのものに対する考察が弱いまま、取り組みが走り出してはいないでしょうか。

　DX に必要な技術を知ろうとするほど、底が知れないという心境になります。知れば知るほど、深い世界が見えてくるのが DX という領域だと思います。しかし、そういった技術の活用が求められるのが私たちの生きる時代であり、むしろ技術活用によって新しい世界を発見できる機会に満ちあふれている、またとない "新しい時代" だと筆者は思います。その機会を手に入れることは、決して難しいことではありません。ただ、実践あるのみです。様々なサービスや学習コンテンツがあふれている昨今では、その門戸は広く開かれていると言ってよいでしょう。筆者としては、この書籍が「DX の実務」の後押しとなることを願ってやみません。

　末筆ではありますが、本書の執筆においては英治出版取締役／編集長の高野達成様、並びに本書の編集／デザインにご協力いただいた英治出版の皆様には、多大なるご協力を賜りました。執筆自体が初めての私のために、ここまで手厚いご協力を賜われるなど、当初は夢にも思っておりませんでした。執筆中も温かい言葉の数々をいただき、言葉にし難い

感謝の気持ちで一杯です。

　また、私事ではありますが、本書執筆のために休日返上で作業する中、一緒にカフェで過ごしてくれたり、執筆と本業が重なり会話が少なくなりがちになっても、いつも側で支えてくれている妻に、日頃の感謝を込めて、ここで改めて伝えさせてください。いつも、本当にありがとう。

　本書が読者の皆様の「DXの実務」に少しでもお役に立ち、共に良い社会を創っていく契機となれますように。

　2022年5月吉日、これから始まる新たなチャレンジと、夏の旅行計画に想いを馳せながら。

古嶋十潤

［著者］

古嶋 十潤
Toru Furushima

コンサルティング会社とスタートアップを行き来し、現在はデータ／AI
活用製品を提供するスタートアップでCPO（Chief Product Officer）兼
事業部長を務める。コンサルティング会社在籍時は、パートナーとして多
くの日系大手企業とデータ／AI活用プロジェクトを幅広いテーマで推進。
また、複数のスタートアップで経営戦略／事業戦略／人事戦略等を統括。
京都大学法学部卒。

［英治出版からのお知らせ］

本書に関するご意見・ご感想を E-mail（editor@eijipress.co.jp）で受け付けています。
また、英治出版ではメールマガジン、Web メディア、SNS で新刊情報や書籍に関する記事、
イベント情報などを配信しております。ぜひ一度、アクセスしてみてください。

メールマガジン：会員登録はホームページにて
Web メディア「英治出版オンライン」：eijionline.com
ツイッター：@eijipress
フェイスブック：www.facebook.com/eijipress

DX の実務

戦略と技術をつなぐノウハウと企画から実装までのロードマップ

発行日	2022 年 6 月 25 日　第 1 版　第 1 刷
著者	古嶋十潤（ふるしま・とおる）
発行人	原田英治
発行	英治出版株式会社
	〒150-0022 東京都渋谷区恵比寿南 1-9-12 ピトレスクビル 4F
	電話　03-5773-0193　　FAX　03-5773-0194
	http://www.eijipress.co.jp/
プロデューサー	高野達成
スタッフ	藤竹賢一郎　山下智也　鈴木美穂　下田理　田中三枝
	安村侑希子　平野貴裕　上村悠也　桑江リリー　石﨑優木
	渡邉吏佐子　中西さおり　関紀子　齋藤さくら　下村美来
印刷・製本	中央精版印刷株式会社
校正	株式会社ヴェリタ
装丁	英治出版デザイン室